俣野好治　著

律令財政と荷札木簡

同成社　古代史選書　23

目　次

律令財政と荷札木簡

序にかえて

本書にはこれまでに発表した旧稿七編と、新稿二編を収めた。以下、章立ての順にこれら九編の執筆の経緯や問題関心について述べ、本書の構成を簡単に説明して序にかえたい。

「第一章　律令中央財政機構の特質について――保管官司と出納官司を中心に――」(『史林』六三―六、一九八〇年)は、律令財政史研究のなかでも、税制史に比べ軽視されがちであった中央財政機構の特質の解明を目的としたものである。従来、中央財政機構の特質は、特定の官司に保管されていた物資が、各官司や官人に支給されることをもって、非独立的、あるいは求心的な性格をもったものとして説明されてきたが、こうした指摘は一面的であろう。中央財政機構を構成する官司は、大きく保管官司と出納官司に分類できるが、地方から中央へ送進されてきた諸物資が、保管官司に収納され、さらに消費される過程において、こうした保管官司と出納官司がとり結ぶ関係を検討した場合、財源の確保という点で出納官司のもつ役割が重要な意味をもつ。また物資の出給は財源によって、その性格や予算との問題から相違がみられ、さらにこのことは物資の保管のあり方をも規定している。本章では、中央財政機構をこうした諸官司の有機的な連関において総体的に把える必要があることを指摘した。

一九七〇年代後半の日本古代史研究において、律令財政史研究は「古代史の課題」として設定されていた。それはその当時までの律令財政史研究の膨大な蓄積とともに、石母田正氏の『日本の古代国家』(岩波書店、一九七一年)と、この書が提起した国家と社会をめぐる論争が大きな背景にあった。[1] そして、この頃から石上英一氏によって「前近代の財政を研究するためには、近現代の財政を分析することにより得られた諸概念や方法・体系を利用することが必要であろう」[2] として、島恭彦氏らの現代財政学[3]を律令財政史研究の新たな方法論として導入することが提唱されたことは、財政史研究に大きな節目をもたらすことになった。とりわけ経費研究・経費論の対象と方法を取り入れるべきとの指摘は、その後の律令財政史研究に大きな影響を与えることとなった。

「第二章　律令中央財政の歴史的特質――経費論を中心に――」（『日本史研究』二二三、一九八一年）は、一九八〇年度の日本史研究会大会古代史部会の共同研究報告をもとに成稿したもので、右に記した律令財政史の研究情況を背景としている。財政史研究が「収入論（歳入論）」「支出論（歳出論）」「財政機構論（運用論）」の三つの柱から成り立つとしたことに対して、のちに石上氏からは、律令財政論の体系としては、「財政機構論（運用論）」は定立されえないという批判を頂戴した。[4] あわせて参照願いたい。

なお、旧稿は日本史研究会大会報告号に掲載されたものであるので、本書に収録するにあたっては、体裁上、一部文章を割愛した部分がある。

「第三章　大宰府財政機構論」（大山喬平教授退官記念会編『日本国家の史的特質』古代・中世〈思文閣出版、一九九七年〉）は、一九七九年八月に太宰府市で行われた第七回古代史サマーセミナーでの口頭発表が元になっている。当時、大宰府の財政については、平野邦雄氏の「大宰府の徴税機構」[5] がこの分野での研究を代表していた。その標題が示すとおり、大宰府における租税の収取の仕組みを考察したものであるが、筆者は第一・二章で取り上げた財政機構や経費論という視点から、大宰府の財政像がどのように描けるのかを問題関心とした。

律令国家段階の土地所有は、いうまでもなく国家的土地所有である。律令国家が土地所有の主体であり、その大きな部分を占める口分田を一般公民に班給し、公民は口分田からの収穫を自己の再生産に充てていた。筆者は古代史研究をはじめた当初、国家による口分田の班給と、農民によるその具体的な耕作形態に関心をもったが、やがて口分田が公田概念に包摂されるようになることに国家的土地所有の特質の一端があると考え、この問題を深めることを研究課題とした。「第四章　律令制下公田についての一考察」（岸俊男教授退官記念会編『日本政治社会史研究』上〔塙書房、一九八四年〕）はこうした問題関心のもとに執筆したものである。

当時、この問題については、主に泉谷康夫氏(6)と虎尾俊哉氏(7)の先行研究があったが、前者が口分田と公田の同質化の時期を天長元年（八二四）以降であるとしたのに対し、後者は天平十五年（七四三）の墾田永年私財法の発布によって、口分田・乗田などが公田に含まれるようになったとした。両者の間には八〇年近くの隔たりがあるのであり、この問題を考えるなかで、筆者は八世紀末から九世紀初頭の延暦・大同期をその画期として考えた。そしてさらに述べれば、本来的な公田の地子が中央に送られ、やがてどのような使途に供されるのかという問題が、後の財政史研究につながってゆくのである。発表時期こそ、第一・二章よりは少し遅れるが、成稿は第一・二章よりも数年早い。なお、旧稿では節に見出しを付けていなかったが、本書に掲載するに際して、節に見出しを付した。

律令国家の運営は、各種の帳簿や公文書によって報告や指令・伝達が行われ、遂行された。律令国家の特色の一つに文書主義があげられるのもこうしたことからである。それは財政運用についても例外ではなく、実に多くの財政関係の公文書が中央と地方を行き交っていたと考えられる。「第五章　青苗簿制度について」（『続日本紀研究』二五一、一九八七年）では、そうした公文の一つである青苗簿を取り上げた。青苗簿は租税収取や課役の賦課など、律令国家の財政収入を考える上で非常に重要な帳簿であり、制度的成立ならびにその機能や、その後の推移について検討を行った。青苗簿の果たした機能について、いささか否定的な評価を下したが、（補註3）にあげた近年の青苗簿研究では、その役割を積極的に評価する傾向がみられるようである。

一九六一年に平城宮跡においてはじめて木簡が検出されて以降、藤原宮・京や平城京、さらには長岡宮・京など各地の宮都から木簡が出土したことは、律令財政の研究にも多大な影響を与えた。これにより律令租税制度の研究は、租税の新しい分野や、租税の収取・消費の過程の面で新たな展開を示した。(8) とくに前者については、これまで『続紀』や正倉院文書など断片的な史料でしか知られなかった八世紀の贄の制度がその輪郭をあらわしはじめ、直木孝次郎氏の論考を嚆矢として、多くの研究が発表されるようになった。(9)「第六章　木簡にみる八世紀の贄と調」(『新しい歴史学のために』二三三、一九九九年)は、こうした先行研究に導かれ、八世紀における贄と調との関係について、私見を提示したものである。とりわけ贄の貢進国と調の貢進国が異なることや、贄荷札と調の荷札の出土状況の検討から、贄と調が同質のものとして認識されていたことを指摘できたことは、一つの成果であったと思う。

贄の貢進国と調の貢進国が異なることは、前代(七世紀)の贄と調のあり方に由来するものであろうが、具体的にそうした違いが何によるのかは今後の課題であり、律令租税制度、ひいては律令国家の成立を考える上での重要な問題であると考える。

なお、贄や調の荷札の点数は旧稿発表後も増加しているが、旧稿のままとした。その品目についても、現在に至るまでその趨勢には大きな変化はないようである。

荷札木簡には、調や贄などとして各国から宮都に送られてきたさまざまな魚介類や海藻類の名を記したものがあるが、当然のことながらそれらの品目には地域性がみられるとともに、同一品目でも時代によってその表記が異なるものがある。「第七章　「軍布」記載木簡について」(『続日本紀研究』三五〇、二〇〇四年)はそうした例の一つとして、「軍布(海藻)」を取り上げた。「軍布」のほかにも、「伊加(烏賊)」「伊委之・伊和志(鰯)」「多比・田比(鯛)」「布奈（鮒）」などがあるが、これらは当時、音仮名と表意漢字による両様の表記方法があったことを示している。「軍布」は養老年間に「海藻」へと表記が変わるというのが、本章の結論の一つであり、先にあげたいくつかの例も原則として音仮名から表意漢字による表記に変化するようであるが、この点についてはさらなる検討を要する。ただ、こうしたことは単に海産物などの表記の問題であるばかりではなく、国語学的にもきわめて重要な問題を含んでいるのではないかと思われる。

荷札木簡は先にも触れたように、調庸などの租税収取の問題を考える上でも大きな手がかりを与えてくれる。件数は少ないが、調庸専当国郡司名の記載がある荷札木簡が平城宮などから出土している。専当国郡司の署名といえば、これまで正倉院に残る調庸布絁のみが注目され、荷札木簡についてはほとんどこれを正面から取り上げた研究はなかった。そもそも専当国郡司とはどのような職務に携わる国郡司であるのか、その役割を含めて調庸布絁や荷札木簡に、調庸専当国郡司名が記載されていることの意味を検討したのが、「第八章　調庸制と専当国郡司」（新稿）である。

本章は、荷札木簡に調庸専当国郡司名が記されていることから、荷札木簡の機能・役割を考えようとしたことに問題関心を発するのであるが、その点では次章「第九章　荷札木簡の機能についての覚書」（新稿）とセットをなすものである。荷札木簡の機能や役割についての学説としては、国衙と中央政府での勘検に使用されたとする今泉隆雄氏の説(10)、複数枚の荷札が中央での検収に際して抜き取られたとする東野治之氏の説(11)、天皇への貢納を視覚的に表示するために付せられた「題記物」であるとする今津勝紀氏の説(12)などがある。筆者はこれら先行研究を検討した上で、調庸専当国郡司名が記されている荷札木簡などを根拠にして、今泉氏の勘検機能説を是とし、さらに品質保証の意味をもっていると考えた。

以上、本書に掲載した論考九篇について、その執筆の背景と経緯について述べてきたが、いずれもその時々の問題関心に従って草したものであり、一書としての体系性を保っているのか、はなはだ心もとない。それと関わって、『律令財政と荷札木簡』という書名が相応しいかどうかも、律令財政の総体的な考察たりえていない本書には羊頭狗肉の感があるが、一切は読者諸賢の評価に委ねたい。

なお、旧稿を本書に収載するにあたっては、基本的には旧稿のまま収めることとした。ただし、現在の研究水準からみて訂正・変更を要すべき場合や、私見を改めた場合は、章末の（補註）で補った。また、一書としての体裁を整えるために、表現や註の形式などを改めたところがある。明らかな表現上の誤りについても訂正を加えた。

史料の引用に際して、六国史については左記の略称を用いた。

『日本書紀』：『書紀』

『続日本紀』：『続紀』

『日本後紀』：『後紀』

『続日本後紀』：『続後紀』

『日本文徳天皇実録』：『文徳実録』

『日本三代実録』：『三代実録』

また、木簡の引用における報告書の記載は以下の略称を用いた。

奈良県教育委員会『藤原宮跡出土木簡概報』：『藤原概報』

同『藤原宮』（奈良県史跡名勝天然記念物調査報告第二十五冊）：『藤原宮』

奈良（国立）文化財研究所『飛鳥・藤原宮発掘調査出土木簡概報（一）』：『飛鳥・藤原概報（一）』

同『藤原宮木簡一（解説）』：『藤原宮一』

同『飛鳥藤原京木簡一（解説）』：『飛鳥藤原京一』
同『平城宮発掘調査出土木簡概報（四）』：『平城概報（四）』
同『平城宮木簡一（解説）』：『平城宮一』
同『平城京木簡一（解説）』：『平城京一』
西隆寺跡調査委員会『西隆寺発掘調査報告書』：『西隆寺報告書』
向日市教育委員会『長岡京木簡一（解説）』：『長岡京一』
九州歴史資料館『大宰府史跡出土木簡概報（一）』：『大宰府概報（一）』

註

（1）石上英一「律令財政史研究の課題」（『日本歴史』三三四、一九七六年）。
（2）石上前掲註（1）論文、四四頁。
（3）島恭彦『財政学概論』（岩波書店、一九六三年）。
（4）吉村武彦・石上英一「律令体制と分業体系」（『日本経済史を学ぶ（上）古代・中世』有斐閣、一九八二年）。
（5）『律令国家と貴族社会』（吉川弘文館、一九六九年）。
（6）泉谷康夫「公田について」（『律令制度崩壊過程の研究』鳴鳳社、一九七二年、初出一九六〇年）。
（7）虎尾俊哉「律令時代の公田について」（『日本古代土地法史論』吉川弘文館、一九八一年、初出一九六四年）。
（8）吉村・石上前掲註（4）論文。
（9）直木孝次郎「贄に関する二、三の考察―古代税制史の一側面―」（『飛鳥奈良時代の研究』塙書房、一九七五年、初出一九六九年）。

(10) 今泉隆雄「貢進物付札の諸問題」(『古代木簡の研究』吉川弘文館、一九九八年、初出一九七八年)。
(11) 東野治之「古代税制と荷札木簡」(『日本古代木簡の研究』塙書房、一九八三年、初出一九八〇年)。
(12) 今津勝紀「調庸墨書銘と荷札木簡」(『日本古代の税制と社会』塙書房、二〇一二年、初出一九八九年)。

第一章　律令中央財政機構の特質について
——保管官司と出納官司を中心に——

一　問題の所在

律令財政史研究は、古代史のなかでも戦前から数多くの業績が上げられている分野の一つである。そのなかで、個々の税目の内容、その成立・変質等の面においては、今日ではもはや新たな考察を加える必要がない程の精緻さを感じさせる。こうした税制面での研究の深化は、律令財政を総体として取り上げた、青木和夫「律令財政」[1]、薗田香融「律令財政成立史序説」[2]、早川庄八「律令財政の構造とその変質」[3]、狩野久「律令財政の機構」[4]の諸論考からうかがうことができる。これらの論考は、律令財政史研究のそれぞれの段階の到達点を示したものと考えられ、その内容に立入ることによって、従来の律令財政史研究が、いかなる方向のもとに進められてきたのかが了解されると同時に、またそこにはどのような問題が横たわっているかを知ることができると思われる。

まず青木論文についてみると、前半において律令財政の財源が個々の税目によって説明され、後半でその運用が律令財政の形成期から展開期にかけて述べられているが、律令財政を一つの有機的な機構として把える側面が不十分であると思われる。薗田論文はその標題が示すとおり、律令財政がそれ以前の税制からいかに成立し、展開していったのかを各税目について検討しているが、律令財政の機構ならびに機能・運用についてはごくあらましの見通ししか述べられていず、十分に検討されているとは言い難い。これに対して早川論文では、中央財政が財源・支出・変質それぞれの方面から詳細に検討されている。とくに支出の部分において、大蔵・民部・宮内各省から支給される財源の使途が具体的に述べられている点に関しては、財政機構研究に一定の新しい視点が打ち出されたものとして評価されるべきであろう。しかしながら、こうした点も財政機構上の保管という機能のみに重点が限定されているうらみがあり、他の諸機能（例えば出納・予算）との連関については必ずしも十分に展開されているとはいえない。狩野論文は近年の律令財政史研究の成果を取り入れ、各財源の収取と運用を中心に、財政機構を総括的に展開している。ここでは民部省の予算機能の果たす役割を重視する指摘はあるものの、中央諸官司の財政機構上に占める位置については全面的に把握されていない。

以上概括的な整理ではあるが、従来の律令財政史研究は総じて税制史研究が主眼であり、財政上の諸機能や財政機構内の有機的連関を中心に据えた、財政機構論・運用論という側面が希薄であったことが知られよう。

他方、近年においては中央の財政に関与する官司を個別的に取り扱った研究が盛行している。(5) しかしながらこうした諸研究も当然のことではあるが、他の財政関係の官司といかなる関連を有していたかについては、十分展開されておらず、中央財政機構像を明確に描き出すには至っていない。

こうした従来の研究動向に鑑み、本章では地方から中央へ送進されてくる諸物資が、収納・保管され消費に供せられる過程で、どのような官司がこれに関与し、またそれが中央官制におけるいかなる機能上の役割から導かれるのかを検討し、さらにかかる財政機構の特質を明らかにしたい。本章においては、以上の観点から律令中央財政機構の検討を行うが、このことは次の点とも密接に関連してくる。

村井康彦氏は、中央財政の特質の一つとして、各官衙財政の非独立性を指摘した(6)。村井氏のいう非独立性とは、各官衙の財源が、太政官の下知に従って大蔵省から受け取る定額の官物にあったという点に集約される。氏が、かかる点を律令中央財政の特質の一つとしてあげたのは、元慶官田の諸司田化によって、平安中期以降各官衙が独自の財源を有するに至ったという事態に対比してのことであるが、氏自身も述べているように、国家財政がかかる性格を有することはむしろ当然のことといえよう。早川論文と同様、村井氏の場合も、大蔵省という保管機能を有する官司のみを重視し、他の財政上の諸機能については捨象している点に問題があるように思われる。

それではこれまでに述べてきた諸点をふまえて、以下具体的な考察に入りたい。

二　保管官司と出納官司

諸国から送進されてきた調庸をはじめとする物資は、いかなる官司によって保管されたのであろうか。大蔵省や内蔵寮がこうした保管機能をもっていたことは、その官司名からして自明であるが、そのほかにはどのような官司が物資の保管を担当していたのだろうか。またこうした物資を収納する際、その収納手続は保管官司が独自にとり行っていたのではなく、出納を掌る官司の関与を受けていた。このこと自体は、律令中央財政の一つの特質をなすものであるが、それではかかる出納官司とは具体的にはどの官司をさすのであろうか。本節ではまず以上のような検討を行いたい(7)。

直木孝次郎氏は、養老職員令の規定から、年料舂米《しょうまい》は民部省主税寮と宮内省大炊寮によって管掌されるとし、とくに宮内省大炊寮の場合の管掌とは、宮内省を経て大炊寮に入る意味であるとする(8)。しかしながら、主税寮はどのような形で舂米を管掌するのか、具体的には実際にそれを保管するのかどうかは不明であり、また宮内省の場合についても一旦舂米を保管するのかどうかは明確ではない。また氏は調に関して、民部省主計寮条に「調」を計納することがみえ、大蔵省条に「諸国調」がみえ、さらに宮内省および同省大膳職条にも「諸国調雑物」の文字があるところから、主としてこの四つの官司が調物の収納に関係したとする。その場合宮内省および同省大膳職の掌る調雑物は、まず宮内省に入り、それから大膳職に移されると考えられているが、この場合も、宮内省は一旦調雑物を保管するのかどうかという点や、主計寮は実際に保管機能を有するのか(9)という点については、明らかではない。以上からすれば、中央の保管官司および出納官司とは具体的にはどの官司なのか、意外なほど明らかでないといわざるをえない。

そこでまず養老職員令のなかから、税目・物資を示す語句を手がかりに、その取り扱いを掌る官司をあげることにする。

（イ）中務省内蔵寮条

頭一人。掌。金銀。珠玉。宝器。錦綾。雑綵。氈褥。諸蕃貢献奇瑋之物。年料供進御服。及別勅用物事。

（ロ）民部省主計寮条

頭一人。掌。計二納調及雑物一。支二度国用一。勘二勾用度一事。

（ハ）民部省主税寮条

頭一人。掌。倉廩出納。諸国田租。舂米。碾磑事。

（ニ）大蔵省条

卿一人。掌。出納。諸国調及銭。金銀。珠玉。銅鉄。骨角歯。羽毛。漆。帳幕。権衡。度量。売買估価。諸方貢献雑物事。

（ホ）宮内省条

卿一人。掌。出納。諸国調雑物。(10) 春米。官田。及奏二宣御食産一。諸方口味事。

（へ）宮内省大膳職条

大夫一人。掌。諸国調雑物。及造二庶膳羞一。醢。葅。醤。豉。未醤。肴。菓。雑餅。食料。率二膳部一以供二其事一。

（ト）宮内省大炊寮条

頭一人。掌。諸国春米。雑穀分給。諸司食料事。

（チ）宮内省典薬寮条

頭一人。掌。諸薬物。療二疾病一。及薬園事。

（リ）宮内省主油司条

正一人。掌。諸国調膏油事。

これらの規定は、大宝官員令においてもほぼ同様であったと考えられる。(11) このうち（イ）・（ニ）は先にも触れたとおり、これを保管官司に関する規定とすることに異論はないであろう。問題は（ロ）・（ハ）・（ホ）である。

まず（ロ）の主計寮であるが、「計納調及雑物」とある調については、大蔵省条の「出納諸国調及銭」と重複している。調が二官以上にわたって分納されていたと考えれば別であるが、(12) 大蔵省が調物を保管していたことが諸種の史料からして動かし難い以上、(13) 調物の収納・保管には大蔵省があたり、主計寮はその収納の際何らかの形で立ち会ったと考えるのが妥当であろう。次は雑物であるが、このなかには庸物が含まれているものと思われる。(14) 後述するように、庸物の収納・保管には主として民部省があたっていたから、この場合も主計寮はその収納に立ち会ったと理解すべきであろう。また『続紀』等の正史や他の史料を検しても、主計寮が倉庫を有していた事実や、物資を保管していた事実がみえないことも以上の傍証となるだろう。したがって、主計寮は保管官司ではなかったと考えられる。

次に(ハ)の主税寮をみていこう。この条文はふつう「倉廩の出納、諸国田租、舂米、碾磑の事を掌る」と訓まれている[15]。諸国田租・舂米については、諸国から送進されてくる正税帳によって、これを把握するという規定であろうから[16]、問題は「倉廩の出納」の具体的な意味である。倉廩とは米穀倉を指しているが[17]、このことは主税寮がこうした米穀倉を有していたことを示しているのであろうか。この時期に諸国から中央に送られてくる米には庸米と年料舂米があるが、庸米は後述するように民部省に収納されるし、また年料舂米は(ト)から知られるように、大炊寮が収納したと考えられる[18]。穀物についてもやはり(ト)から、大炊寮が収納したとみた方がよいであろう。さらに主計寮と同様、主税寮が物資を収納していたことを示す史料は一例も検し得ない。したがって、主税寮も民部省や大炊寮の有する倉庫への米穀収納に関与するだけで、自身保管は行わなかったと考えられる。

次に(ホ)の宮内省についてみてみよう。宮内省条の「出納」の語句に関する令義解の注釈は「謂。被管諸司之出納也」とある。宮内省の被管には(ヘ)~(リ)にみるように、物資の保管を担当した官司が多い。おそらく宮内省は、こうした被管諸司に物資が出入する際、その出納を担当したものと思われる[19]。また、他の史料によっても宮内省が保管を行っていたことは知られないし、それどころか宮内省が保管官司ではなかったことを示す史料さえある。次の『続紀』天平十三年(七四一)十一月庚午条がそれである。

始以二赤幡一班二給大蔵・内蔵・大膳・大炊・造酒・主醤等司一。供御物前建以為レ標。

宮内省に物資が保管されているとすれば、大膳職・大炊寮・造酒司の諸被管とともにここにその名があがってしかるべきであるが、この条に宮内省の名がみえないのは、やはり宮内省が保管官司ではなかったことを示していよう。(ヘ)~(リ)については、上述のようにこれを保管官司に関する規定とみて差し支えないものと思われる。

最後に民部省について触れておかねばならない。職員令民部省条からは、民部省が物資の収納・保管を行っていたことはわからない。しかし次の『続紀』慶雲三年（七〇六）閏正月戊午条によって、民部省が物資の保管を担当する官司であったことがわかる。[20]

（前略）勅。収㆓貯大蔵㆒諸国調者、令㆘諸司㆒毎㆑色検校相知㆖。又収㆓貯民部㆒諸国庸中軽物絁糸綿等類、自㆑今以後、収㆓於大蔵㆒、而支㆓度年料㆒、分㆓充民部㆒也。

すなわち慶雲三年以前においては、庸物はすべて民部省に収納されていたが、この時に至り庸のうちの軽物が大蔵省に移管されることとなった。民部省が引き続き収納を行ったものは庸米と庸塩であったと思われる。[21]

ところでこの記事は、中央の財政機構において、物資の収納がどのような原則にもとづいて行われていたかを知る上で、重要な史料であると考えられる。何故に庸物の一部が民部省から大蔵省へ移管されたのであろうか。青木和夫氏は、大宝令ではじめて、実役制から物納制たる歳役の庸に改定され、こうした庸物も大宝令以前から仕丁采女の資養物を納めている民部省の倉庫に納められることになったが、ほどなく民部省の倉庫に庸物を収納しきれなくなり、庸の一部が大蔵省へ移管されたと考えた。[22]しかしながら、それが量的な問題であるならば、民部省の倉庫を増築することによって、民部省内で解決されたであろう。また薗田香融氏は、大宝令の実施に伴い、一方では人身輸調法が確立し、他方で庸が人身賦課の現物納とされ、ために調庸が同質化したことをその理由とした。[23]氏が調庸の同質化の契機を、その賦課単位に求められたことには従えないが、結果からみて調庸が同質化したことは誤りではない。ただ調庸が同質化したことが、ただちにその保管場所の変更をもたらすかといえば、必ずしもそうではないだろうし、また調庸以外の財源についても、その保管の原則を物資の質の面からのみ説明することには不十分さを感じざるをえない。

後述するように、庸布等は調布と同様の使途に供せられる場合があった。筆者は調庸の同質化という現象を端的にあらわしているのが、こうした調布と庸布の用途における一致であると考える。そしてさらにこの点を敷衍すれば、その用途によって保管場所が区別されていたといえるであろう。養老賦役令調絹絁条に規定されている調雑物のうち、鉄・鍬は大蔵省に、塩・鰒以下は大膳職に保管されていたと考えられるが、このことは税目ではなく、用途がその収納の基準になっていたことを示す。また同じ米でも庸米が民部省に、舂米が大炊寮にそれぞれ収納されていたことは、それが品目別による収納でなかったことを物語る。また次のような事実を指摘しておこう。大膳職は調雑物の塩を収納していたし(24)、また大炊寮が舂米の保管を担当していたことは前述のとおりである。ところが天平十七年（七四五）の大粮申請文書によれば、両官司は民部省に庸米・庸塩の申請を行っている(25)。単純に考えれば、両官司は民部省の米・塩を申請せずに、みずから保管している米・塩を消費すればよいものと思われるが、大膳職・大炊寮の保管する塩・米は一定の用途に供されることが決定されているため、かかる申請を民部省に行ったのである。

以上から、中央官司のなかで物資の保管を行う官司としては、内蔵寮・大蔵省・民部省および大膳職・大炊寮等の宮内省の被管をあげることができること(26)、そして物資は主にその用途によりこれらの諸官司に分納されていたこと、また主計寮・主税寮・宮内省は、これら諸官司に物資が出入する際の出納に関与したことが明らかとなった。ところが物資の出納に関わる官司についていえば、これのみにとどまらない。そこで次には、その他の出納官司についてみることにする。

養老職員令には出納に関して次のような規定がみえる。

（a）中務省条

大監物二人。掌。監㆓察出納㆒(27)。請㆓進管鑰㆒。

中監物四人。掌。同㆓大監物㆒。

少監物四人。掌。同㆓中監物㆒(28)。

（b）中務省内蔵寮条

大主鎰二人。掌。主二当出納一。余主鎰准レ此。

少主鎰二人。掌。同二大主鎰一。

まず（b）であるが、内蔵寮の品官である大・少主鎰が「出納を主当」するとある。内蔵寮は保管官司であるから、これはさして異とするに足らないかもしれないが、とくに内蔵寮に出納を掌る品官が配されていることには注意しておく必要がある。[29] 次に（a）についてみると、保管官司でない中務省の品官の監物が出納に関与するわけであるが、「出納を監察」するとあるように、直接出納業務に携わったわけではない。この点、他の出納官司とは様子が異なるようである。さらに大・中・少の区別があり、その構成からして品官としても特殊なあり方を示す。[30] そこでこの監物についてその性格をしばらく検討してみたい。

まず『続紀』大宝元年（七〇一）二月丁未条の「詔始任二下物職一。」という記事に注目したい。この下物職が従来からいわれているように、監物と関連を有することは疑いないであろう。[31] この記事について村尾次郎氏は、この詔によって監物は、大宝官制では一段と重い意味をもって中務省の管下の一職を構成するようになったが、制定後まもなく廃止されて、中務省の一局に入ったとした。[32] また早川庄八氏は、浄御原令の施行期に、その名称はともかく、監物類似の官が存在していたが、大宝令施行の直前にその組織が拡大されて、下物職と称する一司とされたと考えた。[33] 両氏とも、大宝元年の下物職補任が、その規模の拡大であるとする点において共通しているが、果たしてそうであろうか。

筆者はこの下物職という官名そのものは浄御原令制下のものであり、それが監物と改称されたのは大宝令であったと考える。何よりもこの記事が、大宝令の施行を示す「始依二新令一。改二制官名位号一」[34]のひと月前の記事であることは、下物職が浄御原令制下の官司名であったこと、また以後この名称がみえないことは、大宝令によって監物と改称されたことを思わせる。そしてこの官名改制は職掌の変更を伴っていたのではなかろうか。「下物」は物を下すというまさに出給行為そのものであり、「監物」は物を監察するという、出納の監察を意味しているものと思われる。したがって、浄御原令では実際に物資の出納を担当していた下物職が、大宝令において養老職員令にみえる「出納を監察」する官に変化したものと考えたい。『続紀』に「始任二下物職一。」と記すのは、職掌の変化したオロシモノツカサの最初の補任であったためであろう(35)。

また下物職は、養老職員令にみえる中宮職・大膳職・左右京職・摂津職や、浄御原令制下の膳職等から考えて、一官司を構成していたと考えるべきであるが、大宝令以降は中務省の品官となっている。このことは官のあり方の変化を示すが、同時に規模の変化をも示しているのであろうか。その点で『続紀』天平宝字七年（七六三）十月丁酉条には、

前監物主典従七位上高田毗登足人之祖父嘗任二美濃国主稲一。（後略）

とあり、いつの頃からか監物には主典が置かれていたことが注目される(36)。ここで監物の相当官位を養老官位令によってみてみると、大監物は従五位下、中監物は従六位上、少監物は正七位下がそれぞれの相当官位である。いま仮に、大監物を長官、中監物を次官、少監物を判官として、監物が四等官から構成される官司とみると、長官が従五位下、次官が従六位上の官位相当である中央官司には、内蔵寮・縫殿寮・大炊寮・散位寮・陰陽寮・主殿寮・典薬寮といった小寮がある。またこれら諸寮の判官の官位相当は従七位上、大主典・少主典の官位相当はそれぞれ従八位下・大初位上で、少監物・監物主典はこれらに比べて一階乃至五、六階高いことがわかる。すなわち監物は小寮よりも少し上のクラスの官司に相当する(37)。さらに大監物二人、中監物四人、少監物四人という官員の面からすれば、監物は他の官司以上の大規模な構成をとっていたといえよう。

大宝令施行以降の監物がこのような構成をとっていたことは、一つには浄御原令においてそれが一官司であったことの遺制として理解できる。しかしながら、監物が単なる遺制としての存在ではなく、十全の機能を果たしていたことは、平安時代に入り中監物二員、少監物二員が増員されたことによりうかがうことができる。[38]したがって逆にいえば、その職掌である出納の監察は、かかる構成の官によって担われなければならないほど、財政上重要な行為であったのである。以上から、監物による出納監察制度がおそらく大宝令にはじまること、その財政上に占める位置の大きいことが確認できると思う。

出納という点からいえば、他方で倉庫の鎰《かぎ》が問題となってくる。すでにみたように、大蔵省・内蔵寮には大・少主鎰が配され、それぞれの倉庫の鎰を取扱っていたと思われるが、他の保管官司の場合はどうだったのだろうか。養老職員令には、中務省の品官として典鎰がみえ、次のようにその職掌が規定されている。

大典鎰二人。掌。出二納管鎰一。

少典鎰二人。掌。同二大典鎰一。[39]

ここにみえる「管鎰」がどのような鎰を指しているかについては、職員令義解中務省条が、大監物の「請二進管鎰一」の語句に関して、「是即庫蔵管鎰。其諸門管鎰者、闈司掌レ之也」という注釈を施している。同じく同条の古記は、「管鎰。謂二宮門及百官諸国倉廩等鎰一也」としている。義解の「庫蔵管鎰」とは、古記のいう「百官鎰」と同一のものと考えられるが、古記ではさらにその範囲が宮門、諸国倉廩の鎰にまで拡がっている。この違いが大宝令と養老令の相違によるものかどうかはわからないが、それはともかくとして、この管鎰が中央の保管官司の倉庫の鎰を含んでいること、大宝令にも管鎰の規定が存在したことは間違いないであろう。そして監物が「請進」める管鎰と、典鎰が出納する管鎰が同じものであることも、両者がともに中務省の品官であることからして確かであろう。[40]

それでは、この場合の中央官司の倉庫とは、具体的にはいかなる官司の倉庫を指すのであろうか。令の規定、その注釈は一切このことについては触れていないが、延喜典鑰式には次の様な規定がある。

凡諸司蔵庫鑰匙、毎日二与監物一共旦請夕進。（図書寮。民部省。大蔵省。掃部寮。大膳職。主殿寮。大炊寮鑰。）但兵庫鑰臨時請進。

さらに、延喜大舎人式には、

凡監物請二進諸司管鑰一者、差二舎人七人一朝夕供奉請進。（事見二監物式一。）

とある。『延喜式』では、監物・典鎰・大舎人が朝に管鎰をもらい受け、夕にそれを返却する規定であるが、養老令の監物・典鎰の職掌からして、それを養老令（さらに大宝令）までさかのぼらせることは可能であろう。『延喜式』によれば諸司の管鎰とは、図書寮・民部省・大蔵省・掃部寮(41)・大膳職・主殿寮(42)・大炊寮の管鎰であるが、先にみた保管官司のほとんどがこのなかに含まれており、八世紀においてもこの点は同様であったと思われる。

ところで右にあげた諸司のなかに、保管官司の一つである内蔵寮の名がみえないことが注目される。黛弘道氏は、内蔵寮には大・少主鎰が配属されていたにもかかわらず、令制下において実際にその管鎰を出納したのは典鎰であり、延暦十八年（七九九）の太政官謹奏(43)で内蔵寮の大・少主鎰が廃止された後は、内蔵寮の属が典鎰に代わってその出納を行うようになり、延喜典鎰式には内蔵寮の名がみえなくなったと考えた。(44)しかしながら、主鎰の存在する大蔵省の鎰も、また主鎰の存在しない民部省・大膳職等の鎰も同様に中務省の典鎰が出納しているところからみれば、氏の説明は十分な説得力はもっていないと思われる。筆者は、典鎰は八世紀以降一貫して内蔵寮の管鎰の出納には関与しなかったと考えるが、ここでは典鎰の管掌した鎰が財政的には外廷官司のそれであったことに注意しておきたい。

以上、保管官司・出納官司としていかなる官司が存在するのか明らかにしてきた。しかし、本章ではこれらの官司が具体的にどのように関係しあうのか、またとくに出納の具体的機能等については言及していない。そこで以下の節ではこうした点を明らかにしてゆきたい。

三　物資収納の手続

中央における物資収納の手続は、財政機構上重要な問題であるにもかかわらず、従来この過程を跡づけた研究はほとんどなかったといえよう。[45] これは主として史料的制約によるものであろうが、ために財政上の保管機能のみが重視されるようになり、ひいては第一節で述べたように、中央財政の特質としてその非独立性が指摘されるようになったものと思われる。[46] この節では、主に九世紀の史料によって、律令制下の中央における物資収納の手続を検討し、それがいかなる機能を果たしていたのかを明らかにしたい。

まず承和十一年（八四四）十一月十五日の太政官符[47]が引用する民部省解には、「諸国貢調郡司等。理須下先申二参状一然後向中大蔵省上」とある。そこに「理」とあるように、貢調郡司等は入京してとりあえず民部省に出向くことが慣例とされていたようである。調庸物の領送には、養老賦役令調庸物条を引用するまでもなく、国司がこれに従事したことは周知の事実であるが、貢調郡司等は国司に引見されて民部省へ出向いたのである。[48] この民部省解にはさらに「而或国郡司不レ経二此省一（民部省—筆者、以下同じ）只向二彼省一（大蔵省）。因レ茲違期之輩寔難二勘知一」とある。これによって、この手続が貢調の合期・違期を確認する必要上とられたものであることが明らかであるが、民部省はおそらくその入京日時を参状によって記録したものと思われる。[49] またこうした手続が調だけでなく、庸やその他の諸物資についても行われていたことは、この官符の事書に「応下待二民部省移文一勘中納調庸物上事」とあることや、合期・過期の確認も含めて物資の「検収」を督励した大同三年（八〇八）正月七日太政官符[50]の事書に、「応レ奏下聞検二収諸国調庸并進レ官雑物一状上事」とあることから知られよう。

民部省に出向いた後、国司と貢調郡司等はそれぞれ別の手続をとるようである。すなわち延暦九年（七九〇）十二月十日の左大弁紀朝臣古佐美の宣に、「諸国税帳大帳貢調等使上日。頃年之間、民部漏落、不レ為二充行一。自レ今以後。宜二依レ旧給レ之(51)」とあり、またこの宣を引用した民部省解に、こうした「奉レ使之輩」が「曽不レ参レ省（民部省）」とか、「勘二公文一間、無レ故不レ上。計二其上日一、不レ満二三分之二一、即奪二公廨一兼不レ預レ考」とあるところからすれば、国司（貢調使）はそのまま民部省にとどまって日参し、数日間公文の勘会にあたるようである。この場合の公文の勘会であるが、後述するように物実は国司の手から離れているため、現物と帳簿との勘会とは考えられない。北條秀樹氏は、太政官から下された調帳の査問に答えることと解されているが(52)、勘会という以上は、二種以上の帳簿を付き合わせて勘査することと理解しなければならないであろう。天平六年（七三四）の「出雲国計会帳(53)」によれば、天平五年八月二日出雲国を出発した運調使史生子々法次が進上した公文のなかに、調帳四巻が含まれているところからして、その一つが調帳であったことは確かである。ではもう一方の公文とは何であろうか。調帳との勘会という点で史料を検すると、次の延喜主計式の規定が注目される。

凡勘二調庸帳一者、皆拠二大帳人数一。若大帳之後更有二出入一、依レ実勘之。即除二神寺諸家封戸一、拠下応二定納一官物上、即造二損益帳一通一。（後略）

これによれば調庸帳は大帳(54)と相互に勘会される公文であったことが知られる。計帳は「大帳人数」、すなわちその年の課丁数と、調庸輸納予定額を記載した公文であり(55)、調庸帳は実際に輸納された物資の種類・品目・数量を記載した公文であるから(56)、そこに異動が生じる余地がある。そうした場合に、実際に輸納された物実によって、その異動を勘するのがこの主計式の規定であり、それは損益帳によって把握されたのである。したがって、民部省へ国司が日参して公文の勘会に従った、その公文とは調（庸）帳と、貢調に先だって京進された計帳であると考えられ、この手続は調庸未進数の勘出を主眼としたものであったということができよう。

一方、貢調郡司等はどのような行動をとるのであろうか。やはり延喜民部式には次の様な規定がある。

凡勘二納調庸物一者、郡司見参之日、省録率二史生一等、向二大蔵省正倉院一、与二大蔵録一共勘二会見物一。然後可レ納二調物一状移二大蔵省一。

『三代実録』元慶七年（八八三）十一月二日条には、これとほぼ同文の民部式が引用されており、貞観式にもかかる規定が存在したことが確認できる[57]。この式文により、貢調郡司等は民部省の録・史生等とともに大蔵省正倉院に向かい、そこで大蔵省録も加わって現物を勘会する手続に従ったことが知られる。この場合も現物が何と勘会されるのかが問題になる。調帳は一通しか作成されない規定であり、しかもこの段階では計帳との勘会を受けているから、それが調帳であるとは考えられない。そこで、その他の調庸関係の公文に関して想起されるのが、次の養老倉庫令の規定である。

調庸等物、応レ送レ京者、皆依二見送物数色目一、各造二簿一通一。国明注二載進物色数一、付二綱丁等一。各送二所司一。[58]

後半の「注二載進物色数一」した簿が門文と呼ばれていたことは、寛平八年（八九六）閏正月一日太政官符[59]によって知られる[60]。保管官司の倉庫に収納されるまでの物資は、郡司・綱丁の管理下にあったわけであるから[61]、綱丁に付された門文がこの場における現物との勘会に用いられた公文として最もふさわしいであろう。したがってここでは、門文に記載された物資の種類・数量と、現物との間に異動がないかどうかが点検されたと考えられる。

次に、実際に物資を倉庫に収納する際の手続に移るわけであるが、延喜監物式には次の様な規定がある。

凡応レ出二納大蔵物一者、少弁已上一人、中務民部大蔵三省輔各一人、監物一人、主計助已上一人、同会就二諸司庁一。

本司録申曰、雑物出納登申。絁絹綵帛糸綿布銭等類。弁判命之。録称唯。主鑰申曰、給レ鑰止申。監物命曰。給レ之。即称唯受レ鑰。諸司共赴二立正蔵前一、主鑰引二蔵部等一申曰。開レ蔵登申。監物命曰。開レ之。即称唯令二蔵部開一。諸司検二校出納一、了即監物加レ封。主鑰申曰。事畢。諸司乃還。其出二納鉄鍬等類及自余諸司物一者。官史一人、三省録各一人、監物及主計属各一人、若録属不レ在者、以二丞允一代之。倶会出納。

一方、延喜太政官式には次の様な規定がみえる。

凡応レ出二納官物一者、本司当日申二弁官一。弁官及中務監物民部主計等、与二本司一共検二出納一。其大蔵絹綿糸布等物、五位以上臨検、案記同署。若五位以上有レ障者、先申二障由一。然後六位以下判官代。自余雑物及余司物者、史并主典以上出納。

これらが同一の手続に関する規定であることは、一見して明らかである(62)。ただ監物式は大蔵物の出納を中心とした規定であるために、中務・民部とともに保管官司である大蔵輔の名があがっているが、太政官式は官物一般の出納に関する規定であるため、保管官司は「本司」と表現されている。したがって、監物式の後半にみえる「自余諸司物」の出納に立ち会う三省録とは、中務・民部とその保管官司ということになる。第二節で明らかにしたように、大蔵省以外の保管官司としては、民部省と宮内省の被管があるが、民部省の出納の場合は民部省自体が保管官司であるために、三省録ではなく中務・民部録の立ち会いとなる。またこれも第二節で明らかにしたように、宮内省被管の出納の場合には、宮内省の官人がそれに立ち会うことが知られたが、例えば大膳職・大炊寮等の宮内省被管の出納の場合、そこに立ち会う三省録とは中務・民部・宮内各省の録と解すべきである(63)。

物資の出納において、その保管官司の官人が立ち会うことは、いってみれば当然であるが、弁官・中務・民部の官人の名がみえることは注目される(64)。しかしながら、中務省がその品官である監物の責任官司であり、民部省が主計寮の所管官司であってみれば、その名のみえることは一応納得されよう。問題は弁官であるが、太政官の意志決定を実際に官物出納に反映させるために立ち会うのであろうが、詳しくはわからない。それはともかく、物資の出納が財政上重要な行為であったことは、このように各省から官人が多数立ち会って行われたことからして知られよう。

それではこの場において諸司の官人が多数立ち会うことによって、どのような手続が行われたのであろうか。延暦十六年（七九七）四月十六日の太政官符[65]は、諸司の出納官人が逐次物品を選び取り、品質検査を行うべきことを命じている。これが「検納之日」と呼びならわされているところからすれば、この官符は品質検査の厳制を令したものといえよう。また、承和十一年（八四四）十一月二日の太政官符[66]は、民部省廩院・大炊寮に米が収納される際、俵毎に「検納諸司」が権衡を用いて概量することを義務づけている。このように物資が保管官司に収納される際には、出納諸司によってその品質や規定量の点検が行われ、それらの行為は当時「検納」と呼びならわされていたのである[67]。

しかしながら、この場における手続はそれのみではなかった。承和十一年閏七月七日の太政官符[68]の事書には、「応レ令下出納諸司署二於進レ官雑物収文一給中綱丁上事」とあるように、出納諸司は収納される雑物の収文に署名を行う必要があった。もっとも、この手続はこの官符から知られるように変遷はあったが、先ほどの事書部分と事実書の「依二太政官度〃符旨一、所レ納雑物収文一通、須下捺二本司印一給中綱領上」とあわせて考えると、基本原則としては保管官司が収文作成の中心となってそれに捺印し、出納諸司はそれに署名を加える定めであったようである。また「依太政官度〃符旨」という表現からすれば、それは必ずしもこの承和前後にはじまる手続ではなかったと思われる。

次にこの収文がいかなる役割を果たしていたのかについてみておきたい。

至二于調庸一、主計寮例、調庸并雑交易等物納畢之日、郡司綱領受二取諸司諸家返抄収文一付二授雑掌一。〃〃為レ請二返抄一与二寮官一共勘二会抄帳一。若寸絹撮米有二未進一者、不レ与二返抄一。今為レ知二未進数一、捜二勘年〃返抄収文一、半是紛失無レ由二勘知一。尋二其失由一、或為レ計二会抄帳一、雑掌受取入レ京、其身死去不二返上一。或不二全繕収一在レ国紛失。如レ是之

> 類触レ事多端。夫諸司収文、須下就二出納諸司一写取為上レ証。至レ如二封家一無二更可一レ然。何者縦有レ可レ輸二納絹百疋一、就レ中択二納九十疋一、称二麁悪一勘二返十疋一。須三所レ納絹且与二返抄一、而称二物不一レ究、抑而不レ与。郡司綱領私記二其数一還二向於国一。若封家有二薨卒一者、無レ由レ受二返抄一。如レ是等煩不レ可レ勝レ計。然則調庸返抄何以可レ得。

これは承和十年（八四三）三月十五日の太政官符(69)に引用された伊勢国解の一部である。このなかで伊勢国は、返抄が容易に得られない事態に対して、調庸の現納分についてとりあえず返抄を給与されんことを太政官に申請している。ここにみえる「返抄収文」、「諸司収文」が先ほどの収文を指していることは明らかであろう。右の国解中にはさらに「抄帳」、「返抄」なる公文がみえているが、「収文」を含めてこれら三者はどのような関係にあるのだろうか。まず第一に、収文は主計寮において返抄請求のために抄帳と勘会されることが知られる。そして未進があった場合には返抄は与えられないのである。したがって、収文は現納分についての仮領収証とでもいうべきもので、未進数勘出の役割をもっていたといえよう。先に未進については計帳と調庸帳との勘会によって損益帳が作成されることを述べたが、こうしてみると二重の点検を受けていたことになる。未進は中央財政にとっては、まさにその存立に関わる問題であったため、このような慎重な手続をとる必要があったのだろう。この収文は一旦国へもち帰り、未進分再貢の際、(70)再び雑掌が帯して入京するものである。そして未進分が完済されれば、最終的には主計寮に返上され、次年度の調庸輸納の資料とされるのである。抄帳についてはいかなる内容の公文かは判然としないが、収文との計会によって未進を勘出する機能をもった、中央側の資料であったことは確かであろう。(71)

以上、中央への貢進物が保管官司の倉庫に収納される過程についてみてきた。そこにおいては、八世紀後半から九世紀にかけて問題となる調庸物等の麁悪《そあく》・違期・未進(72)がこうした一連の過程において勘出されることが明らかとなった。さらにこうした収納手続をめぐって注意しておく必要があるのは、保管官司自体よりも、他の出納官司、とりわけ民部省・主計寮（米の収納の場合は主税寮）のもつ役割の重要性である。すなわち、麁悪・違期・未進のすべての勘出にこれらの官司が関与していることが知られるのである。

一方、保管官司の職務は、現物勘会・収文作成・実際の物資収納というように、まさに収納の主体となる官司としての側面からである。もちろんこうした職務が財政上重要な行為であることはいうまでもないが、単に中央財政における保管官司の役割のみを評価して、それを非独立的性格と特質づけることは一面的な指摘にほかならない。民部省・主計寮をはじめ、第二節でみたような中務省監物そのほかの出納における役割こそ、この際中央財政の重要な特質とすべきであろう。

ところで、かかる収納手続は八世紀にまでさかのぼって考えることは可能であろうか。用いた史料は承和年間の太政官符がほとんどである。しかも、承和年間にはこれらのほかにも調庸輸納に関する太政官符がしばしば出されていて、この時期に調庸物の貢進制が変化したことさえ指摘されている(73)。こうした貢進制の変化が、調庸物の麁悪・違期・未進の頻出に対応するものであってみれば(74)、これまでみてきた収納手続は、この時期の所産であるかのようである。しかしながら、時期により個々の手続の省略や、それに関与する官人の出入りはあるものの、次のような徴証から八世紀段階においても、右の収納手続の大綱は変わりはなかったと考える。

まず賦役令集解調庸物条の古記には、民部省式が引用されているが、それによれば近国一七ヵ国、中国一四ヵ国、遠国一六ヵ国がそれぞれ定められている。こうした規定は、延喜民部式にもみえるように(75)、各国の貢調庸期限に関するものである。それは先にもみたように、入京日時を記録するために貢調郡司等が民部省に出向くことを義務づけた、承和十一年十一月十五日太政官符中の「理須㆘先申㆓参状㆒然後向㆗大蔵省㆖」の文言に対応していると考えられ、古記の引用からみて、少なくとも天平期にはこうした手続が行われていたことが想定される。なお、霊亀元年（七一五）には、すでに諸国司の調庸運輸の違期が問題になっている。[76]

第二に、養老倉庫令には門文に関する規定が存在したことはすでにみたが、このことは八世紀において民部省と保管官司による現物勘会が行われていたことの証左となろう。

次に三番目に、『続紀』天平勝宝八歳（七五五）十一月丁巳条の記事に注目したい。

勅。如聞。出二納官物一諸司人等、苟貪二前分一、巧作二逗留一。稍延二旬日一、不二肯収納一。由レ此、担脚辛苦、競為二逃帰一。非二直敗一レ治、実亦欠レ化。宜レ令二弾正台巡検一。自レ今以後、勿レ使二更然一。[77]

右の記事は、官物の出納にあたった諸司の官人が「前分」[78]を貪って、収納を引き延ばした事に対して、その禁止を令した勅であるが、物資収納を遅延させたという事態は、先の『三代実録』元慶七年十一月二日条にもみえており、具体的には官物収納の旨を伝える移状を、民部省が保管官司に発給することを遅らせたこととして理解できよう。またこの『続紀』の記事には「諸司」という表現がみえるが、複数官司による出納という点で注目される。

第四に、養老職員令の監物の職掌「監二察出納一」、並びに主計寮の「計二納調及雑物一」は、先の延喜監物式・太政官式の規定に対応するものであり、それは延暦段階で確認できる。[79] また『続紀』慶雲三年閏正月戊午条の「勅。収二貯大蔵一諸国調者、令下諸司毎レ色検校相知上」という記事は、複数官司による調物の検納を命じた勅と考えられる。これはおそらくこれまで述べてきた出納体制が、この時期に確立したことを示す史料であろう。

以上、決定的な根拠を欠いているが、また収文作成の手続＝未進の勘知については確認できないが、九世紀の収納手続は大筋において八世紀にも認めてよいと思われる。したがって、収納手続上の出納官司の役割の重要性は、八世紀においても妥当しよう。

四　物資の出給について

中央財政の支出の面については、すでに早川庄八氏が、大蔵省・民部省・宮内省それぞれから支給される物資の費目について、詳細に述べているが(80)、第一節で述べたように単にどのような官司からいかなる物資が出給されるかという検討にとどまっているきらいがある。物資が支給される場合、単に保管官司が必要に応じてとり行っていたのではなく、他官司は何らかの形でこれに関与したであろうし、また出給の場合は、その費目ごとに行われるわけであり、その点からすれば、収納の場合よりも複雑な様相を呈していたのではないかと思われる。

実際に物資が保管官司の倉庫から出される場合は、前節でみた収納の場合と同様、延喜監物式・太政官式の規定が適用されるから、保管官司の官人ばかりでなく、出納官司の官人も立ち会ったと思われる。それでは、それ以前の段階の手続としては、どのようなことが考えられるだろうか。またその際どのような財政上の特質がみられるのだろうか。本節においては以上の点を明らかにしたい。

養老倉庫令倉蔵給用条には、次の様な条文がある。

倉蔵給用、皆承㆓太政官符㆒。其供奉所㆑須、及要速須㆑給、并諸国依㆑式合㆓給用㆒。先用後申。（後略）

この条文に関しては、『類聚国史』巻八四、出納官物、大同二年（八〇七）十月戊午条に次の様な記事がみえる。

勅。拠㆑令、倉蔵給用皆承㆓官符㆒。而今官符下㆓中務省㆒、々移㆓諸司㆒、然後出納。大乖㆓令意㆒。宜㆘改㆓此例㆒、一依㆗令条㆖。

大同年間において、太政官符が中務省に下され、さらに中務省が諸司に移文を提出して、出納が行われる現状に対して、この勅は先ほどの倉庫令の規定に依るべきことを指示している。この勅にみえる「令意」とは、太政官が直接に符を諸司に下すことであると思われる。またこの諸司とは保管官司を指すのであろうが、物資が出給される場合には必ず太政官からの符が保管官司に下されることが、その建前であったのである。

しかしながら、諸官司に保管されている物資全般の出給にあたって、先の倉庫令の規定が適用されたとはとても考え難い。今延喜太政官式のなかから、どのような用途に太政官符が出される必要があったのかをみてみると、表1のようになる。

これらの費目については、次の様な特徴を指摘できる。まず第一に、⑾・⑿を除けば、それらが人件費＝官人給与であることとである。第二に、⑴を除けば、定期的に一定の日時に出給されることである。⑵の季禄[81]がその名の示すとおり、春夏・秋冬の季節ごとの禄であることからすれば、それは当然であるが、他の時服・位禄・馬料等についてもそれぞれ一年の定められた時期に出給される。このこともやはり第一の点と密接な関連があろう。太政官符を必要とする費目には、以上のような特徴がみられる。

また⑵・⑺・⑻は中務・式部・兵部各省が、給与の対象となる官人等の人数を太政官に通達することを規定しているが、これは中務省が「女王。内外命婦。宮人等。名帳[82]」を、式部省が「内外文官名帳[83]」を、兵部省が「内外武官名帳[84]」をそれぞれ掌っているからであろうと思われる。このように、こうした給与はその官人の属する官司が、個々に直接太政官に出給を申請するのではなかった。このことは季禄・位禄・諸司馬料の出給が一日のうちになされることとも関連してくることであって、注意を要しよう。

ところで⑴～⑽によれば、弁官あるいは中務省等によって太政官に出給の申請がされてから、官符が保管官司に下されるまでの期間は七日乃至一〇日を要している。その間に上奏という手続がとられる場合もあったことは、⑵・⑺・

表1　太政官符による物資の出給

	出給費目		申請官司	申請日	官符発給先	官符発給日	出給日	備考
(1)	行幸の禄				大蔵省			
(2)	季禄	春夏禄	弁官・中務・式部・兵部省	二月十日	大蔵省	二十日	二十二日	十五日少納言上奏
		秋冬禄	春夏禄に準ずる					
(3)	皇親時服		(2)に準ずる					
(4)	後宮・女官時服及び餝物料		中務省	四月十日・十月十日	大蔵省	二十日	二十二日	
(5)	諸司時服	春夏時服	中務省	六月七日	大蔵省	二十日	二十二日	
		秋冬時服	春夏時服に準ずる					
(6)	無品親王・乳母時服	春夏時服	?	?	大蔵省	六月十日	十五日	
		秋冬時服	春夏時服に準ずる					
(7)	位禄		中務・式部・兵部省	十一月十日	大蔵省	二十日	二十二日	十五日少納言上奏
(8)	馬料	春夏馬料	弁官・中務・式部・兵部省	七月十日	大蔵省	二十日	二十二日	十五日少納言上奏
		秋冬馬料	春夏馬料に準ずる					
(9)	月料		?	毎月十日	宮内省	十七日	二十五日	
(10)	要劇料		?	毎月四日	宮内省	五日	十三日	
(11)	大粮		?	毎月十六日	民部省	二十日	二十二日	
(12)	諸司月料紙筆		中務省	?	中務省	?	毎月下旬	

表2　太政官符による出給品目

	出給費目	品目
(1)	行幸の禄	袍袴・衣被・絁・綿・商布・銭(85)
(2)	季禄	絁・綿・布・鍬・糸・鉄・銭(86)
(3)	皇親時服	絁・綿・布・鍬・糸・鉄(87)
(4)	後宮・女官時服及び餝物料	?(88)
(5)	諸司時服	
(6)	無品親王・乳母時服	
(7)	位禄	絁・綿・布・庸布(89)
(8)	馬料	銭(90)
(9)	月料	年料春米(91)
(10)	要劇料	銭・米（年料春米）(92)
(11)	大粮	米・塩・庸布・綿(93)
(12)	諸司月料紙筆	紙・筆(94)

(8)から知られるが、それだけにしてはあまりに期間が長過ぎるのではなかろうか。ではなぜ七日乃至一〇日という期間が必要なのであろうか。これが第一の問題である。

　次にこの(1)～(12)までの支出が、いかなる品目によって調達されるのかを示せば、表2のようになる。これによると、(1)～(8)と(10)の銭の場合は、調と庸の軽物といった大蔵物であり、その出給のための太政官符が大蔵省に下されたことはこれに対応している。また(9)と(10)の米、(11)・(12)の物資の保管官司と、それぞれが出給される場合の太政官符の発給先は同様の対応関係にある。

　ところが、これらの品目のなかには財源としての調雑物が含まれていない。調雑物の出給に際しては、実際に太政官符は発給されなかったのであろうか。また発給されなかったとすれば、それは何故であろうか。これが第二の問題である。

　大蔵省・民部省その他の保管官司に収納された諸物資が使用に供される時、必要に応じて無計画に出給されたとは考え難い。そこには予算という財政行為が当然必要となってくる。先にあげた二つの問題は、おそらくこの予算行為に関わるものであると思われる。そこでしばらく予算についてみてゆきたい。

第二節でも引用したが、養老職員令主計寮条には「支二度国用一」という職掌が規定されており、主計寮が中央の予算に関する実務を担当していたことが知られる。令集解主計寮条には、この部分に関する諸明法家の注釈がみえるが、そのなかで次の跡説は最も具体的であり、注目される。

支二度国用一。謂八月卅日以前、諸国計帳進上。則計二算可レ輸之調庸一、校二定来年用物一、可二足不足之状申レ官也。又司々令レ進支度之書、則預勘定、可レ足之状申レ官也。

すなわち、八月三十日以前に諸国から進上される計帳により、調庸物の輸納予定額が計算され、来年用いられる物資の量が校定される。一方諸司から提出される支度書により支出が勘定され、ともに太政官に報告される。以上が跡説の説明する主計寮の予算行為である。しかしながら、これはあくまで一明法家の注釈であって、それが実態を反映しているかどうかは可能な限り検討する必要がある。

養老賦役令計帳条には、周知のように次の規定がある。

凡毎レ年八月卅日以前、計帳至二付民部一。主計々二庸多少一、充二衛士・仕丁・采女・女丁等食一。以外皆支二配役民雇直及食一。九月上旬以前申レ官。

これによれば、毎年八月三十日以前に申送される計帳によって、主計寮が庸物の量を計り、衛士・仕丁・采女・女丁の食料と、役民の雇直及び食料を配分し、九月上旬までに太政官に報告するというしくみであったことが知られる。とすれば、先ほどの跡説の注釈は、この計帳条を根拠に施されたといえるようである。しかしながら、問題は計帳条が庸物についてのみその予算化を述べているのに対し、跡説が調物も含めていることである。ここで実際にどのような財源が計帳によって、品目・数量にわたって把握されるかが問題になるが、計帳については前節で触れたように、調庸輸納予定額を記載した大帳目録が、大宝令以後毎年京進されることになっていたから、主計寮はこれによって、輸納されるべき調庸物の品目・数量は把握できたであろう。

また養老公式令論奏式条には、太政官が論奏という形式によって天皇に上奏して裁可を求める具体的事例の一つに、「支二度国用一」があがっている。その義解の注釈には「与三主計寮支二度国用一同文異義也」とあって、主計寮条に規定されたそれとは意味が異なるようである。しかし同条古記には「用度物過多者、奏減レ之。若不レ足者奏加。如レ是多支二度国用一也」とあり、また跡説には「不レ合レ足二朝庭之用物一者、量下可レ出二用物一之便之宜上而奏聞之類」とあるように、この場合の「支二度国用一」とは、おそらく来年度の用物の過不足に対する処置を意味しているものと思われる。そしてそのためには主計寮によって、太政官に予算報告がなされていることが前提となってくる。したがって、主計寮が計帳をもとに太政官に予算報告を行うことも一定程度実態に則しているといえよう。

以上から、先ほどの跡説の説明は、主計寮の予算行為を大よそにおいて伝えていると考えられる。そしてこのことを念頭におけば、先の問題に答えることが可能であると思われる。すなわち、第一に問題となった七日乃至一〇日の期間は、弁官あるいは中務省からの出給の申請が、すでに主計寮から報告されている予算と過不足があるかどうかを、太政官内部で検討される期間であると考えるのが妥当であろう。出給の申請は、単なる形式的な認可を求めるためのものではないと思われる。

次に第二の問題であるが、これに関しては主計寮の予算行為が、次年度の年間予算についてなされる点に注意しなければならない。米・塩等の食料品は別としても、調雑物に含まれる食料品は長期間の保存に適さないものであるから、それを次年度の予算に組みこみ、次年の用物として保管しておくことは不可能ではないかと考えられる。そこで次の養老営繕令在京営造条の規定をみておきたい。

凡在京営造、及貯備雑物、毎レ年諸司総二料来年所レ須、申二太政官一。付二主計一。預定二出所レ科備。若依レ法、先有二定料一、不レ須二増減一者、不レ用二此令一。其年常支料、供用不レ足、及支料之外、更有二別須一、応二科折一者、亦申二太政官一。

これは京内の造営等の支出や、年間規定量以上の支出があった場合の処置に関する規定である。問題は「其年常支料」以下であるが、この部分の注釈として、義解は百官俸食を例示し、釈説も百官食料、穴説は雇役民の食料、跡説は釈奠等における大炊寮米の供用不足をそれぞれあげている。(95) これらからすると問題の部分は、主として食料について、その支出が歳入を超過した場合の対策を規定したものであると考えられる。これは逆にいえば、食料品については十分に予算行為は行われず、その収支をあらかじめ勘知することが困難であったことを物語っているのではなかろうか。

また次の点も指摘したい。

平城宮跡から出土する調雑物の付札の日付は、賦役令調庸物条に規定された貢進期限の範囲内であるものが大部分を占めるが、なかには例外もある。

(イ)・越前国丹生郡曽博郷戸主牟儀都百足戸口同広足調波奈佐久一□〔斗カ〕
　　・天平十七年四月十八日(96)

(ロ)志摩国志摩郡伊雑郷□理里戸主　大伴部小咋調海藻六斤
　　養老二年四月三日(97)

(ハ)・能登国能登郡鹿嶋郷戸主若倭部息嶋戸同小□〔嶋〕調□〔熬カ〕鼠六斤
　　・天平宝字三年五月□〔十カ〕三日(98)

(ニ)志摩国志摩郡和具郷御調海藻六斤四月十日(99)

(ホ)志摩国答志郡和具郷難設里戸主大伴部祢麻呂口　同羊御調海藻六斤
　　養老七年五月十七日(100)

（へ）　志摩国志摩郡目加里戸主嶋直大市戸同□麻呂　御調海藻廿□〔斤カ〕[101]
和銅六年六月四日

これらの日付は、中央に送進された時点の日付ではないが[102]、それにしても調庸物条の規定からは大きく逸脱している[103]。東野治之氏は、四月から六月に貢上されている（ロ）・（ニ）・（ホ）・（へ）の志摩国の貢進物は、「調」とか「御調」とか記されていても、実際には贄としての意味をもって輸貢されたのではなかろうかとされ、さらに荷札にみる「御調」、「調」は、たとえ法制上の調と同義になってもミツキという古くからの意味を含んで用いられる例が少なくなかったとされる[104]。調雑物が系譜的に贄と同性質のものであることや[105]、あるいは調雑物が贄の伝統を引き継ぎ、令制下の贄の一つの法的根拠になっていたことはすでに指摘されているが[106]、先にあげた木簡が東野氏のいわれるような性格をもっていたことは否定できない。

しかしここで問題にしたいのは、それが贄であるのか調雑物であるのかということではなく、食料品については、調庸物条の貢進期間内に貢進された場合がある一方、他方でその期間からはずれて貢進された場合があることである。こうしたことが、その食料品の採取時期に関係することもまた事実であるが[107]、食料品の貢進がこのような情況にあったことは、財政的には次のように考えることができよう。すなわち、これら食料品は中央において一年を通じて必要とされるものであるが、保存にはあまり適さない。したがって、調庸物条の規定どおりに貢進していては、年間を通じてこれを食料に供することはできないし、また食料品によってはその採取時期とずれるものがある。そこで律令政府は、食料品については年間どの時期においてもその貢進を行わせたのであろう。調雑物のみではなく、明らかに「贄」と表記された付札のなかに、正・五・六・七・八・九月料とあることは、こうしたことを考慮されてのことと思われる[108]。

このように考えれば、食料品については年間の輸納量を正調や庸のように計帳によって把握することは困難であろうし、それを次年度の用物として保管しておくことも不可能であっただろう。そうすれば、主計寮がその年間予算を太政官に上申することも不可能となってくるし、また太政官はその出給に際して符を発給することもなかったのではなかろうか。一方、すでに指摘したように、官人給与のためのその物資の出給は、一年の一定の日時に行われた。その頻度からいえば、食料品の場合とは問題にならないほど少ない。こうした点も太政官符が発給されるか否かにとって大きな比重を占めていたと思われる。

限られた史料からであるので、以上のみで中央における出給費目のすべてを尽くしているとはとてもいえないし、また出給における問題をその手続も含めてすべて検討できたとは思えないが、一応その出給の対象が中央官司である場合についてみてきた。そこにおいては、官人給与の財源である調庸物（主として大蔵物）等の出給には太政官符が必要であったが、一方食料品の出給の場合は、予算や財源そのものの性格から太政官符の発給は不可能であったことが明らかになったと思われる。第二節において、調庸物は主に大蔵省に保管され、食料品は宮内省の被管によって保管されており、その保管原則は物資の使途によっていたことを指摘したが、その財源の性格の違いによる出給手続の相違も、保管のあり方を深く規定していたといえよう。こうした点も律令財政機構の一つの特質をなすものである。

五　今後の課題

以上、律令中央財政機構を物資の収納から出給までの過程においてとらえることにより、その特質について論じてきた。そこにおいて明らかになったことをまとめると次のようになる。

中央官司のなかで財政に関与する官司は、主に物資を保管する機能をもった官司と、出納に関わる官司とに分けられる。保管官司も財政上重要な機能を有する官司であるが、これまで軽視されてきたと思われる、収納過程において独自の役割を果たす民部省・主計寮は、中央の財源確保という点で重要視しなければならない。また出納の監察にあたる中務省監物の職務についても注意する必要がある。従来のように、保管官司から物資が出給されることを重視して、中央財政機構を非独立的であるとのみ特質づけることは、再検討の余地があると思われる。

次に出給については、必ずしもすべての場合太政官符が出されるのではなく、予算との関係や、その財源の性質により、出給手続が異なることを明らかにし、そうした相違が物資の保管のあり方にも影響を与えていることを指摘した。

ところで、本章では律令財政を構造的に把握することを主眼としたため、税制その他との関係から、それがいかに展開し、解体していったかという歴史的な変遷については明らかにできなかった。また何よりもこうした中央財政機構がいつ、どのようにして成立してきたのかも触れられなかったが、律令的経費の成立ともからめて深めていく必要があろう。また中央財政は在地の剰余生産物の収奪に深く依存して成り立っているものであるが、こうした在地における生産構造の変質がいかに中央財政に影響を及ぼしていったのかについても言及できなかった。あわせて今後の課題としたい。

註

（1）青木和夫『日本律令国家論攷』（岩波書店、一九九二年、初出一九六二年）。
（2）薗田香融『日本古代財政史の研究』（塙書房、一九八一年、初出一九六二年）。

（3）早川庄八『日本古代の財政制度』（名著刊行会、二〇〇〇年、初出一九六五年）。

（4）狩野久『日本古代の国家と都城』（東京大学出版会、一九九〇年、初出一九七六年）。

（5）さしあたり、森田悌「平安初期の内蔵寮について」（『平安初期国家の研究』Ⅱ、関東図書株式会社、一九七二年）、石上英一「大蔵省成立史考」（弥永貞三先生還暦記念会編『日本古代の社会と経済』上巻〔吉川弘文館、一九七八年〕）、梅村喬「民部省勘会制の成立」（『日本古代財政組織の研究』吉川弘文館、一九八九年、初出一九七八年）をあげておく。

（6）村井康彦「平安中期の官衙財政」（『古代国家解体過程の研究』岩波書店、一九六五年）。

（7）本章においては、保管官司・出納官司という用語が重要な意味をもつので、以下、簡単な定義を行っておきたい。保管官司とは、地方から中央へ送進されてきた諸物資が消費に供される迄に、ある期間それを保存・管理しておく倉庫、あるいはそれに類した施設を有する官司を指し、出納官司とは、保管官司へ諸物資を収納する場合や、保管官司から諸物資を出給する場合に、そうした手続に関与する官司を指すものとする。

（8）直木孝次郎「古代税制と屯倉」（『飛鳥奈良時代の研究』塙書房、一九七五年、初出一九六九年）。

（9）喜田新六氏は、「調庸物の中、調は始め大蔵省に納め、庸は民部省の主計寮に納めることになっていた」（「令制下に於ける物資の融通運用に就いて（上）」〔『史学雑誌』四九—六、一九三八年、七頁、傍点—筆者〕）と考えている。

（10）国史大系本『令集解』は、「諸国調。雑物」と訓んでいるが、「諸国の調の雑物」と訓むのが正しいと思われる（日本思想大系3『律令』〔岩波書店、一九七六年〕。直木前掲註（8）論文）。

（11）瀧川政次郎氏は大宝官員令主計寮条を、

頭一人。掌。計二納調租財物一。支二度国用一。勘二勾用度一。

同じく宮内省条を、

卿一人。掌。出納。諸国調雑物。舂米。官田。及奏二宣御食産一。仕女丁諸方口味事。

と復原している（『律令の研究』刀江書院、一九六九年、〇を施した部分が養老職員令と異なるか、あるいは養老職員令にはみえない語句）。但し、主計寮条の「調租財物」と復原されている部分は、古記には「調租財貨」とある。

(12) 後で触れるように、庸物は慶雲三年（七〇六）以降大蔵省と民部省に分納されるようになる。
(13) 大蔵省に保管されていた物資の品目は、正史等によれば表3のとおりである。以上から、大蔵省は調のうちでも正調と、調雑物の一部を保管していたと考えられる。
(14) 「雑物」の部分に関する令義解の注釈には、「謂。除レ調以外、庸・及諸国貢献物等、是也」とあり、「雑物」のなかに庸が含まれていたことを示している。また、主計寮の算師の職掌の規定には「掌。勘二計調・庸及用度一事」とある。
(15) 日本思想大系3『律令』一七一頁。
(16) 日本思想大系3『律令』一七二頁頭註。
(17) 職員令義解主税寮条の注釈には「穀蔵曰レ倉。米蔵曰レ廩也」とある。
(18) また田令集解田租条古記も「其舂米運京者。謂租税造レ米、送二大炊寮一也」と説いている。
(19) 同令集解宮内省条跡記には、同じく「出納」の注釈として「謂在二此省并摂官等内一雑物等。此司副二監物等一、行廻出納耳」とある。これによれば、宮内省にも雑物が存在した如くであるが、その注釈の権威からして義解の説を採り、宮内省は物資の保管は行わなかったと考えたい。
(20) また天武朝末期に、すでに民部省（この時期に民部省という官名

表3　大蔵省に保管されていた物資の品目

品目	典拠
絁	続紀慶雲三年閏正月戊午 同　天平宝字四年正月甲子 類聚国史巻一八六施物僧延暦十一年二月乙卯 続後紀承和四年十二月庚戌
糸	続紀慶雲三年閏正月戊午 三代実録貞観二年三月二十五日
綿	続紀慶雲三年閏正月戊午 同　天平宝字四年正月甲子 類聚国史巻一八六施物僧延暦十一年二月乙卯 続後紀天長十年八月戊申 三代実録貞観二年三月二十五日 同　貞観二年九月九日 同　貞観八年九月九日
布	後紀延暦十五年八月癸未 続後紀承和四年十二月庚戌 三代実録貞観二年三月二十五日（調布・商布） 同　元慶四年三月二十七日（調布） 同　元慶四年十二月五日（商布） 同　元慶七年五月十四日（商布）
銭	日本紀略承和二年十月甲午 三代実録貞観二年三月二十五日 同　貞観十五年十一月三日 同　元慶四年十二月五日 同　仁和二年二月十五日
絹	三代実録貞観二年三月二十五日 同　元慶四年三月二十七日 同　仁和三年四月十三日
鉄	三代実録貞観二年三月二十五日
薬	三代実録貞観八年七月十三日

が存在したかどうかは別として）に庸物が保管されていたことは、次の『書紀』朱鳥元年（六八六）七月戊申条から知られる。

雷光二南方一而一大鳴。則天二災於民部省蔵レ庸舎屋一。或曰、忍壁皇子宮失火延焼二民部省一。

なお、『続紀』以降の正史等から、民部省が庸（とくに庸米）を保管していたことがわかる記事は表4のとおりである。

(21)　賦役令集解歳役条の古記には、「凡庸布綿者納二大蔵一也。米塩者納二民部一也」とある。

表4　民部省による庸（庸米）の保管

日付	記事	典拠
延暦十八・三・乙巳	震二民部省廩一。	後紀
仁寿二・閏八・己卯	以二廩院米一、賑下給京師被二風災一者上。	文徳実録
天安二・五・己丑	出二穀倉院穀二千斛、民部廩院米五百斛、大膳職塩廿五斛一、賑二給左右両京苦レ霖之窮民一。（後略）	〃
貞観十二・十二・二十五	（前略）又運二廩院雑物一車馬、聴レ出三入自二美福門腋門一。大膳職自二郁芳門一。春宮坊自二待賢門一。中院木屋自二談天門一。（後略）	三代実録
元慶八・六・二十三	（前略）夜。偸児入二民部廩院倉一、盗三取米一斛五斗一。為三行レ夜者所二捕得一。偸児引レ刀、自刺不レ死。遣下二検非違使一送中入於獄上。	〃
仁和元・六・二十	（元慶八・六・二十三の重出記事カ）	〃

(22)　青木和夫「雇役制の成立」（前掲註（1）書、初出一九五八年）。

(23)　薗田「律令財政成立史序説」前掲註（2）書。

(24)　『続紀』天平神護元年（七六五）六月庚午条。

(25)　『大日本古文書』二―四〇一～四〇四、四六五頁。

(26)　このほかにも、中務省図書寮は調の紙の保管を行っていた。『三代実録』元慶七年（八八三）十一月二十九日条に「夜図書寮失火。焼二一倉一屋一」とある倉とは、紙等を保管していた倉と思われる。また宮内省造酒司も、酒や酢等の醸造のための米を大炊寮等から分配されていた（奈良国立文化財研究所編『平城宮

二』、総説付章「造酒司と大嘗祭」一九七五年）。

(27) 「監察出納」については二つの解釈がある。職員令集解中務省条の穴記は、「応レ為二二事一。何者。考課令云。監察不レ怠。出納明密。字相備為レ最故。宜レ熟二彼義一也」と注釈し、考課令最条の「監察不レ怠。出納明密。為二監物之最一」を拠り所として、「監察」と「出納」の二事と考える。また、国史大系本『令集解』も「監察。出納」と句点を施している。一方、国史大系本『令義解』、日本思想大系3『律令』は、「出納を監察する」と返点を付している。黛弘道「続・中務省に関する一考察―律令官制の研究（二）―」（『律令国家成立史の研究』吉川弘文館、一九八二年、初出一九七五年）にも述べられているとおり、筆者も後者の訓みを採りたい。

(28) 中務省には、この他に大・少主鈴、大・少典鎰なる品官が配されており、その職掌は次のように規定されている。

大主鈴二人。掌。出二納鈴印伝符。飛駅函鈴一事。
少主鈴二人。掌。同二大主鈴一。
大典鎰二人。掌。出二納管鎰一。
少典鎰二人。掌。同二大典鎰一。

ここにも、「出納」なる語はみえるが、大・少主鈴の場合の出納の対象は鈴印伝符と飛駅函鈴であり、ここでの考察の対象とはならない。また、大・少典鎰については後に触れる。なお、左兵庫条にも、

左兵庫 右兵庫准レ此。
頭一人。掌。左兵庫儀仗。兵器。安置得レ所。出納。曝凉。及受レ事覆奏事。

とあるが、左右兵庫の出納は器仗に関するものであり、この場合も考察の対象からはずす。

(29) 大蔵省にも大・少主鎰各二人が配されている。その職掌については何ら規定はないが、内蔵寮大主鎰の職掌の箇所に「余主鎰、准レ之」とあるのは、この大蔵省主鎰を指しているものと思われる。したがって、大蔵省主鎰も大蔵省の出納に関わったと考えられる。

(30) 品官の定義については、「位階を有せざる諸司の雑任雑色等下級職員に対して、四等官ではないが同じく相当位階を有する

の故を以て、彼等別司の高級職員を指さして、とくに『品官』と呼び倣したのではあるまいか」（中田薫「養老令官制の研究」〔『法制史論集』三ノ上〈岩波書店、一九四三年、六二一頁〉〕）という指摘に従っておく。八省の品官のなかで、監物の他に大・中・少に分かれているものは、刑部省の大判事二人・中判事四人・少判事四人のみである。

(31) 国史大系本『続日本紀』は明暦三年印本により、「オロシモノ、ツカサ」という和訓を付しており、蓬左文庫本を底本とする新日本古典文学大系12『続日本紀二』（岩波書店、一九八九年）も「おろしもののつかさ」と訓じている。国史大系本『令義解』も底本である塙保己一刊本により、「監物」を「オロシモノ、ツカサ」と訓んでいる。

(32) 村尾次郎『律令財政史の研究 増訂版』第三章正倉管理、第二節中央の倉庫制度（吉川弘文館、一九六四年）。

(33) 早川庄八「律令太政官制の成立」（『日本古代官僚制の研究』岩波書店、一九八六年、初出一九七二年）。

(34) 『続紀』大宝元年（七〇一）三月甲午条。

(35) それでは何故この記事は「始任二監物一」と書かれなかったのかという疑問が生じるが、やはり官名位号改制のひと月前であることから考えて、職掌の変更は決定していたが、この段階では依然として「下物職」と称呼されていたと考えたい。

(36) この監物主典は、『後紀』によれば大同三年（八〇八）八月二十四日に廃止されている。ところが、延喜監物式には「監物及主計属各一人」と記された部分があり、監物属とは監物主典のことであるから、大同三年に廃止された監物主典はいつの頃からか再び置かれるようになり、『延喜式』に定着したのである（黛前掲註（27）論文）。

(37) 養老職員令によれば、監物の下には史生四人が配されている。史生を有する品官は監物のみである。なお、『平城宮二』二二三五号木簡解説は監物を独立の一司と考えているが、必ずしもそう考えることはできないと思う。以下理由をあげる。

(1) 先にあげた『続紀』天平宝字七年十月丁酉条の「監物主典」の存在が、監物を独立した一司と考える一つ目の根拠であるが、養老職員令によれば、刑部省の品官である判事も大・中・少・属と同様の構成をとっているにもかかわらず、一官司とは規定されていない。

(2) 『続紀』宝亀元年（七七〇）八月癸巳条には、「宮内・大膳・大炊・造酒・筥陶・監物等司」とあり、監物が「司」と表現されているのが二番目の根拠である。しかしながら、これも先にあげた『続紀』天平三年十一月庚午条には、「大蔵・内蔵・

大膳・大炊・造酒・主醤等司」とあり、明らかに大膳職の品官である主醤が同じく「司」と表記されている。

(3) 監物が一官司であると想定すると、主典はともかくとして、長官二人、次官四人、判官四人となり（延喜式部式の馬料の項には「監物従五位官二人。六位官四人。七位官四人。初位官一人」とあり、その官位から考えて、それぞれ大監物・中監物・少監物・主典に比定できる。したがって、延喜式制においても、大監物二人・中監物四人・少監物四人が確認できる）、他の官司の構成に比べて非常に特異なものとなる。養老令制において長官二人を有する官司としては、唯一宮内省内膳司があるが、これは律令制に先行する前代の遺制によるものである（後藤四郎「内膳奉膳について—高橋安曇二氏の関係を中心として—」〈『書陵部紀要』一一、一九五九年〉）。また、次官四人を有する官司は、養老職員令には見出すことはできない。

(38)『後紀』大同四年（八〇九）二月己巳条。

(39) 後宮職員令闈司条には、

尚闈一人。掌。宮閤管鎰。及出納之事。

典闈四人。掌。同尚闈。

とあるが、これらは令義解の注釈にあるように、「諸門管鎰」である。

(40) 監物が一官司として独立せず、中務省の品官として位置づけられた一因として、同じく中務省の品官たる典鎰との、こうした職掌上の密接性をあげることができよう。

(41) 掃部寮は弘仁十一年（八二〇）に大蔵省掃部司と宮内省内掃部司とが統合したものである（職員令集解内掃部司条）。職員令によれば掃部司は朝廷の、内掃部司は宮中の儀式の舗設をそれぞれ担当していたから、それに必要な資材を保管する倉庫を有していたと思われる。

(42) 職員令によれば、主殿寮は行幸等の施設を担当していた。やはりこの場合もそれに必要な資材を保管する倉庫と考えてよいであろう。

(43)『類聚三代格』巻四、加減諸司官員并廃置事、延暦十八年四月二十三日太政官謹奏。『後紀』延暦十八年四月辛丑条。

(44) 黛前掲註（27）論文。

(45) 村尾次郎氏は、前掲註（32）書において中央の出納制度について簡単に述べているが、収納手続という点からすれば、大蔵省中心の記述になっており不十分さを感じる。さらに出納官司の立ち会いがいかなる必要から行われたのかについても明らかになっていないと思われる。また北條秀樹氏も八世紀における調庸輸納と公文勘会に触れているが、文書行政に主眼が置かれているため、収納手続が一貫した過程として把えられていない（「文書行政より見たる国司受領化―調庸輸納をめぐって―」〔『日本古代国家の地方支配』吉川弘文館、二〇〇〇年、初出一九七五年〕）。

(46) 村井前掲註（6）論文。

(47) 『類聚三代格』巻八、調庸事。

(48) 延喜民部式。

(49) 延喜四年（九〇四）七月十一日には、民部省は違期の国郡司名を大蔵省に移送することが義務づけられる（『類聚三代格』巻八、調庸事）。

(50) 『類聚三代格』巻八、調庸事。

(51) 『類聚三代格』巻一二、諸使并公文事、大同五年三月二十八日太政官符、同斉衡二年九月二十三日太政官符。

(52) 北條前掲註（45）論文。

(53) 『寧楽遺文』上、三二三～三二二頁。

(54) 大帳と計帳が別種の文書を指し示す用語ではなく、相互に置き換え得る同一内容の名称であったことに関しては、鎌田元一「計帳制度試論」（『律令公民制の研究』塙書房、二〇〇一年、初出一九七二年）参照。

(55) 延喜主計式の大帳式の末尾には、次の様な記載がみえる。

都合今年計帳調絹絁布若干疋端。庸布若干段。其物若干斤。

鎌田元一氏は、主計式にみえる書式は大帳目録とでも称すべき文書の書式で、それは一国全体の統計文書であり、大宝令以後毎年京進されていたことを指摘した（鎌田前掲註（54）論文）。したがって、右の様な調庸の品目毎の輸納予定額は中央において把握されていた。

(56) 調帳は現存しないし、『延喜式』にもその書式は示されていないから、それがどのような記載様式をとっていたか不明であるが、後述する倉庫令によれば、実際に送られる物資の種類・品目・数量を簿一通に記載し京進する規定であった。また庸帳は「志摩国輸庸帳」（『大日本古文書』一―三八五〜三八六頁）が現存し、それには課丁数と品目・数量が記載されている。

(57) 貞観式は先行の弘仁式の訂正・増補の部分のみを集めて編纂されたものであり、弘仁・貞観式はこの時期併用されているから（虎尾俊哉『延喜式』吉川弘文館、一九六四年）、この民部式は弘仁民部式の可能性もある。

(58) 「調庸等物、応レ送レ京者、皆依二見送物数色目一、各造二簿一通一。」の部分は、職員令集解中務省条により復原される文言であり、以下は『類聚三代格』巻八、調庸事、寛平八年（八九六）閏正月一日太政官符から復原される文言である。この両文言が同一条文を構成するものであるかどうかは見解の分かれるところであるが、行論上関係はないので、その判断は保留しておく。ただ前半部分の「簿一通」と、後半部分の「注二載進物色数一」した簿とが別の実体、すなわち前者が調庸帳を、後者が門文をそれぞれ指す（日本思想大系3『律令』、四一〇頁頭註）ことを確認しておきたい。

(59) 『類聚三代格』巻八、調庸事。

(60) この太政官符の事書には、「応下令レ先進二門文一検中納調庸并例進雑物上事」とあり、調庸以外の雑物についても門文は作成された。一九七七年の長岡京跡左京第一三次調査において、推定長岡京左京二条二坊五・六坪（補註1）間の東西溝から、地子物の付札が出土した（向日市教育委員会編『向日市埋蔵文化財調査報告』第四集、一九七八年）。付札の出土した地点の近辺に存在した官衙は、太政官厨家であると思われるが（今泉隆雄「長岡京木簡と太政官厨家」（『木簡研究』創刊号、一九七九年））、そうするならば、官厨家が地子物の保管を行っていたことや、綱丁名の記載された付札がみえることからして、これら地子物の付札は門文である可能性がきわめて高い（補註2）。

(61) 『三代実録』元慶七年（八八三）十一月二日条。

(62) 収納（出給）の際には、保管官司がその旨を弁官に伝え、弁官は出納諸司に召集を命じる規定であった（延喜大蔵式）。

(63) 大膳職の物資収納が、出納官司の立ち会いのもとに行われていたことは、『三代実録』元慶五年（八八一）四月二十八日条からも知られる。そこには中務少録・史生、少監物、民部大録・史生、主計大允・史生、大膳史生の名がみえるが、宮内省の官人はみえない。しかしこれは収納における不正事件の処罰記事であるから、宮内省の官人があがっていないことはさして問題にはならない。

（64）官物の出納には大同三年（八〇八）から内舎人二〇人が、弁官・中務・民部にかわって従事するようになる（『類聚国史』巻一〇七、内舎人、大同三年正月庚戌条、『後紀』大同三年四月甲子条）が、再び、延喜式制に戻る。

（65）『類聚三代格』巻八、調庸事。

（66）『類聚三代格』巻一四、雑米事。

（67）『類聚三代格』巻八、調庸事、延喜四年（九〇四）七月十一日太政官符には、こうした場が「検納之庭」と表現されている。

（68）『類聚三代格』巻一七、文書并印事。

（69）『類聚三代格』巻八、調庸事。

（70）『類聚三代格』巻一二、諸使并公文事、斉衡三年六月五日太政官符中の和泉国解には、「進レ官雑物、依レ期入レ京、至レ計二返抄一、還多二未進一。何則、綱領之員若欠二鎰鉄一、本司之例、必拘二返抄一。至二乃綱領死亡、本司遷代一。検拠失レ便終為二未進一。室家弊二於重輸一、国郡困二於再貢一。吏之与レ民弊莫レ大レ焉」とある。

（71）抄帳は計帳の調庸輸納予定額を略抄した帳簿である可能性がある。

（72）門脇禎二「調庸収取形態の変化とその背景」（大阪歴史学会編『律令国家の基礎構造』〈吉川弘文館、一九六〇年〉）、長山泰孝「調庸違反と対国司策」（『律令負担体系の研究』塙書房、一九七六年、初出一九六九年）。

（73）承和十三年（八四六）八月には、前年の未進物を毎年一〇分の一の率を立て徴収するという未進徴率が制定された（村井康彦「公営田と調庸制」〈村井前掲註（6）書、初出一九六一年〉）。

（74）村井前掲註（73）論文。

（75）延喜民部式では、近国一七ヵ国、中国一六ヵ国、遠国二八ヵ国二島となっている。

（76）『続紀』霊亀元年五月甲午条。

（77）『類聚三代格』巻一九、禁制事には、これを一部省略した勅がみえる。

(78) この「前分」について、村尾前掲註(32)書は「調庸を収納するときには、立会の諸司官人に、『前分』といって、国司あたりから多少の謝礼を出す習慣があったらしい」(二〇九頁)と述べている。また森田悌「平安中期の大蔵省について」(『平安時代政治史研究』吉川弘文館、一九七八年)もこれを私的手数料と解している。

(79) 職員令集解大蔵省条の令釈には、「出納」という語句に関して、「其出納者、監物与二本司一共可二出納一。但今行事、諸司出納者、弁官・中務・監物・民部・主計共出二納之一」とある。令釈の成立年代については、現在のところ延暦六年(七八七)から十年までの間と考えられている(亀田隆之「令釈説」〔『日本古代制度史論』吉川弘文館、一九八〇年、初出一九五二年〕、井上辰雄「跡記及び穴記の成立年代」〔『続日本紀研究』一〇—八・九、一九六三年〕、同「『令集解』雑考」〔『続日本古代史論集』中巻、吉川弘文館、一九七二年〕)。前半部分はともかく、「但今行事」以下は、おそらくその当時の出納の情況を伝えていると考えられ、そこにみえる官人が『延喜式』の規定と一致していることは、『延喜式』の規定が延暦期にまでさかのぼりうることを示している(註(64)参照)。

(80) 早川前掲註(3)論文。

(81) 実際に季禄を支給する場合は、延喜大蔵式に、

凡諸司給二春夏禄一者、弁官・式部・兵部・弾正並集積二禄物一、畢弾正巡検。即省申二弁官一、弁官宣命。訖式部・兵部唱名、省司班給。位禄准レ此。但不二宣命一。若当日不レ了、具録二残数一、移二送式部一、待レ報乃給。秋冬准レ此。(後略)

とあって、季禄を支給される官人が大蔵省に集まって行われた。このことは、『続紀』大宝元年(七〇一)八月丁未条にも

撰令所処分。職事官人賜レ禄之日、五位已下皆参二大蔵一受二其禄一。若不レ然者、弾正糺察焉。

とあり、大宝令段階においても確認できる(高橋崇『律令官人給与制の研究』吉川弘文館、一九七〇年)。また、(7)の位禄の支給方法もこれに準ずるものであった。

(82) 養老職員令中務省条。

(83) 養老職員令式部省条。

(84) 養老職員令兵部省条。

表5　行幸の禄の品目

日付	行幸先	禄の品目	典拠
和銅元・九・戊寅	山城国相楽郡岡田離宮	袍袴	続紀
天平十四・正・癸丑	城北苑	東絁・綿	〃
天平勝宝元・十・乙亥	河内国石川之上	綿	〃
天平宝字四・正・甲子	大保第	絁・綿	〃
〃　四・正・丁卯	太師第	銭	〃
神護景雲元・三・辛亥	元興寺	綿・商布	〃
〃　元・三・癸亥	薬師寺	〃・〃	〃
延暦十六・正・癸丑	近東院	銭	後紀
〃　二十三・二・戊申	西八条院・五条院	衣	〃
大同三・七・丁未	大堰	〃	〃
〃　三・八・辛未	神泉苑	綿	〃
弘仁二・四・辛巳	〃	衣被	〃
〃　二・四・庚寅	〃	〃	〃
〃　二・七・甲辰	〃	銭	〃
〃　二・八・甲戌	〃	綿	〃
〃　三・二・辛丑	〃	〃	〃
〃　三・五・己巳	〃	衣衾	〃
〃　三・六・庚戌	大堰	衣被	〃
〃　三・七・庚辰	神泉苑	銭	〃
〃　五・七・辛酉	葛野川	衣被	〃
〃　五・閏七・丙戌	神泉苑	被	〃
〃　六・二・庚午	〃	綿	〃
〃　六・四・癸亥	近江国滋賀韓埼	衣被・綿	〃

＊なお、続後紀以降の正史の行幸記事からは、禄物として何が充てられたかを知ることはできない。

(85)　今、正史から行幸の禄に充てられた品目の知りうる場合を表にすれば、表5の様になる。

(86)　養老禄令給季禄条には、正従一位から少初位に至るまで、それぞれの位階に従って給せられる、絁・綿・布・鍬の数量が規定されている。春夏禄においては、鍬に代わって糸が、秋冬禄においては、綿に代わって鉄が支給された（養老禄令季禄条）。和銅四年（七一一）には、品目は絁と銭に改められたが（『続紀』和銅四年十月甲子条）、まもなく旧制に復する（早川「律令財政の構造とその変質」〔前掲註（3）書〕）。

(87)　養老禄令皇親条によれば、春に絁・糸・布・鍬が、秋には絁・綿・布・鉄がそれぞれ支給される。

(88)　具体的な品目は不明であるが、時服という点からすれば、おそらく(3)皇親時服に準ずるものであったと思われる。

(89)　奈良時代を通じて位禄が支給されたのは五位だけであり（早川前掲註（86）論文）、養老禄令食封条によれば、正五位に絁六疋・綿六屯・布三六端・庸布二三〇常、従五位に絁四疋・綿四屯・布二九端・庸布一八〇常が支給されることになっていた。奈良時代に実際に行われていたものは大宝元年格によるものであるが、品目については養老禄令のそれと変化はない。大同三年（八〇八）に令制に移行する（『類聚三代格』巻六、位禄季禄時服馬料事、大同三年十一月十日太政官謹奏）。

(90) 養老令には規定はないが、弘仁・延喜式部式によれば、馬料として銭が給せられることになっていた。なお斎宮寮馬料は神税から供出される。

(91) 月料の内容に関しては、これを直接示す史料はないが、早川庄八氏が言うように、大炊寮から支給される年料舂米であると思われる（早川前掲註（86）論文）。

(92) 養老三年（七一九）に劇官を選んで銭を給したのがそのはじまりであり、大同四年（八〇九）に至り、衆司の職事官四位以下初位以上を対象に人別一日米二升が給せられるようになった（『類聚三代格』巻一五、諸司田事、元慶五年十一月二十五日太政官符、同巻六、要劇月料事、大同四年閏二月四日太政官符）。先にみたように、『延喜式』では太政官符が宮内省に下されることになっているが、これは米が支給された時期のことであり（月料と同様、大炊寮から年料舂米が給せられたのであろう）、それ以前の銭支給の段階においては、大蔵省に太政官符が下されたと思われる。

(93) 養老賦役令計帳条によれば、庸物がこれに充てられたことが知られる。また、正倉院文書のなかの天平十七年（七四五）の一連の大粮申請文書（『大日本古文書』二―三八九～四三三頁。四五八～四八〇頁。八―五四二～五四五頁。二四―二九三～二九五頁。野村忠夫「谷森本『天平古文書』」（『古代学』二―三、一九五三年））によれば、大粮として米・塩・庸布・綿が民部省に申請されている。

(94) 養老職員令図書寮条には、その職掌に「給㆓紙筆墨㆒事」とあり、また同条によれば、図書寮には造紙手四人、造筆手一〇人が配属されており、紙戸が付属していた。養老賦役令調絹絁条には、調副物として正丁一人が紙六張を輸す規定があり、また平野邦雄氏は「『延喜式』に中男作物として、紙をおさめる約四〇の国々は、国衙に生産機構をもっていたにちがいない」（豊田武編体系日本史叢書10『産業史』Ⅰ（山川出版社、一九六五年、一七二頁））とされる。したがって、図書寮内で製造される紙と、諸国から調（のち中男作物）として送進される紙が、これに充てられた。延喜図書式には、諸司に充当される紙筆墨の数量が官司ごとに定められている。

(95) なお、古記だけは「若典薬寮、為レ合レ薬所レ用細辛不レ足、申二太政官一。依二薬所一レ出散下、充二雑徭一令レ採。此是年常支料供用不レ足也」と典薬寮の薬を例にして注釈を施している。

(96) 奈良国立文化財研究所編『平城宮一』三四三号。

(97) 『平城宮二』二二四八号。

(98) 『平城宮二』二八一七号。

(99) 『平城宮三』二八九三号。

(100) 『平城宮三』三一九六号。

(101) 奈良国立文化財研究所編『平城概報（十二）』九頁。

(102) 今泉隆雄氏は、調庸等の付札のほとんどは郡衙機構によって書かれたとするが（「貢進物付札の諸問題」〈『古代木簡の研究』吉川弘文館、一九九八年、初出一九七八年〉）、東野治之氏は、付札には国衙段階で書かれたもの、郡衙段階で書かれたもの、それ以下で書かれたものの三種類が想定できるとする（「古代税制と荷札木簡」〈『日本古代木簡の研究』塙書房、一九八三年、初出一九八〇年〉）。

(103) 賦役令集解調庸物条の古記が引用する民部省式によれば、越前は中国で、八月中旬から十一月三十日が貢進期間である。また延喜民部式によれば、志摩は近国で、八月中旬から十月三十日が、能登は中国で八月中旬から十一月三十日がそれぞれ貢進期間である（古記所引の民部省式には、志摩・能登ともに、近・中・遠国のどれにも含まれていない）。なお、税目は記されていないが、

志摩国志摩郡手節里戸主大伴部□〔荒カ〕人□〔海カ〕藻根二斗
□〔和カ〕□五年四月廿日

（『平城概報（六）』八頁下）

という木簡も出土している。

(104) 東野治之「志摩国の御調と調制の成立」(東野前掲註(102)書、初出一九七八年)。

(105) 直木孝次郎「贄に関する二、三の考察―古代税制史の一側面―」(直木前掲註(8)書、初出一九六九年)。

(106) 勝浦令子「律令制下贄貢納の変遷」(『日本歴史』三五二、一九七七年)。

(107) 東野前掲註(104)論文。宮下章『ものと人間の文化史 海藻』(法政大学出版局、一九七四年)。

(108) 『平城宮二』の、主として参河国播豆郡篠嶋・析嶋の御贄付札(一三四~一三八頁)。

(補註1) かつての長岡京左京二条二坊五・六町は、山中章氏の長岡京の新しい条坊復原案によって、これまでの条坊呼称を二町分北へ上げ、左京三条二坊七・八町と呼称されることになった(「条坊制の変遷」『日本古代都城の研究』柏書房、一九九七年、初出一九九二年)。

(補註2) 旧稿では、長岡京の太政官厨家から出土した付札は門文の可能性があると考えたが、山中章「行政運営と木簡」(『日本古代都城の研究』〔柏書房、一九九七年、初出一九九二年〕)により、検収整理札とすべきである(「荷札木簡の機能についての覚書」本書第九章)。

第二章　律令中央財政の歴史的特質——経費論を中心に——

一　経費論研究の必要性

これまでの律令財政史研究は、税制史研究がその主流であったと思われる。勿論こうした従来の研究動向が、一定の必然性をもっていたことは事実である。しかしながら、財政史研究は大きく三つの柱より成り立つものと考える。すなわち、財源をその税目ごとに制度的変遷を追究する税制史や、あるいは財源の歴史的性格を明らかにする租税論がその一つである。これは財政的には収入論（歳入論）と呼びうるものである。二番目には調達された財源がいかなる費目に消費されるかや、その行政体の経済的力能の分析を主要な対象とする経費論ないしは支出論（歳出論）である。三番目の柱としては、財源がいかなる機構的背景のもとに運用されるのかをみる財政機構論（運用論）である。税制史が従来の律令財政史研究の主流であったことは先にも述べたとおりであるが、経費論・財政機構論を視野に入れなければ、財政史として完結したものとはならないであろう。(補註1)

筆者は第一章で、律令制下の中央の財政機構について検討を行った。(1) この点については後に少し触れることにするが、本章では二番目の柱である経費論の観点に立って、律令中央財政の検討を進めたい。

国家財政における経費は国家の消費的側面を表現したものである。すなわち、経費は国家の諸活動を経済的に保証しているものにほかならないと考えられる。したがって、経費論は国家の性格の一端について何らかの見解を常に含んでいるのである。(2) 筆者はこの点にこそ、律令国家財政における経費論研究の必要性を求めるものであり、本章の基本的視点もかかる点にあることはいうまでもない。種々の財政行為においてその最終に位置する経費を検討することによって、律令国家の特質の一端に迫りたいと思う。

二　律令中央財政機構と経費

1　保管官司・出納官司

筆者は第一章で律令中央財政機構についての検討を行った。(3) 詳しい説明は繰り返さないが、その要点だけを述べておきたい。中央財政機構を構成する官司は、機能上保管官司と出納官司に分類することができる。保管官司とは、地方から中央へ送進されてきた諸物資が消費に供される迄に、ある期間それを保存・管理しておく倉庫、あるいはそれに類した施設を有する官司を指し、出納官司とは、保管官司へ諸物資を収納する場合や、保管官司から諸物資を支給する場合に、そうした手続に関与する官司を指すものとする。

具体的に中央官司のなかで物資の保管を行う官司としては、内蔵寮・大蔵省・民部省および大膳職・大炊寮等の宮内省の被管をあげることができる。また民部省や、その被管である主計寮・主税寮、および宮内省はこれら保管官司に物資が出入する際の出納に関与した。とくに民部省と主計寮は調庸物等の麁悪・違期・未進のチェックという重要な役割を担っていた。また中務省の品官である監物・典鎰はそれぞれ出納の監察・保管官司の倉庫の鎰の出納を行っていた。以上が中央財政機構についての概略的な説明である。

2　財源保管の原則

中央財政機構に関しては、さしあたって次の『続紀』慶雲三年（七〇六）閏正月戊午条の記事に注目しておきたい。

（前略）勅。収㆓貯大蔵㆒諸国調者、令㆘諸司㆒毎㆑色検校相知㆖。又収㆓貯民部㆒諸国庸中軽物絁糸綿等類、自㆑今以後、収㆓於大蔵㆒、而支㆓度年料㆒、分㆓充民部㆒也。

この記事は次の三つの点で重要であると考える。①一行目に「諸司をして色ごとに検校相知らしめよ」とある「諸司」についてである。この「諸司」とは調の保管官司である大蔵省と、民部省等の出納官司を指すと考えられるが、この時点で中央財政機構内において複数官司による出納体制が確立していたことを示している点である。②庸のうちの軽物である絁・糸・綿等が民部省から大蔵省に移管されたことについて。このことはそれまで保管を主な職掌としてきた民部省が、「記帳」と「計算」[4]を主要な任務とする、事務という側面に重点を置いた官司へと変化したことを示している。もっとも以後も民部省が庸米・庸塩の保管を行う官司であることに変わりはないが。③庸の一部が民部省から大蔵省に移管されたことについて。その理由については、梅村喬氏が正しく述べておられるように[5]、調庸物の分配の問題として把えることができると思われる。すなわち、調と庸の軽物が同じ使途に供されるようになったため、それに応じて保管場所が決定されたのである[補註2]。こうした点については調庸以外の他の財源の保管のあり方についても妥当し、中央財政機構はその支出、経費的な側面を意識した保管形態をとっていたのである。経費論を対象とした本章では、当面この点に注意しておきたい。

このように中央における財源保管の原則を考えた場合、何故にこうした保管形態がとられる必要があったのかが問題になってくる。この点については、各種経費に充当される調庸等の財源が基本的には現物として収取されたこと、そしてこれらの現物は当然種々の性格を有している（大きくは食料品とそれ以外の物品に分類できる）ため、保存その他の面で中央における取扱いが異っていたことが予想される。また経費として出給する際の便利さも考えられるが、いずれにしても財源が現物として収取される点が、右にみた保管形態を決定した大きな要因であったことは見逃し得ない点である。

三　律令的経費の内容とその支給形態

財政に限らず、律令国家の運用の特質としては、文書主義ないし文書行政をあげるのが通例である。しかしながら財政に限った場合、前節で述べてきたことからもわかるように、律令国家財政運用の本質は現物の動きにあると思われる。勿論、勘会業務等の文書行政の重要さを筆者自身も認めているが、本節では以上の観点から、律令的経費をそれに充当される財源の保管の体制に従って、その内容・支給形態について述べてゆきたい。

1　保管官司から支給される経費

イ　大蔵省から支給される経費

大蔵省が実際に保管していた物資の品目を正史等から拾い出してみると、表3（四〇頁）のようになる。このうち高級織物である絹は、養老倉庫令大蔵出給条や、職員令集解内蔵寮条穴記の注釈によれば、大蔵省から消費のために出給されるのではなく、一年分の必要量が内蔵寮に分与され、内蔵寮から内廷経費として供出されたことが知られる。

また薬も同様に職員令集解内薬司条穴記、同典薬寮条穴記によれば、大蔵省から内薬司あるいは典薬寮に分納されることがわかる。したがって、大蔵省から消費のために支給される品目は、絁・糸・綿・布・銭・鉄がその主なものであった。

大蔵省から支給される経費としては、a行幸の禄・b季禄・c時服・d位禄・e馬料がある。表1（三一頁）は延喜太政官式によって、各経費の支給方法を示したものである。表1の番号で(1)〜(8)までの出給費目に関する太政官符の発給先がすべて大蔵省であるのは、これらの経費に充当される財源の保管官司が大蔵省であったからである。

個々の経費の説明は早川庄八氏「律令財政の構造とその変質」(6)に詳しいので、それについては触れない。ただ次節との関係から次の点に注意しておきたい。①c時服は養老禄令皇親条によれば皇親に支給されることになっていたが、いつの頃からか諸司時服が生まれ、大同三年（八〇八）に至り、内廷関係の官司一般に支給されるようになる。②d位禄が支給されたのは奈良時代を通じて五位だけで、その支給は大同三年十一月十日の太政官謹奏(7)にみえる大宝元年格によって行われていた。大同三年に至り格と禄令を折中した形で行われるようになる。③e馬料については銭で支給されたこと(8)、大同三年に中央官司全般に支給されるようになったことである(9)。

これらa行幸の禄からe馬料の各経費に充当される品目を費目ごとに示したのが表6の(1)〜(8)である(10)。これらの品目は表3（四〇頁）の大蔵省に保管されている物資と大部分一致していることにまず注意しておきたい。次にこれら経費に特徴的なことを述べたい。表1（三一頁）によればこれらの禄の出給を太政官に申請する官司は、ほとんどの場合が中務・式部・兵部三省である。これは中務省が「女王。内外命婦。宮人等名帳」(11)を、式部省が「内外文官名帳」(12)を、兵部省が「内外武官名帳」(13)をそれぞれ掌っているからであり、これら女王・命婦・宮人・文武官人の数的な把握の上にたって、三省はその出給の申請を行うのである。これら経費の実際の支給方法は、『続紀』大宝元年（七〇一）

表6 太政官符による出給品目

	出給費目	品目
(1)	行幸の禄	袍袴・衣被・絁・綿・商布・銭
(2)	季禄	絁・綿・布・鍬・糸・鉄
(3)	皇親時服	絁・綿・布・鍬・糸・鉄
(4)	後宮・女官時服及び餝物料	
(5)	諸司時服	?
(6)	無品親王・乳母時服	
(7)	位禄	絁・綿・布・庸布
(8)	馬料	銭
(9)	月料	年料舂米
(10)	要劇料	銭・米（年料舂米）
(11)	大粮	米・塩・庸布・綿
(12)	諸司月料紙筆	紙・筆

八月丁未条や弘仁式部式・延喜大蔵式にみえるように、官人等が大蔵省に直接出向いて禄を受けていたのである。こうしたことは、これらの禄が官人の所属する官司の枠を越えた性格をもつもの、いい換えれば各官司がもっている機能とは無関係な経費であるといい得る。またその経済的性質からいえば、官人等の再生産を目的とした経費ということができる。

　大蔵省から支給される経費は以上がその主なものであるが、それのみではない。例えば延喜陰陽式によれば、造暦に必要な砥一顆・膠一両や、漏刻の鐘をつるすために必要な綱料としての熟麻卅《ニ》斤《ヲ》は大蔵省から支給されることになっていた。養老賦役令調絹絁条によれば、膠はみえないが砥・熟麻は調副物として収取されたことが知られる。これらはその官司がその機能遂行上必要な経費であり、官衙費と呼ぶべき性質のものである。また中央官司のなかには、雑戸等の技術者集団を従え、官衙工房をもって製品を加工していた官司が存在していたことが、養老職員令の規定等からうかがうことができる。こうした官司は加工官司と呼び得るものであるが、かかる加工官司に対してその原材料は主に大蔵省から官衙費として支給された。[14] また加工官司において加工された製品は、中央の諸司の必要物品として支給されたのである。こうした必要物品もやはり官衙費としての性格をもつものである。

ロ　大膳職・大炊寮から支給される経費

まずa月料をあげることができる。表6では早川氏の指摘(15)に従って、月料に対応する品目を大炊寮に保管された年料舂米としておいたが、さらに大膳職に保管されている調雑物中の海産物等も含まれると考えられる。表1の官符発給先が宮内省であるのは、宮内省が大膳職・大炊寮の所管官司としてその物資の出納を掌っていたからである。

月料は文字どおり月ごとに支給されるわけであるが、それが日々の常食である以上月一度だけ消費されるということではない。この間の事情は二つの場合が考えられる。一つめは太政官符によって、ひと月の必要量が大膳職・大炊寮の別の施設に保管される場合である。月料がこうした支給形態をとられるのは、それが食料保存上の問題からであろうと思われる。それではこの場合、月料は消費先の官司へどのような手続で支給されるのだろうか。平城宮跡からその発掘初期に出土した木簡として次のようなものがある。

・請常食朝夕并三斗
・□〔右カ〕為□□受如件副飯給送(16)

この木簡が出土した遺構は、官衙遺構として一つのまとまりをもち、同時に出土した木簡や墨書土器によって宮内省大膳職に比定されている。『平城宮一』は、裏面後半部の「副飯給送」は米以外の食料の請求を示し、そうした食料の請求先としては大膳職を想定できるとしている。また表面の「常食朝夕」は、職員令集解大炊寮条の「諸司食料」についての朱説の注釈「諸司朝夕給常食」と同様のものであろうから、諸官司が日々必要とする朝夕の食事であると考えられる。この木簡は某官司がその朝夕常食料を大膳職に請求したものであろう。この木簡には日付が記載されていないが、こうした食料は日々請求されるものであり、請求された日に支給されなければならないから、とりたてて日付を記す必要はなかったのである。月料が消費先の官司に支給される場合は、こうした木簡の授受によるところが多かったであろう。[17]

もう一つの場合は、大膳職・大炊寮からひと月分が消費先の官司へ一括支給される場合である。やはり平城宮跡から出土した西宮兵衛の食料請求の木簡[18]は、兵衛の詰所から、ひと月分の食料を保管している兵衛本府へ食料申請のために出されたものと考えられる。月料の支給方法としては、以上の二つの場合が考えられよう。

なお月料は大同四年(八〇九)に減額されている。[19]

次にb要劇料であるが、養老三年(七一九)に劇官を選んで銭を給したのがそのはじまりであり、大同三年に至り衆司に給せられるようになり、翌大同四年職事官四位以下初位以上を対象に、人別一日米二升が給せられるようになった。[20]ところが、弘仁三年(八一二)三月再び米にかわって銭が給せられることになる。[21]しかし『延喜式』では表1のように太政官符が宮内省に下されることになっており、これは大炊寮の米が支給されたためであって、弘仁三年の銭支給が一時的な措置であったことを物語っている。銭支給の段階においては、大蔵省に太政官符が下されたと思われる。

ハ　民部省から支給される経費

仕丁・女丁等への資養物がこれに相当するが、この点については櫛木謙周氏によって触れられているので詳しくは述べない。[22]ただ現存する天平十七年(七四五)の大粮申請文書[23]からわかるように、その財源として民部省に保管されている庸物が充てられていること、各官司がそれぞれ出給の申請を行っていることを指摘しておきたい。また天平勝宝三年(七五一)の造東大寺司管下の写経所である、写書所の五月の告朔案[24]に仕丁「四人請粮向於民部」とあるように、実際の支給に際しては、各官司の仕丁ないしは使部等が直接民部省に出向いて大粮を受け取ったものと考えられる。

2　保管官司以外から調達される経費

こうした経費としては、造都・造寺事業の経費がある。またこうした事業を担当した官司としては、令制官に宮内省被管の木工寮が、令外官に表7にみえる造薬師寺司・造大安寺司・造宮職（省）等がある。律令国家の諸機能は、具体的には各官司の活動を通じて実現されるのを原則としていたが、造都・造寺事業もやはりこうした官司によって担われていた。またこうした官司が木工寮を除いては、すべて所謂令外官である点についても注意をしておきたい。造都・造寺事業の経費は大きく、造営現場で実際に造営に従事する労働者への食料・功直と、建築資材に分けて考えることができる。

表7　造営官司

●造寺事業を担当する官司	造薬師寺司 造大安寺司 造興福寺仏殿司 造仏像司 造東大寺司 造法華寺司 造西大寺司 造西隆寺司 修理司（職）* 造東寺司 造西寺司
●造宮・造都を担当する官司	造宮職（省） 造大殿垣司 造平城京司 造頓宮司 造難波宮司 造客館司 造伊勢国行宮司 造花苑司 造由義大宮司

*修理司（職）は造寺事業のみではなく、造都事業も担当していた。なお、修理司（職）については、松原弘宣「修理職についての一研究」（『ヒストリア』七八、一九七八年）参照。

イ　労働者への食料・功直

造営事業に投入された労働力は徭役労働者と被雇傭者に分けることができる。徭役労働者には専門技術を有する工と、役夫である仕丁があるが、これらに対する食料・功直は、天平十七年の造宮省や造甲可寺所から民部省に出された大粮申請文書[25]にみえる庸物がこれに充てられたと考えられ、厳密には1のハ、民部省から支給される経費に含めるべきものである。

ところで、八世紀の造営事業には徭役労働者を上回る数の被雇傭者が存在していたことはすでに指摘されているが、この点は従来の律令制的な労働力の搾取体系である仕丁制のみによっては、かかる造営事業の遂行は不可能であったことを物語る。栄原永遠男氏は、八世紀から九世紀初頭にかけて、中央において律令官司の統轄下に行われた造都・造寺事業に従事した被雇傭者の功直には、一貫して銭貨が充てられていたことを明らかにした(26)。氏はその理由として、律令国家が銭貨を発行することによって、その価値を自由に決定しうるという財政上の有利さをあげているが、筆者はさらに次の点も考えられると思う。養老賦役令計帳条によれば、役民の雇直には衛士・仕丁・采女・女丁等に充当した以外の庸物を充てることがたてまえであった。しかしながら、八世紀から一貫してこうしたものに銭貨が充てられていたことは、単にそれが庸物の未進によるものではないことを示している。おそらく律令国家は元来こうした膨大な経費には、諸国から貢進されてくる庸物のみでは十分に対処できず、銭貨という租税外の財源を供出することによって対応したものと思われる。

なお銭貨は具体的には表3（四〇頁）にみるように大蔵省を通じて支給されたのであり、その意味ではこうした経費は保管官司から支給される経費に属するが、銭貨が租税としての性格を欠いている点、又何よりも使途に対応していない点（各種の経費に充当されている）から、経費に対応した保管の体制を示す1保管官司から支給される経費に含めず、保管官司以外から調達される経費として説明する方が適切であろうと思われる。

次に造都事業を担当した造宮省については、次のような点を指摘することができる。諸司が計会のために太政官に提出する文書の様式を規定した、養老公式令諸司会式条の「右被二官其年月日符一令レ納、某月日得二其国解送一、依レ数納訖」の語句に関して、令義解・集解の諸説は次のような興味ある例示文を掲げている。

○義解

謂。仮如。民部被二官符一、仰二諸国一、令下舂二正税一納中造宮司上。

○釈説

謂。仮如。官令下民部一下二符播磨国一、舂二正税一送中納造宮省上。

○穴説

謂。仮令。官下二符民部一、宣二舂米百斛令レ納二送造宮職一者。

○私説

仮造宮可レ請二米百斛一状申レ官、々下二符省一（民部—筆者）云。米百斛納二造宮者一。又其色米可二受納一之状承知之符給二造宮一。民部下二符諸国一云々。国依レ符百石米納二造宮一。即国解二送造宮一、不レ送レ省。

これら注釈は等しく、太政官符を受けた民部省が符を播磨等の諸国に下し、その上で民部省符を受けた諸国が舂米を造宮司・造宮省・造宮職といった造宮関係の官司に送納することを例示している。諸国からの年料舂米は、一旦中央の大炊寮に収納されるのが普通であるが、ここでは大炊寮を経由せずに、諸国から直接消費先の官司に送ると述べられている点に注意する必要がある。造宮司・造宮省・造宮職の場合、その財源は中央の保管官司ではなく、特定の国から直送されることがあったと考えてよいであろう。この場合の舂米は舂米という性格からすれば、造宮省の官人の食料に充てられたと思われるが、実際に造宮事業に従事した役民の食料に充てられた可能性も否定できないと思われる。

また天平九年（七三七）の「但馬国正税帳[27]」には造難波宮司の雇民の食料である雑餉料が計上されている。このように造宮事業に従事する労働者への食料は、特定の国から調達されていたものと思われる。

ロ　建築資材

建築資材には主なものとして材木がある。この材木については、先に触れた木工寮の職掌を規定した養老職員令木工寮条に「採材」とあり、材木の調達がその主要な職掌であったことが知られる。しかしながらこの「採材」という語句に関しては、跡記の注釈に「此司不二自採レ木。仰二所レ出之国一令レ採耳」とあるように、木材の伐採にあたって木工寮は自らその手を下さず、特定の国に命じて伐木を行わせていたようである。長山泰孝氏は、木工寮のより重要な職掌として、一年間の造営計画を立て、それに要する労働力や資材の見積りを作成することをあげている。[28] このように木工寮による材木の調達は、主に帳簿上から行われていたものと思われる。

また西山良平氏は律令国家が直接木材を必要とするときの入手方法に関して、中央財政の主たる財源である調庸や交易雑物の品目のなかに木材は含まれていないこと、また公権力がみずから伐木した場合でも、一方では木材を当時の流通に依存して購入するのが実情であったことを明らかにした。[29] そして「奈良時代には、木材という物資への律令国家の規制力は弱く、公権力すら大量の木材を購入せねばなら[30]」なかったという指摘はこの際重要である。また近年西隆寺跡から出土した木簡のなかに、藤原南家から材木が施入されたことを示すものが存在する。[31] このように中央での造営に必要とされる木材の調達は、特定の国に課することによって、あるいは流通経済に依存することによって、また中央の上級貴族の施入という形を通じて実現されたのであり、木工寮は主にその見積りは帳簿を通して行ったということができよう。

次に材木以外の建築資材についてみてみよう。養老営繕令在京営造条には、京内の造営における必要物資は、主計寮が「預定二出所一科備」せよという規定がある。その義解の注釈には「仮令。長門採レ銅、伊予出レ鑞之類也」とあり、また集解の釈説は「仮如。銅科二長門一、鑞出二伊予一之類也」、さらに跡説は「謂。銅科二長門一、水銀科二伊勢一、付子科二陸奥一合レ出之類」と説明している。造営に必要な資材も主としてこのように特定の国を指定して徴集されたのであろう。

以上のように造都・造寺事業は、主に銭貨という租税以外の財源に依拠することや、諸国に必要資材を課すこと、あるいは流通経済に依存すること等によって達成されたわけであり、中央の保管官司に保管された財源の供給を受けることはあまりなかったと考えられよう。

以上、律令的経費について、1で保管官司から支給される経費、2で保管官司以外から調達される経費に分類して述べてきた。こうした分類は必ずしも交易制への依存の有無に対応するものではなく、保管官司に保管された財源のなかにも、交易によって弁備されたものがあったことは忘れてはならない。

また律令中央財政は、1でみた保管官司から支給される経費だけではその運用は不可能であったのであり、2の保管官司以外から調達される経費と相俟って十全に機能しえたのである。この点は財源の保管の意味に関わる問題であるが、1でみた経費が毎年一定量必要とされる経費であったがゆえに、一定期間中央において保管される必要が生じたのに対し、2で述べた造都・造寺において必要とされる経費は、臨時的な色彩の強い経費であったために先にみた調達方法がとられたのである。造営事業が主に臨時の官である令外官によって担われた意味もこうした点に求められる。

次に律令的経費全体を通じてどの部門に支出されたかをみると、それは官人の再生産のための官人給与であり、また律令国家の活動を体現した中央官司の運営を保証する官衙費であった。さらに律令官人層の居住地である都城と、律令官人層の精神的支柱である官寺の造営を実現する経費であった。これら総じて律令官僚制の維持ないし再生産の経費として、律令的経費なるものを把えることができる。

四　律令的経費ならびに財源保管体制の成立と変容

1 成立

イ　天武期

ここでは前節でみてきた律令的経費の成立の問題を、財源保管の体制の成立とからめて考えてみたい。まず大蔵省から支給される経費の主流である官人の禄についてみることにする。

天武　五・　正・丙午　小錦以上大夫等、賜レ禄各有レ差。
　　　　　　九・戊寅　百寮人及諸蕃人等、賜レ禄各有レ差。
　　　六・一一・辛巳　百寮諸有レ位人等賜レ食。
　　　八・一二・戊申　由二嘉禾一、以親王・諸王・諸臣及百官人等、給レ禄各有レ差。
　　一二・　正・丙午　是以、親王・諸王及群卿百寮、并天下黎民、共相歓也。乃小建以上、給レ禄各有レ差。因以大辟罪以下、皆赦之。亦百姓課役、並免焉。
　　一三・一〇・甲午　諸王卿等賜レ禄。
持統　三・　正・己巳　賜二百官人等食一。
　　　六・　四・丙辰　賜下有位親王以下、至二進廣肆一、難波大蔵鍬上、各有レ差。

右の史料は孝徳紀以降の『書紀』から官人一般に給禄された記事を拾い出したものである。これらは律令制段階の季禄や位禄のように定期的に支給される禄ではなく、臨時的な色彩をもつ禄であろうが、こうした臨時的な禄が存在した背景にはこの時期、すなわち天武朝段階から、その支給対象・支給量において律令制段階とは異なっていた可能性はあっても、季禄・位禄的な官人への給与が存在していたことは十分想定できる。とくに天武十二年（六八三）正月丙午条には「禄」と「課役」という言葉が並記されているが、課役は調制を含んだ概念であると考えられるから、この段階で調という租税と、禄という経費が対応して存在していたことを示す史料として興味深い。またこうした調物を財源として禄を給与する主体である大蔵省の存在は、やはり『書紀』朱鳥元年（六八六）正月乙卯条に「難波大蔵省」が確認できる。以上から律令制下の季禄・位禄等の端緒的成立を、この天武朝に求めることは可能であると考える。

次に視点を変えて保管体制の成立の問題についてみることにする。大蔵省については今みたとおりであるが、他の保管官司の場合はどうであっただろうか。まず大膳職に関しては、有名な『書紀』朱鳥元年九月甲子条の天武の殯の記事によって、その前身官司である膳職が存在していたことが知られ、浄御原令制下においても藤原宮出土の木簡[32]によってその存在が確認できる。また大炊寮については、『書紀』天智十年（六七一）是歳条に「大炊省」がみえ、その官名は別としても実体は存在していたと思われ[33]、それは令制大炊寮の前身官司であったと考えられる。次に民部省であるが、やはり『書紀』朱鳥元年七月戊申条に「民部省の庸を蔵むる舎屋」がみえる。この官名自体も書紀編者の潤色を受けているが、記事内容自体はこの時期のものと考えて差支えはない。ただここにみえる「庸」は令制下の歳役の代納物としてのチカラシロではなく、仕丁・采女の資養物であるが、こうした資養物を保管する民部省の前身官司は天武朝末期には存在していたのである。

次に保管官司以外から調達される経費についてみることにする。造都事業としては、まず藤原京の造営が考えられる。藤原京の造営については、『書紀』天武十三年（六八四）三月辛卯条の「天皇京師を巡行して宮室の地を定む」という記事から、その造営計画を天武朝に求めた岸俊男氏の見解がある。(34) また『書紀』の天武十二年四月壬申条の詔の「自レ今以後、必用二銅銭一。莫レ用二銀銭一」という記事にみえる銭貨は、やはり藤原京造営に従事する雇民に対する功直として準備されたと思われる。また造寺事業についてみると、天武朝には官寺としての性格をもつ大官大寺（のちの大安寺）・薬師寺の建立が行われている。とくに大官大寺の造営に際しては、「造高市大寺司」(35) が任命されている点が注目される。

以上からすれば、前節で述べた律令的経費ならびにその財源保管の体制の端緒的成立は、天武朝に求めるのが可能であろうと思われる。

ロ　大宝期

ここでその成立を端緒的成立と断ったのは、この時期に保管官司の物資の出納は、八世紀以降のような完備された体制では行われていなかった点からである。第二節で述べたように、中央での物資出納において中務省は大きな比重を占めていた。この中務省については、浄御原令官制においては未だ存在していないか、あるいは存在しているとしても組織・職掌のいずれの面においても未完成であるとする見解が今日有力である。仮に浄御原令施行の時点で中務省の前身官司が存在しているとしても、問題になるのは監物・典鑰といった品官がどの時点で中務省に編入されるかである。この点については早川庄八氏が詳しく検討したように、(36) また筆者自身も監物については、大宝令によって職掌が出納そのものから出納の監察に変化し、同時に中務省に品官として編入されたと考えているように、(37) 中央の出納体制の成立を大宝令に求めたい。こうした出納体制の成立によって、律令的経費の運用は円滑に行われるようになり、またかかる保管官司と出納官司との有機的な連関こそ律令中央財政を特質づけるものである。こうした点から、律令的経費に充当される財源保管の体制の成立を大宝令に求めたいと思う。

ハ　慶雲〜養老期

財源保管の体制の一応の成立はこのように大宝令の施行に求められるが、律令的経費ならびに保管の体制の最終的な整備はなお年月を要した。その時期としては慶雲〜養老期を考えたい。第二節で述べたように、慶雲三年（七〇六）に至り保管原則が成立し、財源保管の体制は最終的に成立する。また同時に、民部省は保管官司から出納業務に重点を置いた官司へと変化し、出納体制もこの時期に最終的な成立をみる。

さらに周知のごとく、養老期は調庸制をはじめとする税制の整備された時期であり、経費の側面からみても、馬料・要劇料の支給開始によって、この時期に保管官司から支給される経費はすべてその姿をあらわすようになる。

2　変　容

以上のように、律令的経費ならびに財源保管の体制は最終的には慶雲〜養老期に成立する。以後奈良時代末までは、律令中央財政は財源保管の体制の面からも、経費の内容の面からもさしたる変化はなく運用が行われた。とくに天平期は周知のように造都・造寺事業が盛んに遂行され、政治的には混乱をきわめた時期にもかかわらず、経費は最も膨張していたと思われる。

イ　光仁・桓武期

こうした律令中央財政も、光仁・桓武朝に変化があらわれる。以後の変化は経費の節減という側面と、保管の体制の変化という両側面から把えることが可能である。光仁朝には左右平準署・内豎省・外衛府といった令外官が廃止されたが、その時の令旨には「此年、令外之官、其員繁夥、徒費二国用一、無レ益二公途一」(38)とあり、それが一つには財政緊縮の意図によるものであったことは明らかである。(39)次の桓武朝に入ると延暦元年（七八二）には造宮省・勅旨省・造法華寺司・鋳銭司が、延暦八年には造東大寺司がそれぞれ廃止された。この時の令外官の廃止を示す『続紀』の記事に「宜下且罷二造宮・勅旨二省、法花・鋳銭両司一以充二府庫之宝一、以崇中簡易之化上[40]」とあるところからして、この時期の令外官廃止も光仁期と同様財政緊縮の理由からであったと考えられる。

令外官の官人は本官と兼任している場合が多く、したがって令外官設置はその分だけ官人の数が増加したことを意味するわけではない。このことは経費的にみると、官人の給与にはさしたる影響はなかったことを意味している。光仁期の令外官廃止を命じた令旨のなかの「国用」とは、具体的には令外官の官衙費をさしていると考えられ、令外官廃止は官衙費節減の意図があったのである。この時期に廃止された令外官のなかには、造宮省・造法華寺司・造東大寺司といった、前節でみた大量の建築資材(=官衙費)を必要とする官司が名を連ねていることに注意しておきたい。

ロ　大同期

律令中央財政の変容の次の画期としては大同期が考えられる。まず大同三年(八〇八)十一月には、位禄支給が従来の大宝元年格から、禄令と格を折中した令格に準拠した形でなされるようになる。[41]とくに禄令の支給額が大宝元年格のそれより少ないことは、この時に位禄支給が減額されていることを示している。このことは八世紀末以降頻出する調の違期・未進に対応する経費上の対策であったことは推測するに難くない。

時は前後するが、この年の九月には馬料・要劇料が共に衆司一般に支給されるようになる。[42]翌年要劇料が銭支給から米支給に切替えられること[43]は前節で述べたとおりである。まず前者についてみると、この大同三年の正月には官司の統廃合が行われて[44]、閑官と劇官の区別がなくなっていることに注意する必要がある。このこと自体は律令国家の機能そのものが縮小されたことを示しているが、元来劇官のみを選んで支給された要劇料が衆司を対象とされた背景として、かかる点を指摘することができる。

後者については、その支給主体が大蔵省から大炊寮へと変化したこと、すなわち保管の体制の変化として把えることができる。その理由としては、この官符にみえるように米価騰貴の際に銭を支給することは意味がないこと、二番目に従来の追加給付から生活給そのものにというように要劇料がその変化を余儀なくされたことがあげられる。二番目の点からいえば、要劇料は給与として実質的な意味を付与されるようになったのである。このことと符合するように、翌大同四年には月料が減額されている(45)。すなわち従来月料が果たしていた役割の一部を要劇料が代替するわけである。このように大同期は経費そのものに変化がみられた時期であり、具体的には官人給与費節減として把えることができる。

ハ　元慶～寛平期

この時期の律令中央財政の変容は、保管・出納の体制の変化として把えられる。それを示すのが年料租舂米・年料別納租穀の成立であり、元慶官田の諸司田化である。まず年料租舂米であるが、その成立の時期は不明であるが、寛平年間にはその存在が確認できる。その内容は早川庄八氏に詳しいが(46)、重要なのはそれが従来民部省の庸米等によって供出されていたところの大粮に充当された点である。延喜民部式の年料租舂米の規定には「官符到るにしたがって之を進めよ」とあり、毎年一定の時期に大粮が支給される体制が崩れ出したことを示している。このことは中央の予算行為にも影響を与えたであろうし、また出納体制も簡略化されたと考えられ、中央財政機構の変化を物語っている。その支給方法はある国とある官司が対応する形でなされたと思われ、民部省はそれを一旦保管することは行わなかったと考えられる。それが民部式に規定されているのは、民部省が帳簿上から把握したからにほかならない。

また年料別納租穀についても、その成立は年料租舂米とほとんど同時であると考えられる。やはり延喜民部式によると、これは位禄・季禄・衣服等料に充てられたことが知られ、「官符到るにしたがって之を進めよ」とある点は、年料租春米の場合と同様注目される。また位禄・季禄等の財源の保管官司である大蔵省に一旦保管されることはなかったであろう。

最後に元慶官田の諸司田化であるが、その財源は保管官司に保管されることなく、諸司の要劇料・月料の支給に充てられたのである[47]。このように元慶～寛平期に至り、民部・大蔵・大炊各官司による保管体制にも変化がみられるのである。これらの経費は前節1で述べた保管官司から支給される経費であるが、年料租春米ならびに年料別納租穀の成立は、これら経費が前節2でみた保管官司以外から調達される経費に変化してきていることを示している。このことは中央財政における保管体制の位置の相対的低下を物語っている。また同時に、従来位禄・季禄等が官司の枠を越えた性格をもっていたのに対し、とくに年料別納租穀の成立は、中央財政における各官司のタテ割的な性格を強くもたらしたものとして把えることができる。この点は官田の諸司田化からすでに指摘されているが[48]、年料別納租穀の成立もそうした動向であったということができよう。

五　経費論と律令中央財政

以上本章では律令中央財政を経費論を中心に律令的経費の内容と、それに充当される財源保管の体制、さらにはその時代的変遷を跡づけて述べてきた。そこでの結論は再び繰り返さないが、ここでは二、三の点を補足して本章を終えたい。

まず経費論についてである。経費の機能的分類に従い、政府部門のいかなる活動に多くの経費が投入されているかを検討することによって、その国家の性格を明らかにするのが純粋な意味での経費論である。しかしながら日本の律令国家においては、主に史料的制約からこうした方法を用いることは殆んど不可能に近い。本章からも明らかなように、律令中央財政は現物によって運用されており、その保管のあり方に従って、すなわち第三節の保管官司から支給される経費と、保管官司以外から調達される経費に分類することによって経費論を構成することは一定程度有効であると思われる。財政上における前者から後者への相対的な位置の変化は、前節で述べた如くである。

この点とも関連して、九世紀末の年料租舂米ならびに年料別納租穀の成立は、経費そのものの変化であると同時に、中央財政機構の変化を伴っていたわけであるが、こうした点にも律令中央財政の特質が明瞭にあらわれている。

次に第三節でも述べたように、律令的経費なるものは律令官僚制の維持ないし再生産の経費として位置付けられ、その社会への還元という側面は希薄であった。すなわち当該時期の生産力を主体的に担った個別経営への国家による関与は、中央財政の次元では行われず、国衙財政のレベルで果たされたと考えられよう。こうした点にこそ、律令財政を中央に限定して考えることの意義と限界を求めたいと思う。

註

（1）拙稿「律令中央財政機構の特質について——保管官司と出納官司を中心に——」（本書第一章）。
（2）島恭彦『財政学概論』（岩波書店、一九六三年）。
（3）拙稿前掲註（1）論文。
（4）石母田正『日本の古代国家』第三章第四節（岩波書店、一九七一年）。
（5）梅村喬「民部省勘会制の成立」（『日本古代財政組織の研究』吉川弘文館、一九八九年、初出一九七八年）。
（6）早川庄八『日本古代の財政制度』（名著刊行会、二〇〇〇年、初出一九六五年）。

(7)『類聚三代格』巻六、位禄季禄時服馬料事。
(8) 弘仁・延喜式部式。
(9)『類聚三代格』巻六、位禄季禄時服馬料事、大同三年九月二十日詔。
(10) 別稿（前掲註（1）論文）において、筆者は『続紀』和銅四年（七一一）十月甲子条の記事により、銭を季禄の品目に含めたが、この記事にみえる禄法は季禄とは無関係であり、和同銅銭の発行に伴う臨時の措置であったと考えられるので（東野治之「『続日本紀』管見二則―禄法・軍毅―」〔『続日本紀研究』二〇〇、一九七八年〕）、この表6のように訂正しておきたい。
(11) 養老職員令中務省条。
(12) 養老職員令式部省条。
(13) 養老職員令兵部省条。
(14) 大蔵省以外では、例えば同じく陰陽寮の造暦において必要とされる糊料大豆は、大炊寮から支給されることになっていた（延喜陰陽式）。
(15) 早川「律令財政の構造とその変質」（前掲註（6）書）。筆者も別稿（前掲註（1）論文）で月料に対応する品目を年料春米に限定し、調雑物中の海産物等は含めなかったが、以下の記述のように改めたい。
(16)『平城宮二』三号。また同遺構からは「□　常食朝夕□」（『同』七号）と墨書された木簡も出土している。
(17) また平城宮跡からは、陰陽寮が大炊寮に飯を請求した次のような木簡が出土している。

・陰陽寮移　大炊寮　給飯捌升　右依
・例給如件録状故移　□従八位下□

（『平城概報（七）』三頁）。

なおこの木簡は表裏一筆で書かれており、陰陽寮で控えとした案文である可能性がある。
(18) 飯請　田口牛甘　河内五百足　合二人

・西宮東一門 茨田 川上 □ 大伴 合四人　（『平城宮一』九四号）

・東□〔二〕門 □〔奈〕 三□ 野□ 林カ 朝夕料 □〔合四人カ〕　（『平城宮一』九七号）

・請御食　川内五百足　田口牛甘
・依各食納飯六升「食納飯」　（『平城宮一』一〇三号）

(19)『後紀』大同四年閏二月庚寅条。

(20)『類聚三代格』巻一五、諸司田事、元慶五年十一月二十五日太政官符、『同』巻六、要劇月料事、大同四年閏二月四日太政官符。

(21)『後紀』弘仁三年三月己未朔条。

(22) 櫛木謙周「律令制人民支配と労働力編成」（『日本古代労働力編成の研究』塙書房、一九九六年、初出一九七九年）。

(23)『大日本古文書』二—三八九～四三三頁。四五八～四八〇頁。八—五四二～五四五頁。二四—二九三～二九五頁。野村忠夫「谷森本『天平古文書』」（『古代学』二—三、一九五三年）。

(24)『大日本古文書』三—五〇七頁。一一—五二〇頁。

(25)『大日本古文書』二—四七三～四七五頁。二—四七六頁。二四—二九三～二九五頁。

(26) 栄原永遠男「律令国家と銭貨—功直銭給をめぐって—」（『日本古代銭貨流通史の研究』塙書房、一九九三年、初出一九七二年）。

(27)『大日本古文書』二―五五〜六六頁。

(28)長山泰孝「木工寮の性格と造営事業」(『律令負担体系の研究』塙書房、一九七六年、初出一九七六年)。

(29)西山良平「奈良時代『山野』領有の考察」(『史林』六〇―三、一九七七年)。

(30)西山前掲註(29)論文六七頁。

(31)・南家解　申進上材事　⌊弐張　桙立参枝

・鼠走弐枝　　檜皮□□⌈　⌊石勝四年六月十四日伊□〔賀カ〕⌈

(『西隆寺報告書』四号)

(32)　膳職白主菓餅申解解

(奈良県教育委員会編『藤原宮』一二一号)

(33)押部佳周「天智朝の官制」(『ヒストリア』七六、一九七七年)。

(34)岸俊男「飛鳥から平城へ」(『日本古代宮都の研究』岩波書店、一九八八年、初出一九七〇年)。

(35)『書紀』天武二年十二月戊戌条。

(36)早川庄八「律令太政官制の成立」(『日本古代官僚制の研究』岩波書店、一九八六年、初出一九七二年)。

(37)拙稿前掲註(1)論文。

(38)『続紀』宝亀元年(七七〇)九月壬戌条。

(39)山田英雄氏が、令外官廃止の令旨の実際のねらいは、主として道鏡時代に新設された官司の廃止を目的としていると解されているように(「桓武朝の行政改革について」〔『古代学』一〇―二・三・四、一九六二年〕)、この時の令外官廃止が政治的な意味をもっていたことも又事実である。

(40)『続紀』延暦元年(七八二)四月癸亥条。

(41)『類聚三代格』巻六、位禄季禄時服馬料事、大同三年十一月十日太政官謹奏。

(42)『類聚三代格』巻六、位禄季禄時服馬料事、大同三年九月二十日詔。

(43)『類聚三代格』巻六、要劇月料事、大同四年閏二月四日太政官符。

(44) この時の官司整理を表にすれば表8のようになる。

(45)『後紀』大同四年閏二月庚寅条。

(46) 早川前掲註(15)論文。以下の年料租舂米・年料別納租穀・元慶官田の諸司田化については、薗田香融「出挙—天平から延喜まで—」(『日本古代財政史の研究』塙書房、一九八一年、初出一九六〇年)、村井康彦「平安中期の官衙財政」(『古代国家解体過程の研究』岩波書店、一九六五年)も参照のこと。

(47) 延喜民部式。

表8 大同三年の官司の統廃合

官司名	併合先	日付	典拠
中務省画工司	中務省内匠寮	大同三・正・二十	『類聚三代格』巻四
大蔵省漆部司	〃	〃	〃
治部省喪儀司	兵部省鼓吹司	〃	〃
中務省内礼司	弾正台	〃	〃
大蔵省縫部司	中務省縫殿寮	〃	〃
宮内省采女司	〃	〃	『類聚国史』巻一〇七
宮内省鍛冶司	宮内省木工寮	〃	『類聚三代格』巻四
宮内省官奴司	宮内省主殿寮	〃	〃
刑部省贓贖司	刑部省	〃	〃
宮内省筥陶司	宮内省大膳職	〃	〃
内兵庫司	左右兵庫寮	〃	〃
兵部省兵馬司	兵部省	〃	〃
宮内省内染司	中務省縫殿寮	大同三・正・?	『官職秘抄』

(48) 村井前掲註(46)論文。

(補註1) 石上英一氏は、現代財政学を律令財政史研究の新たな方法論として導入すること、とりわけ経費研究・経費論の対象と方法を取り入れるべきこと指摘している(「律令財政史研究の課題」〔『日本歴史』三三四、一九七六年〕)。なお、旧稿では当該論文について言及していなかった。石上氏にはその非礼をお詫びしたい。

(補註2) 栄原永遠男氏は、この処置について、直後の二月に行われた庸の半減と関連し、庸の主な使途は、衛士以下の食料(大粮)と雇役民の食料と雇直であるため、庸を食用と雇直用に分離してそれぞれ民部省と大蔵省に分置し、その管理下に置いたと説明する（「貢納と財政」〔『岩波講座日本通史』第4巻　古代3、岩波書店、一九九四年〕）。庸のうちの軽物が民部省から大蔵省に移管されたことをその使途から説明する点は、私見と同じであるが、この処置が慶雲三年（七〇六）に実施されたことの意義についてきわめて説得力を有する見解である。

第三章　大宰府財政機構論

一　大宰府財政機構の問題

律令財政が研究対象となる時、そこには大きく分けて二つのフィールドが存在する。一つは中央財政であり、他は国衙を中心とする地方財政である。中央財政と地方財政は各々独立して存在するのではなく、それぞれ密接に関連していることはいうまでもない。すなわち中央政府の財源の中心の一つは調庸物をはじめとする地方（おそらく国衙がその主体となったであろう）から調達された物資であり、中央財政はその意味では国衙に依存していたのである。

ところで、七世紀末より九州に設置された大宰府[1]は、しばしば中央と国衙との中間的な形態をもつ機関であるといわれるが、大宰府の財政についてはその史料的制約もあって、これまで十分な研究は行われてこなかった。しかし、別の視点から大宰府の財政を考えれば、そこに大宰府全体に関わる種々の問題が浮かび上がってくると思われる。そこで本章では大宰府の財政をとり上げてみたい。

一個の行政機関がその任務を遂行するとき、そこにはいかなる場合においても経済的な裏付けが必要となってくる。それは行政を遂行するために要する物的手段と、実際にそれを行う人間の問題であり、財政的には経費の問題としてあらわれてくる。こうした経費のあり方は存在する時期や地域を異にする行政機関によって多様な形態を示し、またその財政規模もさまざまであることはいうまでもない。こうした多様性そのものが何よりもその行政機関の性格をよく反映しているのである。したがって逆にいえば、その財政のあり方からその行政機関のもつ性格を明らかにすることもある程度可能となってくる。こうしたことからすれば、国家財政を取り扱うことは優れて国家の性格に関わる問題となってあらわれてこざるをえないのである。

次に注意しなければならないのは、財源の運用を行う財政機構の問題である。すでに明らかにしたように、律令制下の中央の財政機構は多くの官司から成り立っていた(2)。それらは機能上、保管官司と出納官司に分類することができるが、保管官司はその保管する物資（財源）の性格や使途によってさらに分化していた。またこの時代の財源が交換価値よりも使用価値において実現されていた点で、すなわち財源にしめる一般的等価物の割合の低さにおいて、さまざまな財政行為を担当する機構が必要であったのであり、それはこの時期の経済の発展段階に規定されていた。それゆえ、各時代の財政機構がどのような形態をとるのかは、その時代の経済段階と深く関わる問題である。

ここで大宰府の財政を取り上げることは、直接、当該時期の国家の性格を論ずることにはならないし、また当時の経済段階を明らかにするという課題につながるものでもない。しかし、前に述べた大宰府の中間的性格といわれるものが、どのような意味において中間的であるのか、必ずしも十分な説明はこれまでなされてこなかったように思われる。その際、右に述べたような視点から大宰府の財政を検討することは、ある程度有効性をもつのではないかと考える。したがって、本章では大宰府の財政機構の特質を通して、大宰府という国家機構の一端の性格を明らかにしてゆきたい(3)。

二 大宰府の財政機構

1 職員令よりみた財政機構

大宰府がいつ成立したかについては、現在のところ一定の見解があるわけではない。したがって、成立時の大宰府がいかなる機構から成り立っていたのかも詳しくはわからない。大宰府の機構の具体的様相を知ることができる初見は、養老職員令大宰府条である。そこでまずこの大宰府条によって、どのような財政上の機能が果たされるのかをみておきたい。

大宰府 帯二筑前国一。

主神一人。掌。諸祭祠事。帥一人。掌。祠社。戸口簿帳。字二養百姓一。勧二課農桑一。糺二察所部一。貢挙。孝義。田宅。良賤。訴訟。租調。倉廩。徭役。兵士。器仗。鼓吹。郵駅。伝馬。烽候。城牧。過所。公私馬牛。闌遺雑物。及寺。僧尼名籍。蕃客。帰化。饗讌事。大弐一人。掌。同レ帥。少弐二人。掌。同二大弐一。大監二人。掌。糺二判府内一。審二署文案一。勾二稽失一。察二非違一。少監二人。掌。同二大監一。大典二人。掌。受レ事上抄。勘二署文案一。検二出稽失一。読二申公文一。少典二人。掌。同二大典一。大判事一人。掌。案二覆犯状一。断二定刑名一。判二諸争訟一。少判事一人。掌。同二大判事一。大令史一人。掌。抄二写判文一。少令史一人。掌。同二大令史一。大工一人。掌。城隍。舟檝。戎器。諸営作事。少工二人。掌。同二大工一。博士一人。掌。教二授経業一。課二試学生一。陰陽師一人。掌。占筮相レ地。医師二人。掌。診候。療レ病。算師一人。掌。勘二計物数一。防人正一人。掌。防人名帳。戎具。教閲。及食料田事。佑一人。掌。同レ正。令史一人。主船一人。掌。修二理舟檝一。主厨一人。掌。醯。醢。韲。葅。醤。豉。鮭等事。史生廿人。

大宝官員令大宰府条も養老令と大差はなかったと考えられるから、[4] 右の規定は八世紀初頭にまでさかのぼらせることが可能である。さて定員は五〇名で、大国の場合でも九名にすぎない一般諸国とは比較にならないくらいの大勢の官人を擁する機関である。また主神および大判事から主厨までは一般諸国にはみられない官職であり、こうした構成は中央政府をそのまま縮小したものといっても過言ではないといわれている。[5] 従来、大宰府の機構が中央政府と国衙との中間的形態を示すと考えられてきたのは、まさにこうしたことによるものと思われる。

次にこの職員令の規定から、大宰府の財政機能に関する規定を拾いだしてみると、まず長官である帥の職掌として規定された「簿帳」および「租調。倉廩」がある。また品官である算師と主厨も大宰府財政を考える上で見逃すことはできないし、さらに史生二〇名という数も注目に値する。[6] 八世紀の大宰府において、その財政に関与した官職ないし官人はほぼ以上であるが、帥の職掌は、実際に帥がそうした職務を遂行したかは別としても、大宰府という一つの機関全体に課せられた任務として規定されていることはいうまでもない。

そこでさらにこの帥の職掌をみてゆくことにする。まず「租調」であるが、同じく職員令大国条にも守の職掌としてみえており、その場合は普通「租と調の徴収と送付」[7] と理解されている。大宰府の場合もこうした解釈はほぼ妥当するが、ただ周知のように大宰府においては、調はまず大宰府の府用にあてられ、その残余の一部が京進されたのである。[8] また大宰府管内諸国は、当然庸も大宰府に送付するわけであるが、[9] この庸の取扱いについても調に準じて考えてよいであろう。[10] このように大宰府における調庸の扱いは、他の諸国とは異なるわけであり、その一部が大宰府において保管・消費される点こそ、何よりも大宰府の財政のあり方を特徴づけていると思われる。

次に租の場合であるが、原則として大宰府管内諸国においても、田租は他の諸国と同様に各国の正倉に貯えられたであろう。とすれば、大宰帥の職掌として規定された「租」についてはどのように考えればよいであろうか。職員令には、中央の民部省の被管である主税寮の職掌に「諸国田租」がみえるが、この場合は毎年諸国から送進されてくる正税帳によって、田租を把握する規定であろうと思われ、大宰府の場合の規定も、管内諸国の田租を正税帳によって把握するという意味であろうと考えられる。(11) こうした側面だけをみれば、大宰府の財政機構は中央官司的な性格をもつものであったといえるだろう。

ところで、天平宝字二年（七五八）、大宰府は公廨稲の残遺が少ないのを理由に、諸国正税を割いて出挙し、その利稲を府官人に給与するとともに、諸国地子稲を公廨として府中の雑事に充てることとした。(12) これによれば、大宰府には府官人用の公廨が六国（三前三後諸国）から送進されてきたことが知られる。また天平九年（七三七）の「豊後国正税帳」の球珠郡の項には「儲府料春稲玖伯束」(13) が、また天平十年の「筑後国正税帳」には「府雑用料春稲伍伯束」(14) がそれぞれ計上されている。したがって、大宰府へは実際に管内諸国から府官公廨や府雑用料稲が送られ、大宰府はこれらの稲穀の収取を行っていたのである。(15)

このように大宝・養老令施行段階においては、大宰府という一個の機関として、調庸物の京進と分配、管内諸国の田租の把握、さらには府官公廨と府雑用料稲の収取を行っていた。この点、個々の独立した官司がそれぞれの機能を分掌して財政業務を遂行していた中央の場合とくらべ、(16) 財政機構としては未分化の状態にあったのであり、九世紀以降の変化を考える上においても注意しておく必要があろう。

2　蔵司と税司

次に大宰帥の職掌である「倉廩」についてみてみよう。職員令義解主税寮条の「倉廩」の注釈には、「穀蔵曰」倉。米蔵曰」廩」也」とあって、倉廩とは米穀倉と考えられているが、大宰府の場合は米穀倉も含めて官倉一般と考えてよいであろう。具体的には官倉からの物資の出し入れ、官倉の管理を規定していると考えられる。やはりこうした職務も大宝・養老令段階では四等官が行っていたと思われる。

九世紀以降になると、こうした様相にも変化が生じてくる。大宰府の物資保管に関しては、竹内理三氏が「大宰府政所考(17)」で触れている蔵司と税司が想起される。蔵司については次の貞観十三年（八七一）八月十日の太政官符が比較的その機能をよく伝えている。

太政官符

応レ責二大宰府貢物麁悪一事

右検二案内一、去承和十四年十月十四日格偁。貢物麁悪及違期者、可レ処二重科一之状、延暦十四年七月廿七日、大同二年十二月廿九日、承和十三年二月廿一日、数度下レ符既訖。而府司等不レ遵二行符旨一、猶致二違期一。非三唯闕二国用一、還狎二慢朝章一。論二之格條一、罪在レ不レ宥。左大臣宣。頃年州吏不レ勤二公途一、不レ慎二憲法一。啻省二任中累一、全企レ得二解由一。今須下新張二厳科一、殊懲中将来上。脱不レ悔二先怠一、猶致二麁悪違期一、府司及管内国宰奪二公廨四分之一一。但郡司准二諸国貢物綱領一、決二杖八十一者。懲粛既明勧戒周備。須下慎二守格旨一勤以遵行上。而年来所レ貢絹綿等。濫悪既多精細尤少。寔是府国之吏、不レ慎二憲章一之所レ致也。又聞。管内浮浪之輩、或属二府司一、上二交易之直一、或賂二国宰一輸二調庸之物一。貢非二土民営設之実一、利帰二浮手奸偽之徒一。濫穢所以難レ遏、麁悪由レ其弥倍。不レ督之怠雖レ帰二府国一、容隠之責専在二蔵司一。右大臣宣。奉レ勅。有レ法不レ行、何期二懲革一。宜下降二霜典一更粛中将来上。仍須下麁悪之物、絹及二一百疋一、綿満二一万屯一、蔵司勾中当監典并使等上、解二却見任一、不二曽寛宥一。自余雑事、一如二前格一。

貞観十三年八月十日(18)

まず注意したいのは「府司等不レ遵二行符旨一、猶致二違期一。非三唯闕二国用一」の部分である。「国用」とは梅村喬氏が明らかにしたように、中央官司の用途を意味する財政上の一概念である。[19] したがって、その違期が中央官司の用途に影響を与えるとされているのであるから、この場合は諸国から大宰府ではなく、大宰府から中央へ送られる調庸物である綿・絹[20]の違期が問題になっていると考えた方がよいであろう。このように、蔵司は管内諸国から大宰府に送進された調庸物を、さらにまとめて京進する役割をもっていた。またこの官符には「麁悪由レ其弥倍。不レ督之怠雖レ帰二府国一、容隠之責専在二蔵司一」とあるように、蔵司は調庸物の品質検査の責任も負わされていたことがわかる。また蔵司はその名称からして調庸物を保管する機能を有していたことも明らかである。

一九三三年、大宰府政庁跡の西にある「蔵司《クラツカサ》」と称する丘陵地から一群の礎石が発見された。礎石の配列からみて、東西に長い九間三面の三雙倉と考えられているが、[21] これを蔵司が調庸物を保管するために使用していた倉庫とみて誤りないであろう。養老倉庫令には、

凡倉、皆於二高燥処一置之。側開二池渠一。去レ倉五十丈内、不レ得レ置二館舎一。

という規定があるが、この礎石が発見された地点は丘陵地であり、近くには西ケ浦という池もあり、また政庁からは離れていて、この規定に則っている。蔵司なる官職名はこの官符のほかに延喜民部式にもみえ、また延喜交替式にも「大宰府庫」とあるが、いずれも九世紀以降の史料である。筆者は蔵司という完結した機関の成立は九世紀初頭と考える。しかし、この「蔵司」と呼ばれる地からは礎石とともに、白鳳・奈良期の古瓦が出土しており、この建物の創建は政庁の創建と時を同じくしているといわれ、[22] 八世紀においても蔵司の前身にあたる倉庫がこの地に存在していたことは十分予想され、職員令にみえる「倉廩」の一つは調庸物を保管したこうした倉庫であったと思われる。

次に税司であるが、「税司」という官職名は十世紀末の東大寺文書にみえるだけで、それ以前の史料にはあらわれない。しかし延喜民部式の仕丁守衛の規定には「税倉」がみえ、また貞観十二年（八七〇）二月の大宰大弐藤原冬緒の

四ヵ条の起請[23]や、同じく貞観十八年三月の太政官符[24]には「税庫」とあり、大宰府管内諸国から大宰府に貢進されてくる庸米・雑米を保管する倉庫が、九世紀段階に存在していたことが知られる。さらに『三代実録』元慶五年（八八一）二月十九日丁酉条にみえる「所司」はふつう税司であると考えられており、管内諸国の正税帳を惣管して、公廨の配分にあたっていたことがわかる。

ここで蔵司・税司の機能から大宰府財政機構の特徴を中央の場合と比較して述べてみたい。中央財政機構の説明は省くが[25]、大宰府の場合は、これまでにみてきたように、蔵司・税司という分掌はあるものの、中央のような整然たる機能分掌はみられない。すなわち、蔵司の場合は保管機能と品質検査・違期のチェックという出納機能の両側面をあわせもっている。また税司の場合も、保管機能と正税帳による公廨の配分という予算に関わる機能をもっている。先に述べた八世紀段階の大宰府の財政機構に比べ、九世紀段階のそれは進化した形態をとってはいるものの、中央との比較においては、その財政規模によるところも大きいであろうが、未分化な状態は免れない。筆者はこうした点を大宰府財政の一つの特質と考えたい。

以上、九世紀段階の大宰府の財政機構を蔵司・税司を中心にみてきたが、ただ税司については少し注意が必要である。ここで先ほどの貞観十二年の藤原冬緒の起請を、少し長くなるが引用する。

参議従四位上行大宰大弐藤原朝臣冬緒進二起請四事一。其一曰、軍旅之儲、烽燧是切。而数十年来、国無二機警一。雖レ有二其備一、未レ知二調用一。若有二非常一、何以通知。今須下下二知管内国島一、試以挙レ烽焚レ燧。彼此相通、以備中不虞上。若不レ言二其由一、恐驚二動物意一。望請、下二知事旨一、依レ件調練。其二曰、比年之間、公私雑人、或陸或海来集、深入遠尋、営二求善馬一、及二其帰向一、多者二三十、少者八九疋。惣計二過所一、年々出レ関之数。凡千余疋。夫機急之備、馬尤為レ用。而無頼之輩、毎年捜取。若有二罄乏一、如二非常一何。今将レ施二禁制一、翻致二謗讟一。望請、下二知豊前長門両国一、四ヶ年間、禁二止出一レ馬。其三曰、承前之例、諸国雑米各随二其本色一、輸二納諸司諸所一。而或司全納、用尽既訖。或所多致二未進一、公途有レ闕。至レ有二期会一。不レ得二廻撥一。況復件司等、監典二人、勾二当鼇務一。或時有二自用一、亦非レ無二判置一。貢進之怠、莫レ不レ縁レ此。縦令一任之内、殊立二厳制一。猶恐。相承之官、任レ意改更。自レ非二官符一、何立二後法一。望請、五使料之外、庸米并雑米、惣納二税庫一、毎月下行。若非二符宣旨一、輙以下用、監当之官、准レ法科レ罪。其四曰、穀倉院地子交易物、比年之間、令下監一人一勾中当其事上。毎年交二易軽物一輸進。因レ茲、勾当之人、年初請領二直稲一既訖。其後府司責二其返抄一。而左右巧容不二肯究進一。遂使下不レ知レ意之吏、招中放還之煩上。熟尋二其由一、理不レ可レ然。凡一官之事、官長所レ行。縦有二其人一、何愁レ不レ済。而更置二専当一、還致二物煩一。望請従二停止一。府司一向交易奉レ進。詔並従レ之。[26]

この藤原冬緒の起請は四ヵ条からなっているが、その三には「諸国雑米各随二其本色一、輸二納諸司諸所一」とある。竹内理三氏は先の論考において、この諸司諸所として各種の史料から学校院・兵馬所・蕃客所等一八ヵ所の存在を明らかにし、これら各所が独自に諸国雑米を収納しているとした[27]。筆者はこれ以前にも税司なる官職は存在したと考えるが、それは先にもみたように正税帳による公廨の配分という文書行政に関わる業務が主流であって、諸国からの雑米を一括して収納するようになるのは、この冬緒の起請からであると考える。この点は、先に掲げた税庫の史料がこの貞観十二年以降のものであるということと符合している。

この時から雑米を一括して税司が保管するようになるのは、大宰府という行政機構の性格によるところが大きい。この時期に一括して税庫に収納されることになった庸米・雑米は府儲料としての性格が強く、府官人の公廨は含まれていないと考えた方がよいであろう。この冬緒の起請は四ヵ条からなっているが、各条は個々独立したものではない。すなわち、その一に「試以挙レ烽焚レ燧。彼此相通、以備二不虞一」とあり、その二に「夫機急之備、馬尤為レ用」とあるところからすれば、この起請は対外情勢の緊迫化を意識したものであることがわかる。事実、この起請の二〇日前には大宰府の守りを固めさせ、山陰道に武具を送っている。(28)そしてそれは三年後山陰諸国・大宰府に兵卒の戒厳を行わせることによって現実のものとなる。(29)したがって、こうした大宰府における庸米・雑米の一括保管というあり方は、危急の際における食料の利用の便宜を考慮したまさに財政上の軍事的対応であったと考えられる。その三にある「承前之例」がいつの時点を指すのかはともかく、このことは雑米が諸司諸所に収納されていた時期が、その一に「数十年来、国無二機警一」と表現されている時期に一致することからも知られる。また貞観十八年には庸米・雑米を大野城の衛卒の粮米として城庫に納める旨を命じた太政官符が出されているが、(30)これも庸米・雑米の軍事的財源としての性格をよく物語っていると思われる。

このような保管形態の変更は、史料から知られる限りではこの貞観年間の例だけであるが、対外関係が緊迫した時点や、臨戦体制においてはいつでもこうした形態を採用することが可能であっただろう。大宰府の軍事的性格に対応したこうした機構のあり方は、やはり大宰府財政機構の特質の一つと考えられるだろう。

3 算師と主厨司

職員令によれば、大宰府には算師一人が配属されている。算師が配属されている令制官司は、ほかに民部省被管の主計寮と主税寮の二寮のみで、(31)この二寮は中央の出納業務にあたっていたから、大宰府の算師の存在はその財政機能を考える上で注意しなければならない。大宰府の算師は、弘仁五年（八一四）正月十三日の太政官符によるとさらに一員が追加されている。(32)この官符の文言にあるように、大宰府の算師には大宰府の公文を中央で勘会する時に、その弁申を行う役割があったようであるが、それだけが算師の本来的な機能ではないらしく、諸国から大宰府に送進された物資の数量を勘計することも主要な業務であったと思われる。この時の一員増員は、中央での文書勘会のために差遣した「他官」が、弁申に勘えられないという理由からであるが、その背景には「管内公文触レ類繁多」とあるように、この時期の財政業務の煩雑化があった。

次に主厨司についてみることにする。(33) 職員令の規定には「醢。醢。虀。葅。醤。豉。鮭等事」を掌るとあるが、具体的な機能は不明である。この主厨司は弘仁十四年に主船司と共に廃止されるが、承和七年（八四〇）に再置されている。その時の太政官奏は次のとおりである。

太政官謹奏

　廃二品官一員一

大主城一員正七位上官

右検二案内一、依二去弘仁十四年正月廿九日論奏一、停二主厨・主船一、始置二主城二員一。而今得二大宰府解一偁。自レ停二主厨一以来、例貢御贄并諸供具事、触レ類多レ闕。望請、省二主城一置二主厨一、令三各得二其所一者。伏望、省二大主城一、永定二一員一。但官位為二正八位上官一。

置二品官二員一

主厨一員正八位上官

右製レ令之日、肇置二主厨一。所レ掌之職、最在二蕃客一。加以供御之儲、不レ可二闕乏一。而依二同前論奏一、既従二停止一。伏望、依二彼府解一、更置二件職一。

（中略）

以前大宰大弐従四位上南淵朝臣永河等、所レ請如レ件。夫観レ時革レ制、為レ政之要枢。論レ代立レ規、済レ民之本務。

是以明王馭レ俗術非二一途一。哲后治レ邦豈拘二膠柱一。臣等商量、廃置如レ右。伏聴二　天裁一。謹以申聞。謹奏。聞。

承和七年九月廿三日(34)

そこに「所レ掌之職、最在二審客一」とあるように、その主要な職務は蕃客の応接であるが、「自レ停二主厨一以来、例貢御贄並諸供具事、触レ類多レ闕」とか「加以供御之儲、不レ可二闕乏一」とあるように、贄の供進もその重要な役割であった。職員令にみえる醢菹以下の物資は、中央において贄を収納していた宮内省被管の大膳職の職掌にもみえ、ともに贄という点で一致している。また職員令集解宮内省条伴・跡記には「大宰進二腹赤一、吉備進二白魚御贄一之類」と例示されているように、当時贄といえば大宰府の贄が想起されていた。さらに延喜宮内式にも諸国例貢御贄のなかに大宰府の規定が存在する。このように主厨は大宰府の贄を中央に送進する役割をもっていたのであり、この点で調庸物の一部を中央へ貢進する役割をもっていた先述の蔵司と性格を同じくしている。

問題はなぜ大宰府管内諸国は、調庸なり贄なりを個々に中央へ送進せず、大宰府にその任務を委ねていたのであろうかという点である。しばしば大宰府は九州の諸国島を総管していたといわれ、とくに財政面でそうした傾向が顕著であるといわれる所以の一つは、まさにこうした点にあると思われる。その理由としては多々考えられるであろうが、筆者はさしあたり次の点を指摘しておきたい。

大同四年（八〇九）正月二十六日の太政官符(35)には、大宰府から中央へ派遣される九箇使の料米についての規定がみえるが、この官符にあるように九箇使の料米以外は、そのもち出しが極力制限されていたので、その他の諸使の中央への往還の料食は路次の諸国が負担していた。このことは正倉院に現存する天平十年（七三八）の「周防国正税帳(36)」によっても明らかである。また大同元年には山陽道観察使藤原園人が、西海道の入京雑使が頻繁に往来するために、山陽道が疲弊していることを述べている(37)。管内諸国が個々に貢調使・御贄使を派遣するとすれば、その貢調使や御贄使の料米の一部は当然その路次の諸国の正税から供出されることになるであろう。さらに貢調使は年一度の往来ではなく、未進があれば規定量が完納されるまで「再貢」することが義務づけられているため(38)、貢調使派遣の回数を極力少なくする必要があったと考えられる。こうしたことからすれば、大宰府管内諸国が個々貢調使や御贄使を派遣するよりも、一旦大宰府に送進された貢進物を一括京進した方が、大宰府管内諸国にとっても、往還の諸国にとってもその負担は最小限にとどめることが可能であっただろう。大宰府がこうした管内諸国や山陽道諸国の財政事情のもとに存在していたことも見逃すことはできない。

しかしながら、こうした理由のみからでは大宰府同様、中央から遠く隔たった関東や北陸の諸国において、なぜ西海道諸国と同じ貢進形態がとられなかったかが説明できない。そこには大宰府固有の理由が存在したと考えられる。前にも述べたように、大宰府の調庸物はその一部が京進され、一部は府にとどめられた。京進分と留府分とがどのように弁別されるかが問題であるが、それを考える上で次の斉衡三年（八五六）五月二十七日の太政官符に注目したい。

太政官符
　応レ勘二大宰府所レ進調庸用度帳一事
右得二民部省解一偁。(39)主計寮解偁。検二案内一、去承和四年件帳、違レ例始注二未進一。自レ尓以降、返却不レ勘、于レ今十九箇年。而省今年四月十九日符偁。太政官去嘉祥三年八月三日符偁。得二大宰府解一偁。準レ例管内諸国調庸、検二収府庫一、随レ用出充。即修二用度帳一、副二調帳一進レ官。所司勘二会両帳一、知レ無二未進一、乃放二返抄一。因レ茲、雖レ有二未進一、猶注二全数一、不レ顧二後累一、唯期二事成一。未進之責、具著二格條一。府司雖レ苦二催勘一、弊民猶致二欠逋一。然則依レ実言上、允応二穏便一。望請。不レ獲レ止所レ致之未進、即注二用度帳一、済レ事之国、且給二返抄一。謹請二官裁一者。右大臣宣。

依レ請者。須下勘二年年帳一、申中送返抄上。而仁寿三年以往、頻経二恩蕩一。雖レ有二勘出之責一、而無二公家之益一。望請。始レ自二斉衡元年一、将レ労二勘申一。但不レ会レ赦之色、総載二後年返抄一。然則勾勘省レ煩、官物無レ失者。今依二解状一、謹請二官裁一者。右大臣宣。依レ請。但須下其用度帳、雖レ注二未進一、猶復勘会、同載中返抄上。若当年未進、来年不二究納一、明年用度帳猶注二未進一者。令レ移二主税寮一、没二国司公廨一、兼弁二備未進一、一如二去年五月十日格一。

斉衡三年五月廿七日[40]

この官符によれば、大宰府は調帳とともに調庸用度帳を中央の主計寮に進送する必要があった。そして主計寮において両帳を勘会し、それによって未進を勘知するしくみであった。この用度帳については、寛平九年（八九七）六月十九日の太政官符に[41]「所下以総二計管内之調庸一、勘中注用度之多少上也。進レ官留レ府之色、以レ之分明。見納未納、未進之数、由レ其易レ弁」とあり、そこには大宰府管内の調庸の総計と、その用途が記載されていた。大宰府で消費される調庸物は、一般に府の官人や管内の五位国司の季禄や位禄に充てられると考えられているが[42]、それのみではなかった。史料を検すると、霊亀元年（七一五）、大宰府は帰国する新羅使金元静に綿五四五〇斤を賜い[43]、神護景雲二年（七六八）には新羅交関物を購入する料として左右大臣等に府綿を賜与している[44]。また貞観十二年には府庫の調布を対馬の兵器修理料に充て[45]、天暦四年（九五〇）香椎奉幣使に府庫の綿二〇〇屯を賜与している[46]。このように官人の禄以外に消費される調庸物は、主に大宰府固有の機能である外使応接の費用や、外国との交易のための費用、また軍事的な経費に充てられていたのである。前掲の官符中の「不レ獲レ止所レ致之未進」という表現は、こうした臨時の経費に充てられたため、中央へ規定量の貢進を行えない状況を指している可能性がある。とすれば、こうした大宰府固有の経費には、中央への貢進に優先して調庸物が充当されたわけであり、それは大宰府の儲用としての性格をもつものである。したがって、西海道諸国の調庸物はすべて大宰府に送られる必要があったのであり、その残余が中央へ一括して送進されたと考えるべきであろう。先に大宰府の財源は対外関係が緊迫化した時点で、軍事的な保管形態がとられることを指摘したが、その使途の面からみると、通常においても大宰府財政は外交的・軍事的な側面をもっていたといえよう。

三　大宰府財政の変質

大宰府の財源としては、管内諸国から送進される調庸物があり、これらは府の官人や管内五位国司の季禄や位禄に充てられたことは先に述べた。また大宰府管内六国の正税や地子米は府官人の公廨や府の雑用料に充当された[47]。大宰府の財源とその費目の関係は、大略以上のような対応として理解されている。

ところで、大宰府官人は時代とともにその数が増加し、また司や所と呼ばれる各機関が九世紀以降設置されるようになる[48]。官人については大同元年（八〇六）の大少監・大少典の増員をはじめ[49]、翌年には職員令に規定のない使部・散仕各々二〇〇人、一〇〇人が史料にあらわれ[50]、また先にみた算師の増員がある。このほかにも大宰府には令にみえない傔仗・事力・仕丁が存在していた[51]。また各所についても匠司・修理器仗所等の存在が確認される[52]。このことは一方で官人給与の増大をもたらし、他方で各所の物件費の増大をもたらす。さらに八世紀後半以降顕著となる調庸物の違期・未進の問題についても、大宰府はその例外でなかったであろう。そこで次に、こうした経費の膨張と、財源の減少に対して、大宰府はどのような対応を行ったのかをみてゆきたい。

まず機構的な面からいえば、その整備拡充があげられる。前節でみたように、蔵司・税司が成立する。貞観十三年八月十日付の太政官符[53]には蔵司の官人として監・典・使がみえ、税司にも別当・十郡司・預なる官人がいたことが知られている。経費の増大に伴う財政業務の繁雑化はこうした専当官人から構成された財政機関を必要ならしめたのである。またこれも前節で触れたように、倉庫へ物資が保管されるに際して、その数量を勘計する算師が増員されたこともこうした事情と軌を一にしている。

二番目に財源にはどのような対処がなされたのであろうか。まず、従来の財源から増大した経費分を捻出して、これに対応したことが考えられる。しかし、先にもみたとおり大宰府財政は何よりも軍事的な経費や、外使応接の費用を優先させる傾向にあったから、そのための儲けを一定程度確保する必要があったであろう。さらに、貢進物の違期・未進によって財源が減少してゆくならば、これまでの財源に依存することは非常に困難になっていったと思われる。となれば、こうした情勢への対応が、新しい財源の創出に向かうことは必至である。大宰府管内は従来から指摘されているように、乗田が多く存在していた。すでに八世紀末には、兵士・選士のための射田と、府学校の学生のための学校料田が管内の乗田を割きとって設置されている(54)。こうした先例にならって、貞観十五年に設けられたのが次の史料にみえる警固田一〇〇町であり、府儲田二〇〇町である。

（前略）又府之備二隣敵一、其来自二邈代一。而去貞観十一年新羅海賊竊窺二間隙一、掠二奪貢綿一。自レ斯遷二運甲冑一、安二置鴻臚一。差二発俘囚一、分番鎮戍。重復分二置統領・選士一、備二之警守一。今所レ用糧米、毎国有レ数。出納之事、非レ無二勾当一。加以朝夕資給、米塩多レ煩。仍差二置書生・駈仕等一、計レ口給レ貧、結番宿直。自余之色、触レ類猥雑。件国（筑前国―筆者）割二女子分一、置二公営田一。所レ遺之田、猶倍二他国一。須下分二置一百町一、名二警固田一、加中其耕営上。収二所レ輸之地子一、充二年中之雑用一。但租穀割二地子内一、准レ例進納。又府儲料稲惣三万束。五使粮并水脚賃及厨家雑用。凡百庶事、惣在二其中一。諸国所レ備、各有二色数一。而或致二違期一、或置二未進一。府中之用、常苦二闕乏一。須下割二置田二百町一、名二府儲田一、収二其地子一、以充中府用上。但租穀同レ上。依レ請許レ之。（後略）(55)

警固田・府儲田もまた乗田から割きとって設置されたのであるが、弘仁・延喜主税式の公田獲稲数から計算すれば、警固田一〇〇町からはそれがすべて上田（田品）の場合一万束、下田の場合で六〇〇〇束、また府儲田二〇〇町からは上田で二万束、下田で一万二〇〇〇束の地子が見込まれるわけである。大宰府には天長三年（八二六）に選士・衛卒が四〇〇人置かれるが、その年間必要粮米は、その時の太政官符(56)から計算すると二八八〇斛であり、警固田からはその三分の一ないし五分の一が得られるわけである。また府儲田からの地子が充当される府儲料稲は、この『三代実録』の記事から三万束必要とされていたことがわかるが、この府儲田によってその半分前後が見込まれていたわけで、こうした警固田・府儲田の大宰府財政に占める位置は大きいものがあったと思われる。

さらに軍事的財源を確保するための警固田が特別に設置されていることにも注目する必要があり、これまで述べてきた大宰府財政の軍事的性格をここにも見出すことができる。

四　財政の軍事的性格——大宰府と鎮守府——

以上八・九世紀の大宰府の財政機構を明らかにするなかで、その特質について述べてきた。ここでこれまで述べてきたことをまとめると次のようになる。大宰府はしばしば中央と国衙の中間的性格を有していたといわれるが、財政機構においてもそうしたことが認められる。すなわち国衙より整備されてはいるものの、財政悪化によって整備拡充の方向に向かった九世紀段階でさえ、機構的には中央に比べてなお未分化な状態にあった。問題はその中間的性格の中身であるが、それは調庸物のあり方、庸米・雑米の保管形態とともに、大宰府の固有の機能である軍事的性格に規定された財政であり、またこのことは財政悪化による新しい財源確保の面からもうかがうことができる。

ところで古代東北には、大宰府と同様軍事的な性格をもつ機関(57)として鎮守府が存在していた。最後に大宰府の財政と鎮守府のそれとを比較しながら本章を閉じたいと思う。鎮守府の財政についてはすでに平川南氏の研究(58)があるから、それによって比較を行いたい。

大宰府の財政と鎮守府の財政との顕著な相違点は、大宰府の場合は財政機構が存在したのに対し、鎮守府の場合は陸奥国の行政機構に包摂されていて、それ自体独立した財政機構をもたなかった点である。このことは大宰府・鎮守府の成立事情という歴史的条件による所が大きいであろう。こうした顕著な相違点にもかかわらず、そこにはいくつかの類似点が存在する。すなわち、陸奥国においては、複雑・多岐な収支関係のなかで、財源として本来中央へ貢納されるべき調庸・地子が当国に留められている。また、支出としてとくに大きな比重を占めるものが、公廨および軍粮である。さらに、公廨の確保に関連して、鎮守府公廨の一部を相模国に課している点は、大宰府が府官公廨を管内六国に課していることと相似している。こうした類似点は、大宰府・鎮守府に共通した軍事的性格に起因していると思われる。

註

（1） 一般に大宰府と呼ぶ場合、その指し示す範囲は必ずしも一定しておらず、(1)九州にある特定の政権―政庁をさす場合、(2)大宰府の都市または大宰府条坊の意味をもっている場合、(3)山城、水城など城塞に囲まれた広い範囲の都城を意味する場合がある（鏡山猛『大宰府都城の研究』〔風間書房、一九六八年〕）。したがって、大宰府という語に右記の(1)～(3)のどの意味をもたせるかによって、おのずとその成立時期は変わってくる。本章は大宰府の財政機構を主要な検討対象としているため、大宰府なる語は一応(1)の意味として用いる。また、その成立について私見は提示しえないが、浄御原令にもとづいて、天智朝以来の筑紫大宰とその管掌組織が再編され、官司としての大宰府が成立したとする倉住靖彦氏の見解（「大宰府―遠の朝廷―」〔『古代の地方史』1西海編、朝倉書店、一九七七年〕、『古代の大宰府』〔吉川弘文館、一九八五年〕）に従っておく。

（2）拙稿「律令中央財政機構の特質について―保管官司と出納官司を中心に―」（本書第一章）。

（3）佐々木恵介氏は、八世紀から十一世紀初頭までの中央政府・大宰府・管内諸国の関係を、三時期に分けてとらえたが（「大宰府の管内支配変質に関する試論―主に財政的側面から―」〔『奈良平安時代史論集』下巻、吉川弘文館、一九八四年〕）、本章が対象とする時期は主として八・九世紀で、しかも大宰府の財政機構の特質を通して大宰府の性格を明らかにすることが目的であり、この点、佐々木論文とは視点が異なる。

（4）職員令集解大宰府条にみえる古記の注釈は、「監」「判事」「博士」と、防人正の職掌である「教閲」、主厨の職掌である「醯。醢。齏。菹。鮭」に関するもののみで、大宝令条文はほとんど復原できない。

（5）倉住前掲註（1）論文、註（1）『古代の大宰府』。

（6）養老職員令で史生が配されている中央の官司と、八世紀前半に史生が新置あるいは増員された中央官司を表にすれば、それぞれ表9・10のようになる。

表9　養老職員令にみえる中央官司の史生

太政官	10	左弁官	10	右弁官	10
中務省	20				
式部省	20	散位寮	6		
治部省	10	玄蕃寮	4		
民部省	10	主計寮	6	主税寮	4
兵部省	10				
刑部省	10				
大蔵省	6				
宮内省	10				
弾正台	6				

表9によると、省クラスの官司にはすべての官司に史生が配されているが、寮クラスでは散位寮・玄蕃寮のほかに、主計・主税寮という財政（とくに出納）を担当する官司に史生が配属されていることが注意される。また表10では、史生が新置、あるいは増員された官司の大半が内蔵寮・主計寮・大膳職・大蔵省・民部省・中務省・宮内省・大炊寮・主税寮という財政関係官司（左右弁官も含まれる可能性がある）であることが特徴的である。したがって、大宰府の史生二〇名も何らかの形で財政的な性格を帯びていた官人であると考えてよいであろう。なお『続紀』によれば、大宝三年（七〇三）二月十七日に大宰府史生二〇人が増員されているが、この時の増員は養老職員令の史生二〇人のなかに含まれているとみていいだろう（竹内理三「大宰府政所考」〔『竹内理三著作集第四巻　律令制と貴族』角川書店、二〇〇〇年、

表10 史生が新置・増員された中央官司

和銅元・7・7	内蔵寮	（始・4）
元・8・21	兵部省	（加・6—計16）
	左右京職	（始・各6）
	主計寮	（加・4—計10）
5・11・16	左右弁官	（加・各6—計各16）
5・12・15	東西市司	（始・各2）
6・6・21	大膳職	（始・4）
6・9・21	大蔵省	（加・6—計12）
6・10・27	民部省	（加・6—計16）
6・11・25	兵馬司	（権宛・4）
6・12・11	中務省	（加・10—計30）
6・12・20	宮内省	（加・10—計20）
7・10・17	造宮省	（加・6—計14）
養老元・7・22	左右京職	（加・各4—計各10）
2・6・4	大炊寮	（始・4）
4・6・23	神祇官	（始・4）
6・4・21	主税寮	（加・2—計6）
6・6・3	木工寮	（始・4）

初出一九五六年）。

（7） 日本思想大系3『律令』（岩波書店、一九七六年、一九三頁頭註）。

（8） 平野邦雄「大宰府の徴税機構」（『律令国家と貴族社会』吉川弘文館、一九六九年）。

（9） 調・庸は、正史などにしばしばみえる「府庫」に貯えられた（平野邦雄「クラ（倉・庫・蔵）の研究—大宰府、郡家の発掘調査によせて—」〔『大宰府古文化論叢』上巻、吉川弘文館、一九八三年〕）。

（10） 大宝令施行後、大宰府において調は一時的に免除されたことはあったが、ほぼ調制は施行されていた。これに対し、庸は慶雲三年（七〇六）二月の詔に「其大宰所部、皆免レ収レ庸」（『続紀』慶雲三年二月庚寅条）とあり、さらに養老二年（七一八）六月には「令二大宰所部之国輸レ庸、同二於諸国一。先レ是減レ庸、至レ是復レ旧焉」（『続紀』養老二年六月丁卯条）とあるように必ずしも順調にその収納は行われてはいなかった。平野邦雄氏は養老年間に至って、はじめて大宰府の調庸制は軌道にのったのであろうとする（前掲註（8）論文）。なお、岡藤良敬氏は八世紀に京進された調庸物は綿だけらしいとする（「大宰府財政と管内諸国」〔『新版日本の古代③九州・沖縄』角川書店、一九九一年〕）。

（11） 『延喜式』民部下によれば、西海道諸国島は正税帳を二月三十日までに大宰府に送り、大宰府が覆勘を加えて五月三十日までに太政官に申し送ることになっていた。

（12） 『続紀』天平宝字二年五月丙戌条。なお、公廨稲の全国的な設置は天平十七年（七四五）であるが、大宰府官人にはそれよりも早く天平八年に公廨稲を賜っている（『続紀』天平八年五月丙申条）。この時はおそらく筑前一国に出挙して、その利稲を支給していたのであろうが、この天平宝字二年五月から、筑前以下の六国に府官公廨が論定されたものと思われる（薗田香融「出挙―天平から延喜まで―」〔『日本古代財政史の研究』塙書房、一九八一年〕）。

（13）『大日本古文書』二―四三頁。

（14）『大日本古文書』二―一四七頁。

（15）平野邦雄氏は、こうした府官公廨や府雑用料稲を一時貯えていたのが、後にふれる「税倉」であるとする（平野前掲註（9）論文）。

（16）拙稿前掲註（2）論文。

（17）竹内前掲註（6）論文。なお、倉住靖彦氏は天平十七年の大宰府の復置に伴って、印一二面を支給された管内諸司（『続紀』天平十七年八月己丑条）のなかに蔵司と税司を含めているが（「大宰府の成立」〔『古代を考える　大宰府』吉川弘文館、一九八七年〕）、確たる根拠があってのことではない。

（18）『類聚三代格』巻八、調庸事。

（19）梅村喬「民部省勘会制の成立」（『日本古代財政組織の研究』吉川弘文館、一九八九年、初出一九七八年）。

（20）大宰府から中央への調物は、律令制当初より綿がその主流を占めており、大宰府の貢調使はとくに貢綿使と呼ばれた。ところが、この官符にみえるように、のちには絹も京進されるようになったが、それは弘仁七年からである（『日本紀略』弘仁七年三月庚午条）。しかしそれは正式に中央から認可されたものではないらしく、遅れて元慶八年（八八四）、大宰府の申請を受けて、太政官処分によって年貢綿一〇万屯のうち二万屯を絹と相博して京進することが認められた（『三代実録』元慶八年五月庚申朔条）。『延喜式』には「凡太宰府毎年調絹三千疋、付₂貢綿使₁進レ之」（民部下）という形で定着している。なお、大宰府における綿生産と大宰府貢綿使については、片山直義「大宰府貢綿使について」（『史学研究』七七・七八・七九、一九六〇年）参照。

（21）鏡山猛「大宰府蔵司の礎石と正倉院」（『史淵』一四、一九六三年）、同前掲註（1）書。

(22) 鏡山前掲註(21)論文、同前掲註(1)書。
(23) 『三代実録』貞観十二年二月二十三日乙巳条。
(24) 『類聚三代格』巻一八、統領選士衛卒衛士仕丁事。
(25) この点に関しては、拙稿前掲註(2)論文参照。
(26) 『三代実録』貞観十二年二月二十三日乙巳条。
(27) 竹内前掲註(6)論文。
(28) 『三代実録』貞観十二年二月十二日甲午条。
(29) 『三代実録』貞観十五年三月十九日癸未条。
(30) 『類聚三代格』巻一八、統領選士衛卒衛士仕丁事、貞観十八年三月十三日太政官符。
(31) 職員令にはみえないが、延喜中務式によれば、宮内省の被管の木工寮には算師四名がみえる。
(32) 『類聚三代格』巻五、加減諸国官員並廃置事。
(33) 主厨司については、板楠和子「主厨司考」(『大宰府古文化論叢』上巻〔前掲註(9)書〕)参照。
(34) 『類聚三代格』巻五、加減諸国官員並廃置事。
(35) 『類聚三代格』巻六、公粮事。
(36) 『大日本古文書』二―一三〇～一四六頁。
(37) 『後紀』大同元年六月癸巳条。
(38) 『類聚三代格』巻一二、諸使並公文事、斉衡三年六月五日太政官符所引和泉国解。
(39) 『新訂増補国史大系類聚三代格』はこの字を「税」に作しているが、「計」とすべきである。
(40) 『類聚三代格』巻一二、諸使並公文事。
(41) 『類聚三代格』巻一二、諸使並公文事。
(42) 禄令集解給季禄条朱説、『類聚三代格』巻六、位禄季禄時服馬料事、大同四年正月二十六日太政官符。

(43)『続紀』霊亀元年三月甲辰条。
(44)『続紀』神護景雲二年十月甲子条。
(45)『三代実録』貞観十二年三月十六日戊辰条。
(46)『類聚符宣抄』天暦四年九月十三日太政官符。なお、香椎宮が軍神であることを想起する必要がある。
(47)平野前掲註(8)論文。
(48)竹内前掲註(6)論文。
(49)『後紀』大同元年六月己亥条。
(50)『類聚三代格』巻一四、借貸事、大同二年正月十三日太政官符。
(51)『続紀』和銅元年三月乙卯条、和銅二年六月癸丑条、霊亀二年八月壬子条。
(52)竹内理三氏が前掲註(6)論文のなかで指摘した諸「所」は、学校・兵馬所・鴻臚館・主厨司・主船司・警固所・蔵司・税司・大帳所・公文所・薬司・貢上染物所・作紙所・政所である。このなかには、主厨司・主船司のように職員令に規定されている「所」から作紙所・政所のように十一世紀の史料にあらわれる「所」まで含まれている。
(53)『類聚三代格』巻八、調庸事。
(54)『類聚三代格』巻一五、諸司田事、天応元年三月八日太政官符。
(55)『三代実録』貞観十五年十二月十七日戊申条。
(56)『類聚三代格』巻一八、統領選士衛卒衛士仕丁事、天長三年十一月三日太政官符。
(57)岸俊男「大宰府と都城制」(『大宰府古文化論叢』上巻〔前掲註(9)書〕)、同「国府と郡家」(『古代宮都の探究』塙書房、一九八四年)。
(58)平川南「陸奥・出羽官衙財政について―いわゆる『征夷』との関連を中心として―」(『歴史』四八、一九七六年)。

第四章　律令制下公田についての一考察

一　公田概念変質に関する先行学説

その量的割合の大きさと、一般公民への班給を主たる理由に、律令制における中心的地目として口分田をあげることには誰しも異論はないであろう。しかしながら、その呼称からしても律令国家への強固な属性を想定しうる公田なる田種が、その成立期にすでに存在していたこともまた事実である。一般に公田とは、口分田・位田・職田等が班給された後に残った田地、すなわち乗田（剰田）と解されている。こうした通説的な理解に対して、律令における公田の用例やそれに対する明法家の注釈と、公田の一般的用法との乖離を指摘し、時代の推移とともに公田概念が変質してゆく過程を最初に跡づけたのは泉谷康夫氏であった(1)。氏の論点を示せば次のようになる。

(1)　公田は令本来の用法によれば、乗田等の輸地子田を指した。

(2)　ところが養老令の施行によって、六年という期限付ではあるが、はじめて荒廃公田は輸租田として耕作が許されることになった。

(3)　さらに天長元年の太政官符によって、荒廃公田の耕食の期間は延長され一身の間となり、公田は口分田と同じ扱いがなされ、郷戸制の崩壊と相俟って、口分田と公田の同質化が完成する。

(4) 十一世紀以降になると再び公田の意味する内容が変化し、国衙に所当租税官物を納めるべき土地を指し、庄園に対立する言葉となる。

その後、泉谷氏の説の細部に対する批判はみられたが、これを律令時代に限定して正面から批判されたのは虎尾俊哉氏であった(2)。同様に虎尾氏の論点を氏自身の要約によって示そう。

(1) 大宝令本来の公田は無主田、私田は有主田であった。したがって例えば寺田・乗田などは公田、口分田・位田などは私田であった。

(2) ところが、令制の原則を破る墾田永年私財法が天平十五年に発令されるに及んで、永年私財田が私田、それ以外の田が公田という観念が現出し、こういう用法の方が一般化した。例えば墾田・寺田などは私田とされ、口分田・乗田などは公田とされた。

(3) 十世紀以降、更に公田のなかから乗田がとくに区別されるようになったが、これは九世紀末近くに出挙が純然たる地税と化したことに関係があるのではないか(3)。

現在ではこの虎尾説が最も妥当な見解として定着した観がないではない。しかしながら、個々の史料解釈等においてなお疑問な点もあり、論じ残された問題もあるので、主としてこの二つの研究に導かれながら、私見を述べてみたい。

二　公田の本来的性格

律令制下の公田の史料上の初見は、養老田令公田条の

凡諸国公田、皆国司随₂郷土估価₁賃租。其価送₂太政官₁、以充₂雑用₁。

及び、後に掲げる同荒廃条であって、本来は賃租方式によって耕作される規定であったことが知られる(4)。しからば、公田と呼ばれた田種は律令制の成立とともに新たに生み出されたものであろうか。公田の呼称そのものは、律令制以前にさかのぼってこれを確認することはできないが、その前身とでもいうべきものは、皇室の経済機構のなかに見出すことが可能なように思われる。赤松俊秀氏は、公田に関して次のような鋭い指摘を行った。

公田の面積が相当の規模に達しており、しかも口分田の租は国衙に納められるのに、公田の地子は太政官に送られ、雑用に宛てることに田令に始めから定められている。このように租と地子の所管が異なることから判断すると、公田は口分田班給の結果生じた乗田が主ではなく、始めから公田として口分田とは別に存在した、と考えるのが正しいと思われる(5)。

そして更に、屯倉・田荘の経営に多く用いられた賃租方式が、公田に受け継がれたことを述べている。従来乗田は公田の別称であると考えられていたが、かかる指摘は、公田は本来乗田とは区別されるべき概念であるということを示している点において、きわめて重要性をもつものと思われる。

現在残っている記紀等の史料からは、屯倉の管理経営形態についてはほとんどわからない。普通は特定の田部が置かれたり、付近の住民の賦役によって耕作されていたと考えられているようである。しかし薗田香融氏は『書紀』大

化元年（六四五）九月甲申条の「有㆑勢者、分㆓割水陸㆒、以為㆓私地㆒、売㆓与百姓㆒、年索㆓其価㆒」（傍点―薗田氏）に注目して、それが中央豪族の土地兼併の状態であり、百姓に対する賃租を示しているとした上で、中央豪族の土地所有の特色が、皇室領に寄生した形で所有されるに至ったことにあることから、賃租田の主流は屯倉付属の耕地にあったとして、赤松氏の指摘に同意している(6)。屯倉・田荘における賃租方式が、律令制下の公田に受け継がれたことをもって、公田の前身を屯倉・田荘に求めた赤松氏の見解に、基本的に賛成したい。屯倉付属の田地が皇室財政の経済的基盤であり、公田が後述のように、律令政府の枢要部である太政官の経済的基盤であることを考えれば、前者から後者への移行は比較的容易であったと想定されるからである。

律令制下の田地は、輸租田・不輸租田・輸地子田という賦課形態による大別のほかに、もう一つの類型化として公田と私田に大別されていたことは周知に属する(7)。それでは公田が公田として、私田である他の田地と明確に区別されていたのは、一体いかなる要因によるのであろうか。公田が賃租方式によって維持されていたこともその特質の一つであるが、賃租による耕作が行われていたのは公田ばかりではなく、寺田等においても想定できる。律令国家にとって重要なことは、その田地からあがる収穫の一部をどのような形で収取し、いかなる使途に充てるかということであっただろう。公田、私田という認識自体、律令国家の認識にほかならない。かかる観点からすれば、公田が輸地子田としてその地子が太政官に送られ(8)、その財源となっていた点こそ、公田が公田として他の田地から区別される明確な指標ではなかろうか。

公田地子の使途については、これを明らかにする史料を検することはできないが、ただ延暦十八年（七九九）に「大弁以下年料米」と「両雑事」に充てる地子の数量が決定されたことが知られる(9)。これについて早川庄八氏は、「大弁以下年料米」とは太政官の大弁・中弁・少弁等のいわゆる上官に支給する一年分の米であり、また「両雑事」のうちの一つは「夏冬頓給料」で、親王および参議以上と、大蔵省から時服を支給される以外の太政官に属する官人に支給された諸司の時服に相当し、もう一つは太政官が直接沙汰する行事に際して、大臣以下直丁に至るまでの太政官官人のすべてと、中務省の内記に対して商布を支給するところの列見・定考の禄を指すと考えている。[10]その使途の具体的様相が時代的にどこまでさかのぼりうるかは問題であるが、公田地子の使途の傾向として、かなり早い時期から太政官関係の年料米の給料に用いられた可能性は大きいと考えられる。もしそうであるならば、田租のなかから一定量を割いて京進される年料舂米[11]とは輸納先も使途も明らかに異なり[12]、公田地子の独自性、ひいては公田そのものの特殊な性格をも指摘できると思われる。

「大弁以下年料米」という呼称が示しているように、太政官で支出される財源はその性格上、恒常的に一定量確保されなければならない。公田地子がその財源の中枢であるならば、公田そのものも一定量確保されなければならず[13]、それが他の田種に転化すること（すなわち、乗田のように、口分田等の田種に転化すること）は極力抑えられたものと思われる。公田はそもそも乗田とはその意味あいが異なるのであり、以上が公田の本来的性格であると考える。天平八年（七三六）三月には養老田令公田条とほぼ同内容の官奏、

　太政官奏。諸国公田、国司随㆓郷土沽価㆒賃租。以㆓其価㆒送㆓太政官㆒、以供㆓公廨㆒。奏可之[14]。

が出されているが、ここにおける公田もそうした本来的な公田を指していることはいうまでもない。

これまで律令制下の公田と私田との大別に関しては、公田＝無主田＝不輸租田、私田＝有主田＝輸租田なる識別基準をあげるのが普通のようである。しかしながら、かかる識別基準は、当時の法家が、田令荒廃条の公田・私田がすべての田地を大別する二つの範疇であるという前提に立って行った識別基準に過ぎず、更に田令で規定された本来的な公田と、次節で述べるいわば広義の公田とでも呼ぶべきものとを混同した論議であって、どこまで現実性を有して

いるかは大いに疑問である。公田＝無主田＝不輸租田は、本来的な公田が、普通一年を限って賃租される田主権のない田であり、かつ輸地子田＝不輸租田であることから措定された識別基準であって、これをもって他の田地が公田であるか、あるいは私田であるかを判断することは誤っていよう。かかる識別基準によれば、寺田・神田は明らかに公田の範疇に含まれてしかるべき田地であり、事実穴記は「其寺神田、量レ状亦可レ為二公田一也」[15]としているのであるが、寺田・神田において田令公田条にみえるような地子の太政官送進が行われていたとはとても考え難い。また、古記には寺田・神田は輸租田とあり[16]、右の基準によれば古記は寺田・神田は私田と考えていたことになる。こうしたことからすれば、右のような識別基準は、あまり現実に妥当しないものといわざるを得ない。再び繰り返せば、公田とは、本来一定面積確保され、賃租によって生み出された地子を、太政官に輸納した田地を指したものと考えられるのである。

三　広義の公田

本来的な公田の成立と同時にか、あるいはそれより後であるか、他の田地も公田と認識されるようになる。こうした公田は、本来的な公田と区別して、いわば広義の公田とでも呼ぶべきものである。

天平神護二年（七六六）十月二十一日付の「越前国司解」[17]には次のような記載がみえる。

亦以二天平宝字四年一、校田駅使正五位上石上朝臣奥継等、寺家所レ開、不レ注二寺田一、只注二今新之田一、即入二公田之目録数一、申レ官已訖。仍以二天平宝字五年班田之日一、授二百姓一口分、并所レ注二公田一、今改張並為二寺家田一已訖。但百姓口分代者、以二乗田一替授之。

この史料については、すでに先学によって種々の解釈がなされている。すなわち泉谷氏は「右で注目すべきは、校田使が公田であるか否かを決定して図帳に記入し、公田と決ったものは班田の際に口分田として農民に班給されたということである。百姓口分田として班給されたことは公田が無主田であることを示しているが、公田と乗田が区別して用いられている点を考えると、公田というのは無主田であり次の班田の際に口分田となるか乗田となるか将またその他の諸田になるかその帰属が決定さるべきはずの田地であったといえる」[18]と解した。これに対して虎尾氏は「天平宝字四年の校田駅使は、その校田の結果を太政官に報告するにあたって、寺家の開墾田を報告書に『寺田』と記さずに『今新』と記し『公田』の方に分類した、というのであるから、この『公田』にはまだ地目の決定されていない校出田が含まれていることは確かである。しかし一方、翌天平宝字五年の班田にあたって、この校出田は百姓の口分田として班給され『并せて公田と注する所』となったのであるから、ここでは口分田が『公田』とされている」[19]と、この時期には口分田が公田概念に含まれていたとする自説の根拠とした。しかしながら、筆者はこの両氏の解釈には従うことができない。両氏は公田の目録に入れられた田地が百姓に口分田として班給されたと解され、虎尾氏に至っては、班給された口分田が「并せて公田と注」されたといった決定的な誤りを犯しておられる。

この史料の筆者の解釈を示せば次のとおりである。天平宝字五年（七六一）の班田の日に、すでに百姓に班給されていた口分田が東大寺領一円化のために寺田とされ、その代わりとして乗田が代給された。そしてそれと同時に、天平宝字四年に校田駅使が誤って公田の目録のなかに記入した、本来東大寺領であった田地を改めて寺田として認めたということであり、公田が口分田として百姓に班給されたとは解せないのである。

この史料にみえる校田駅使石上朝臣奥継なる人物は、天平宝字四年正月二十一日に北陸道の巡察使に任命されており[20]、巡察使の主たる任務が隠没田の摘発であったことも知られる。[21]天平宝字四年という年次の一致からして、この史料にみえる石上朝臣奥継の行状は、この時の巡察使の任務の一端を示しているのであろう。(22)寺家の開いた田地が寺田と注されず、「今新之田」として公田の目録に記入されたのであり、そのことからすればこの「今新之田」という語は新しく開墾された田地という謂のようであるが、寺家占定地以外の諸人の加墾が禁止されるのは、天平宝字四年から五年経過した天平神護元年（七六五）のことであり(23)、それが寺家以外の諸人の墾田であるという誤認によって摘出、収公されたとは考えられない。とすれば、この「今新之田」は今新たに勘検して摘出された田地、すなわち隠没田と考えられ、その故に収公されて公田の目録に記入されたものと思われる。それでは摘出された隠没田は、収公後いかなる処置がとられたのであろうか。『続紀』の次の記事はその意味で注目される。

　其七道巡察使所㆓勘出㆒田者、宜㆘仰㆓所司㆒随㆓地多少㆒、量加㆗全輸㆖。正丁若有㆓不㆑足国㆒者、以為㆓乗田㆒、遂使㆓貧家継㆑業、憂人息㆑肩。普告㆓遐迩㆒、知㆓朕意㆒焉。(24)

ここにみえる「全輸」とは、先の「越前国司解」のなかで実際に口分田・墾田等が寺領と改正、相替されたことを示している項に「全輸正丁口分」とみえるそれであろう。とすれば、摘出された隠没田は公田の目録に記入された後に、ある国では全輸正丁口分として班給され、ある国では乗田とされたのである。(25)

この場合の「公田之目録」の公田が、前節でみた本来的な公田と異なることは明らかである。摘出された隠没田は収公田という意味で、口分田・功田・位田等の田地から区別され、無主位田・闕官職田・乗田等の田地と性格を同じくするものとして、本来的意味における公田ではなく、公田と類似性を有する田地、すなわち広義の公田として公田の目録に記入されたものと考えられる。

ここで少し、無主位田・闕官職田について説明を加えておこう。これらはその名称からして無主田であることは明瞭だが、もちろん位田・職田の本来的な存在形態を示すものではない。位田については、養老田令応給位田条に「未レ請、及未レ足而身亡者、子孫不レ合二追請一」とあるところからすれば、位田の授与期間は原則として本人一代限りであり、死欠後に還公されたのである。[26] また職田についても、その官職を去れば同様に国家に収公された。無主位田・闕官職田とは国家によって収公されたこうした位田・職田を指すものと思われ、それらは収公後再び位田・職田として班給されるまでの間は、やはり一般農民の賃租によって、耕作あるいは維持されたのであろう。『政事要略』に「其位田、職田、……未レ授之間、……並為二輸地子田一」[27] とあるのは、そうしたことを物語っているものと思われる。それらは賃租方式によっていた点で本来的な公田と性格を同じくし、かつて位田・職田であり、将来再び位田・職田として班給される可能性を有する点で本来的な公田とは区別される。まさに前者の本来的な公田との相似性によって、それらは公田と観念されたのであり、後者の点によって広義の公田として本来的な公田とは識別されるべきものなのである。かかる無主位田・闕官職田なる田地は令に規定されるべきものではなく、律令が施行されてゆく過程で副次的に派生してきたものとみるべきであろう。

『続紀』には、前節の天平八年三月の太政官奏の記事のほかに、もう一例公田に関する記事がみえる。それを示すと、

(イ) 勅曰、治国大綱、在一文与レ武。廃レ一不可。言著二前経一。向来放レ勅、為レ勧二文才一、随二職閑要一、量置二公田一。但至レ備レ武、未レ有二処分一。今故六衛置二射騎田一、毎年季冬、宜下試二優劣一以給二超群一、令上レ興二武芸一。其中衛府卅町、衛門府・左右衛士府・左右兵衛府各十町。[28]

この記事の「公田」とは、二日前の同じ『続紀』の記事中の「公廨之田」であると思われる。[29] これも煩をいとわず引用すれば、

(ロ) 勅曰、安レ上治レ民、莫レ善二於礼一。移レ風易レ俗、莫レ善二於楽一。礼楽所レ興、惟在二二寮一。門徒所レ苦、但衣与レ食。亦是天文・陰陽・暦・算・医・針等学、国家所レ要。並置二公廨之田一、応レ用二諸生供給一。其大学寮卅町、雅楽寮十町、

　陰陽寮十町、内薬司八町、典薬寮十町(30)。

こうしてみると、(イ)の史料の「公田」とは、(ロ)の史料にみえる「公廨之田」の「廨」字が脱落したものと考えられるかもしれない。しかしながら、『類聚三代格』にも(イ)の史料と同内容の勅がみえており(31)、細部に異同はあるものの、ここでもやはり「公田」となっている。どちらかが他方をもとにして書かれたということは、その内容からして考えられない以上、両者とも同じ原勅とでもいうべきものをもとに書かれたと思われ、その原勅にもやはり「公田」と記されていたとみるべきである。そうであるならば、公廨田も公田と認識されたとみなくてはならない。また、それは必然的に射騎田も公田と認識されていたことを示すものである。

　こうした大学寮田、雅楽寮田、陰陽寮田、内薬司田、典薬寮田は射騎田（射田）とともに諸司公廨田と呼ぶべきものであるが、それではこれら諸司公廨田は何故に公田と認識されたのであろうか。天平十二年（七四〇）「遠江国浜名郡輸租帳」には輸地子田として射田一町がみえる(32)。また、『延喜式』には、

　射田左右近衛府各十町、在二近江国一。地子充下教二習騎射歩射一用上(33)。

　射田十町、在二近江国一。其地子者、充下教二習騎射歩射一用上。但右府射田在二播磨国一(34)。

とあって、射田においては賃租による耕作が行われていたことが知られる。このことは大学寮田以下の諸司公廨田においても十分推測される。筆者はこうした賃租による耕作形態こそ、諸司公廨田が公田と認識された大きな要因であったと考える。更にその地子は、太政官に送進されたのではなく、「騎射歩射」用に用いられたのであって、このことが、諸司公廨田を本来的な公田から区別していたのである。

　以上から筆者は、収公田（隠没田等が収公されたもの）・無主位田・闕官職田・諸司公廨田等は、もちろん乗田も含め、当時本来的な公田とは区別された広義の公田として認識されていたと考えるのである。

四　虎尾説に対して

虎尾氏は、前節に掲げた「越前国司解」において、そこにみえる公田は口分田であるとして、すでにこの時点で公田とは口分田をも含みこんだ概念として成立していることを説いた。しかしながら、筆者はこの時点では公田とはいまだに本来的な公田と、前節の広義の公田しか指していないと考える以上、口分田が公田として認識されるのは、なお時代的に下るものと思う。そこで、先の史料のほかに虎尾氏が、公田が口分田を示す語として用いられていると考えた史料について、私見を述べる必要があると思われる。

氏はその初見として天平宝字三年（七五九）十一月十四日「東大寺越中国諸郡庄園総券(35)」と同日付の開田地図(36)との四至記載の比較をあげている（表11）。これらが同日の史料であり、四至が全く同一の地点を示しており、更にその下の田積も一致しているところから、公田と口分田が同一の田種と認識されていたと考えたのである。しかしながら気がかりな点がないではない。それは「庄園総券」のなかには、口分田とともに次のような公田の記載がみえることである。

鹿田村地弐拾玖町参段壱佰歩
　東南公田　西石川朝臣豊成地　北法花寺溝(37)（傍点—筆者）

口分田と公田とが同一の田種であるならば、同一文書中に口分田と公田の両方の語が現れることはまずないであろう。しかも口分田の場

表11　四至記載の比較

	庄園総券	開田地図
射水郡楔田村	東西北、佰姓口分	東西北、公田
射水郡須賀村	南西、佰姓口分	南西、公田

合必ずその上に「佰姓」の語を冠しているのに、公田の場合は単に公田と表記されているだけである。この点については、乗田が公田に含まれる概念であるところからすれば、すでに農民に口分田として班給されているにもかかわらず、開田地図は公田を乗田の意であるとして班給前の状態をそのまま「公田」と記したか、あるいはその逆に、すでに乗田として収公されていながら、「庄園総券」は収公前の状態を、誤ってそのまま「佰姓口分」と記したという理解も可能である。したがって、必ずしもこの史料をもって公田は口分田を含む概念であると主張することはできないのではないかと思われる。

次いで虎尾氏は、天平神護三年（七六七）二月二十八日付の「民部省牒」の次の記載をあげた。

越中国

合寺田誤給㆓百姓㆒口分壱拾町肆段弐佰陸拾歩

（中略）

公田誤割㆓充寺㆒壱拾肆町漆段壱佰弐拾捌歩

鹿田庄新応堀溝地一処　長九十丈　広四尺　深二尺

応損公田一百廿歩佰姓口分(38)

（傍点—虎尾氏）

ところが、右の「民部省牒」が東大寺三綱所に発給された十七日前には、次のような「民部省符」が越中国司に出されていたことが知られる。必要部分のみを記せば、

合寺田誤給㆓百姓㆒口分十町四段二百六十歩

（中略）

公田誤割二充寺一十四町七段一百廿八歩

鹿田庄新応堀溝地一処 長九十丈　広四尺 深二尺

応損公田一百廿歩(39)

先の「民部省牒」と内容的には全く同一であり、異なる点といえば、問題の「佰姓口分」なる記載が「民部省符」にみえないことである。この点を単に「民部省符」の記載漏れとして片付けてよいであろうか。筆者は次のような一つの推測を下しうると思う。この前年の天平神護二年は班年であった(40)。越中国においてもこの時に田令の規定どおりに班田が行われていたならば、それは天平神護二年十一月一日から、翌三年二月三十日までの間に行われたことになる。「民部省符」が二月十一日、「民部省牒」が二月二十八日の日付を有することを考えれば、その間の十七日間のいつかに、この応損公田が口分田として班給されることが決定され、実施されていたとすれば、その結果が「民部省牒」に「応損公田一百廿歩 佰姓口分」と記載されていても別段不思議ではないであろう。以上は一つの推測に過ぎないが、更に符・牒ともに「百姓口分」と「公田」の記載がみえる。これも先の史料と同様に、虎尾氏の主張にとってはたいへん不利なものといわざるをえない。以上から、「応損公田一百廿歩 佰姓口分」が必ずしも、公田が口分田を含んでいるということの根拠に成りえないことがわかるであろう。

次に虎尾氏は、

延暦二年九月一日勅、但馬・紀伊・阿波三国、公田数少、不レ足二班給一(41)。

をあげておられるが、これとても公田＝乗田の意に解し、「乗田の数が少ないので、班給するのに不足している」とすれば、意味は明確に通じ、かえってこの公田を口分田とみなすよりも素直な解釈であると思われる。

このあと虎尾氏があげられた弘仁元年（八一〇）「大和国添下郡京北三条班田図」「山城国葛野郡班田図」等につい

ては、氏の主張は妥当するものと思われる。筆者は口分田が公田概念に包摂されるようになった時期としては、実はこの頃を想定しているのであるが、この点については後述することにする。

五　公田の荒廃

泉谷氏は口分田と公田が同じ意味で用いられるようになった契機として、次の太政官符をあげた。

太政官符

応諸国荒田令民耕食事

右参議左近衛中将従四位上兼行下総守清原真人夏野奏状偁、夫除不堪佃之外、別有常荒田。百姓耕作、国司徴租。民畏此迫、常憚耕食。伏望、一身之間、永聴耕食。但六年之後徴租如法者。右大臣宣。奉勅、依奏。唯池溝堰等加公功者、不聴用其水。復不得因此勢家耕作。

天長元年八月廿日(42)

氏は、養老令の施行によって輸租田として六年間耕食することが許されるようになった荒廃公田が、右の太政官符によってその耕食の期間が延長され一身の間となり、口分田と同じ扱いがなされるようになったとした。これに対し、弥永貞三氏は荒廃公田が開墾されて増加したとしても限度があり、輸租田即開墾荒廃公田という体制を造りあげるような原動力になったとは考えられないとして、泉谷氏の説が成り立ち難いことを述べた(43)。筆者も基本的には弥永説に同意したい。ただそのためにも、荒廃田が実際にいかなる取り扱いを受けていたかを明らかにしておく必要があり、そうすればおのずとこの官符が出された意義も理解できると思う。

まず養老田令荒廃条を掲げる。

凡公私田、荒廃三年以上、有二能借佃者一、経二官司一、判借之。雖二隔越一亦聴。私田三年還レ主。公田六年還レ官。限満之日、所レ借人口分未レ足者、公田即聴レ充二口分一。私田不レ合。其官人於二所部界内一、有二空閑地一。願レ佃者、任聴二営種一。替解之日。還レ公。

荒廃田は「能借佃者」が有れば、「官司」の許可によって、公田ならば六年、私田ならば三年の借佃を認める規定である。それではかかる荒廃田は実際に、いかなる階層によって再開発、借佃されていたのであろうか。

荒廃田に関する令以外の初見は、次の『続紀』宝亀十一年（七八〇）四月辛丑条である。

勅、備前国邑久郡荒廃田一百余町、賜二右大臣正二位大中臣朝臣清麻呂一。

これは八世紀後半の史料であるが、もちろんそれ以前にも荒廃田なるものは存在していた。事実、『続紀』霊亀元年（七一五）五月辛巳朔条の国郡司の等級を定めた勅のなかに、「田疇荒廃、百姓飢寒、因致二死亡一者為二下等一」とあり、このことからすれば、田地の荒廃は当時一般的ともいえる現象であったろう。したがって、この時代にも正史等の史料にとどめられるほどの意味をもたないような、中小農民による令の規定に沿った荒廃田の小規模な再開発、借佃の可能性は十分想定できよう。ところが右記の史料を最初として、以後『後紀』『続後紀』『三代実録』等にはかなりの荒田・荒廃田の例があらわれてくる。[44] これら個々の記事から次のことが明らかになる。(イ)その大部分が賜田として賜与されているか、勅旨田として占定されている。(ロ)地積の最大のものは二八五町[45]（荒廃化していない公田も含む）、最小は九段[46]であり、その規模が多様である。(ハ)は(イ)から必然的ではあるが、その賜与の対象、占定の主体は、親王・内親王・正二位以上の上級有位官人、あるいは冷泉院・皇太后後院等の後院であることがわかる。ここで問題になってくるのは(イ)、(ハ)であって、これらについて少し考えてみたい。

この時期にあたっても、一般農民がその再開発にあたっていたことは否定できないであろうが、先の天長元年（八二四）の官符にもあるように、「百姓耕作、国司徴レ租。民畏二此迫一、常憚二耕食一」という事態もまた事実である。更には時代の下る史料ではあるが「百姓請二一町田地一、開二墾三四段一。身貧力微、不レ能二悉耕一」[47]とあり、一般農民の再開発能力はたいへん微々たるものであったことがわかる。田地の荒廃化の原因として、自然的災害、低い農業技術、農村の生産性を強く停滞させた政治的・社会的要因があげられているが[48]、田地を荒廃化に導くような当時の農業技術では、一旦荒廃した土地を再開発することは容易ではなかったであろう。こうした観点からすれば、比較的多数の労働力を投入することが可能な(ハ)にみえる階層は、荒廃田の再開発においては一般農民に比べてかなり有利であったことは明らかである[49]。ただそうした事例が、八世紀前半にさかのぼって検出できないことについては、ほかに要因を求めねばならない。

以上にみた例は、史料上にはただ「荒廃田」とあるだけだが、それらのなかに荒廃公田も含まれていたことは十分考えられる。次の史料をみてみよう。

勅、伯耆国会見郡路下十一条荒廃公田百廿町、去天長十一年賜二有智子内親王家一。宜下割二八十町一、賜中親子内親王上[50]。

荒廃公田も、内容的にはほかの荒廃田と何ら変わることなく、内親王家に賜与されている。かかる点からすれば、荒廃田のなかには、実はいくつかの荒廃公田の事例も含まれていたであろう。

次にこうした荒廃田が占定・賜与された勅旨田・賜田なるものの性格をみてみよう。勅旨田の経営は、国司のもとに、正税・乗稲を開発料として、公水を利用し、一般農民の徭役労働によって、開発耕営されるといった直営田方式をとっており、かつ不輸租田であった[51]。次に賜田についてみると、養老田令賜田条には、

凡別勅賜レ人田者、名二賜田一。

とあり、賜田条が大宝令にも存在したことは、古記の注釈が『令集解』にみえることからわかる。その古記によれば賜田は輸租田ではあったが、その耕営については、勅旨田と同様一般農民によっていたことが推測される。

こうしてみてくれば、先の官符がその事書部分に「応三諸国荒田令二民耕食一事」と記し、最後に「復不レ得二因レ此勢家耕作一」とことわっていることはおのずから理解できよう。すなわち、こうした官符が出された背景には、右にみたように荒廃田が一般的に「勢家」によって賜田・勅旨田の形で再開発されていたということがあり、こうした事態から一般農民の耕食を保護すること、換言すれば、賜田・勅旨田の再開発に投入された一般農民を、従来の農民自身による荒田開発にふりむけ、更にそこからあがる田租を律令国家が確保するところにこの官符の意図があったと考えられる。しかしながら、この官符が出された後も王臣勢家による荒田の再開発が跡を絶っていないことは、以後の史料が語っており、「諸院諸宮王臣家、称二三年不レ耕之地一、牒二送国司一、改請二件田一（＝荒田―筆者）。国司被レ拘二格文一、依レ請改判。諸家領掌不レ論二荒熟一、勘二其地利一」[52]といった事態に対する処分をその内容とする官符が、九世紀後半に出されることになる。天長元年の官符によって、荒廃公田が口分田と同一の扱いを受けるようになり、公田の用法が変化していったとする泉谷氏の主張は、こうした点からも批判しうるものと思われる。

六　公地と私地・私田

公田とならんで、八・九世紀の詔勅等には公地なる語が散見している。吉村武彦氏は八・九世紀の史料にみえる公地の用例を検討して、公地と呼称される対象は、百姓の口分田・園地・圃、つまり百姓農桑地であり、公私共利の地とした[53]。しかしながら、筆者は口分田、更には口分田も含めて律令国家に直接属している田地が公地に包含されているとは考えない。氏が公地と呼称される対象として口分田をあげられた根拠となったのは次の史料である。

又先レ是　勅、如聞、大宰府収二観世音寺墾田一、班二給百姓一。事如有レ実、深乖二道理一。宜下二所由一、研中其根源上。即仰二大宰一、捜二求旧記一。至二是日一奉　勅、班二給百姓一見開田十二町四段捨二入寺家一、園地卅六町六段、依レ旧為二公地一。[54]

氏は「この園地は、もとのまま、寺地とは区別される公地となったものである。またこの見開田＝口分田も、寺地と公地との対比のもとで、公地と意識されていたことも間違いなかろう」[55]と、公地が寺地と対比されていることを重視して口分田を公地として理解した。しかし、この史料において公地とされたのは元の園地であり、それを口分田にまでおよぼすことには従えない。他の公地の事例をみても、それは山野であり、圃であり、野地であって、口分田のような耕作地を公地として表現している例は存在しない。筆者は公地とは律令でいうところの「山川藪沢」であると考えている。したがって、公地と公田とは重複するものではなく、全く別個の概念として理解したい。しかしながら、公地と公田とは、前者が山川藪沢、後者が田地と等しく一定の土地区画を示す概念であるばかりでなく、同時に律令国家による掌握、それへの従属の度合において密接な関連性を有していたと思われる。こうした観点からすれば、公地を検討することによって、公田についての何らかの手がかりを得ることができるのではなかろうか。

そこでまず次の史料をみてみよう。

先レ是、去延暦三年下レ勅、禁下断王臣家及諸司寺家等専占二山野一之事上。至レ是、遣二使山背国一、勘二定公私之地一、各令レ有レ界、恣聴二百姓得一レ共二其利一。若有二違犯一者、科二違勅罪一。其所司阿縦者、亦与同罪。(後略)[56]。

冒頭の延暦三年の勅とは、養老雑令国内条の「山川藪沢之利、公私共之」という規定の遵守を命じた『続紀』延暦三年十二月庚辰条にみえる詔であって、したがって、「百姓得レ共二其利一」とは「山川藪沢之利」を得ることであり、従来王臣家諸司寺家によって排他的に独占されていた「山川藪沢之利」の一端に百姓も浴することを命じた、すなわち

「公私共利」の督励であることはいうまでもない。問題は「勘二定公私之地一」の意味である。

雑令国内条にみえるとおり、本来律令国家は山野の占取を規制し、その排他的独占を禁じてきたのであるが、たび重なる貴族寺社による山野の占取に、律令国家は譲歩を余儀なくされ、一定地域の占拠を許可したものと思われる。養老七年（七二三）のいわゆる三世一身法、および天平十五年（七四三）の墾田永世私財法による墾田の合法化という事態は、山野の占拠を前提としなければ想定できないのである。こうした貴族寺社によって占取された山野が私地と考えられる。もっとも占取された山野のすべてが開墾されるわけではなく、材木を伐り出す等の必要性によって、山野のまま放置された部分もかなり存在したであろう。

先の史料の「勘二定公私之地一」とは、この時期に王臣家等の山野占拠が激しくなり、こうした私地と「公私共利」であるべき公地との境界が不明確になったため、その境界を定めることを意味しているものと思われる。ここではこのような私地がいつから現われるかは問題ではない。この時期に私地が律令国家によって、土地政策の対立物として意識され、公地と競合関係に入っていることこそ重要である。「勘二定公私之地一」とはこうした状況を端的に表現している言葉にほかならない。この時期とは具体的には延暦・大同期である。公地と私地との対立からこの時期を重視するのは、何も先の史料からばかりではない。私地が問題となって史料上に現われる例は数少ないが[57]、それらがこの時期のものであることは単なる偶然ではないだろう。

この時期には同様のことが私田についてもみられる。ふつう私田といえば、その中には口分田等を含んだ田地であると考えられているが、この時期の史料に現われる私田は、すでに口分田等をそのなかに含まず、より私的性格を濃厚にしていることが特徴である。

(イ)　勅曰、如聞、比年坂東八国、運二穀鎮所一。而将吏等、以レ稲相換、其穀代者、軽物送レ京。苟得無レ恥。又濫役二鎮

兵一、多営二私田一。（後略）[58]

(ロ)　勅、今聞、畿内勅旨田、或分二用公水一、新得二開発一。或元墾二埆地一、遂換二良田一。加以託二言勅旨一、遂開二私田一。宜二遣レ使勘察一。若王臣家有二此類一、亦宜二同検一。（後略）[59]。

(イ)にみえる私田は、将吏等が夷狄の反乱に備えるための鎮兵を私的目的で役し、営ませたきわめて私有性の強い田地である。そうしたことは、鎮所に運ばれる穀の代物を自らの利得とし、「苟得無レ恥」という将吏のあくなき貪欲な性格から推しても十分想定できる。ただ、こうした将吏がどのような階層に属するのか、陸奥鎮守府の機構等から説明されなければならないが、ここでは以上の指摘にとどめたい。

次に(イ)の史料であるが、ここにみえる勅旨田とは前節においてすでに触れたとおり、九世紀以降拡大をみる、天皇の勅によって設置された田地で、注意すべきはそれが不輸租田であったことである。言を勅に託して私田が開かれたということは、勅旨田と同様の手続を取り、勅旨田に似せることによって、不輸租田となることを狙ったからにほかならない。こうした性格をもつ田地がここで私田と呼称されているのである。

更にこの時期には、墾田とは別に私墾田なる田地が現われてくる。

（前略）清麻呂為二摂津大夫一。鑿二河内川一、直通二西海一、擬レ除二水害一。所レ費巨多、功遂不レ成。私墾田一百町在二備前国一、永為二振給田一、郷民恵レ之。（中略）長子広世。起レ家補二文章生一。延暦四年坐レ事被二禁錮一。特降二恩詔一、除二少判事一。俄授二従五位下一、為二式部少輔一。便為二大学別当一、墾田廿町入レ寮為二勧学料一。（中略）大学南辺以二私宅一置二弘文院一、蔵二内外経書数千巻一。墾田卌町永充二学料一、以終二父志一焉[60]。

少し引用が長くなったが、墾田の記載と共に、私墾田が（和気）清麻呂の所有であったことがわかる。ここにみえる墾田とは一般的な墾田であろうが、私墾田はそれと区別されているところをみれば、一般的な墾田とはいえないようである。ただ正史にとどめる私墾田が、同じく清麻呂のおそらく同一田地を指していると思われる「願以二私墾田一百町一、擬二和気・盤梨・赤坂・邑久・上道・三野・津高・児嶋等八郡卅余郷賑救之分一[61]」のみであることからすれば、清麻呂だけの特殊例かも知れない。あるいは、ともに『後紀』巻第八の記載であることからすれば、この巻だけの特殊な用語例かとも考えられる。しかし、天長二年（八二五）十一月十二日付の「尾張国検川原寺田帳[62]」には「頃年寺田、或官誤収二公田一、或民奸成二私墾田一。茲地子減少、仏供闕乏」とあり、そうとばかりはいえないようである。[63] もしこの私墾田が当時ある程度一般化しうる田地であるならば、墾田が輸租田であるのに対し、既述の私田が不輸租田であることからすれば、この私墾田は不輸租田としての性格をもっていたものと思われる。

以上の私地・私田・私墾田の例からすれば、私的土地所有の展開の上で一つの段階を画する時期が、延暦・大同期であったといえるのではなかろうか。田令の規定では六年ごとに行われる班田が、この時期に一時的ではあるが一二年一行に改められている[64]のは決して偶然ではなく、私的性格の濃厚な田地が一方の極に対置された状況において把える場合、けだしそれは必然的な変化であった。

七　公田概念の変質――延暦・大同期――

以上、主に八〜九世紀前半にかけての公田について検討を加えてきたのであるが、公田という用語そのものはこれ以後も史料上に現われ、むしろ史料の豊富さと相俟って、増加する傾向にある。しかしながら、そこに立ち入っての考察はもはや成しうるものではない。

令にみえる公田はその始源的・本来的形態であり、それは系譜的には前代の屯倉付属の耕地につながるものと考えられ、その地子が太政官の財源の主要な部分をなす以上、一定面積の確保が必要となってくる。しかるに、公田は本来の公田とは別に、他の田地をそのなかに取り込むようになる。それは本来的な公田との性格の類似性によるものであったが、ここでは次の点に注意する必要がある。第一は、この段階でもなお本来的な公田と、いわゆる広義の公田とは識別されなければならないことである。闕官職田・無主位田・諸司公廨田・乗田等がその存在形態、性格の類似性のゆえに公田の範疇に含まれて観念されるようになっても、それらは本来的な公田とは同質のものではなく、やはり一定の相違があったと思われる。第二に、にもかかわらずそれらの田地が公田と表現されていることには、それなりの必要性を認めねばならない。この点は、時代が下って口分田も公田と認識される場合、より一層その有する意味は大きくなる。しかしながら、こうした点が田地の呼称法の複雑さを助長していることも事実である。

口分田が公田範疇に含まれることに関して、虎尾氏はその契機を天平十五年（七四三）の墾田永世私財法の発布に求めたが、永世私財法がそれほどの積極的意義をもっていたとは思えない。筆者は第六節でみたように、その画期が延暦・大同期にあったと考える。確かに永世私財法は、私財田を公田とは明確に対置された私田として、その存在を容認し、律令国家による田主権の指定を排除した点で意義を有した。また、私財田は口分田等の従来の私田からは性格上一線を画されるのであるが、なおかつ墾田は国家によって田租の輸納を強制された田地である。律令国家にとっては、田主権の指定よりもその田租の収納に深い関心があったことは疑いないであろう。筆者はこうした田租を輸さない私田として、前節でみた勅旨田に似せて開かれた私田、将吏等が鎮兵に営ませた私田などを考えたい。この時期を重視する所以である。

この時期は巨視的には、律令国家がその個々の側面に顕在化した危機による破綻に対して、一連の律令制再編、変容の動きを示した時期としても重要である。そうした動揺はとりもなおさず、律令体制の根底をなす諸村落の生産関係の変化にもとづくものであった。こうした律令制機構の動揺、再編という状況のなかで、公田概念の変質を把えることはあながち誤りではないだろう。律令制に敵対的な純粋な意味における私田の現出という危機に際して、律令国家はその経済的基盤としての口分田をも公田として主張する必要があった。こうした公田の性格は、来たるべき荘園制社会の到来を待って、より一層明らかになるのである。

註

（1）泉谷康夫「公田について」（『律令制度崩壊過程の研究』鳴鳳社、一九七二年、初出一九六〇年）。

（2）虎尾俊哉「律令時代の公田について」（『日本古代土地法史論』吉川弘文館、一九八一年、初出一九六四年）。

（3）虎尾前掲註（2）書、二一一～二一二頁。

（4）大宝田令公田条の復原に関してはさまざまな見解がみられるが、大宝令段階にすでに公田と呼称された田地が存在し、賃租方式によって耕作されていたことはほぼ間違いないであろう。なお、田令集解荒廃条所引古記には、大宝令条文に存在していたと考えられる「荒廃三年以上」、「主欲自佃先尽其主」、「荒地」、「任聴営種」、「替解日還官収授」なる語句がみえるだけで、大宝田令荒廃条の復原は不可能に近く、そこに「公田」という語句が存在したかどうかは不明である。

（5）赤松俊秀「大化前代の田制について」（『古代中世社会経済史研究』平楽寺書店、一九七二年、一八頁、初出一九六〇年）。

（6）薗田香融「律令財政成立史序説」（『日本古代財政史の研究』塙書房、一九八一年、初出一九六二年）。

（7）以下の行論で明らかなように、この場合の公田・私田とは田令荒廃条の公田・私田、すなわち公田の場合は田令公田条に規定するところの公田（本来的な公田）であり、次節で述べる広義の公田は指していない。

（8）大宝令制下に公田地子が太政官に送進されていたかどうかは、大宝田令公田条の復原に関する重要問題である。この点に関する安易な見解を提示することは慎しむべきであろうが、現在の論争の動向からしても、大宝公田条における「送二大政官一」

の有無にかかわらず、大宝令制下に公田地子が太政官に送進されていた可能性は大きいと思われる。
(9) 『別聚符宣抄』延喜十四年八月十五日太政官符。
(10) 早川庄八「律令財政の構造とその変質」(『日本古代の財政制度』名著刊行会、二〇〇〇年、初出一九六五年)。
(11) 養老田令田租条。
(12) 拙稿「律令中央財政の歴史的特質─経費論を中心に─」(本書第二章)。
(13) 菊地康明氏は、「公田地子は口分田や職田以下の官人給与料田などを班授した残りの剰余田から収取された剰余収入として、もともと消極的な意味をもつに過ぎなかったと思われる」(「律令財政と賃租制」〔『日本古代土地所有の研究』東京大学出版会、一九六九年、一三〇〜一三二頁、初出一九六二年〕)と述べているが、筆者は公田を以上のように考えるので、公田地子も積極的な意味をもっていたと考える。
(14) 『続紀』天平八年三月庚子条。
(15) 田令集解荒廃条所引穴記。
(16) 田令集解六年一班条所引古記。
(17) 『大日本古文書』五─五七四頁
(18) 泉谷前掲註(1)論文、三五二〜三五三頁。以下同氏の説にふれる場合は、すべてこの論文による。
(19) 虎尾前掲註(2)論文。以下同氏の説にふれる場合は、すべてこの論文による。
(20) 『続紀』天平宝字四年正月癸未条。なお、この条によれば石上朝臣奥継の位階は従六位上であるが、「越前国司解」では正五位上となっている。隠没田摘発の功により昇進したのであろうか。
(21) 『続紀』天平宝字三年十二月丙申条。
(22) ただし、ここで「校田駅使」なる職名と「巡察使」なる職名とがいかなる関係にあるのかが問題になるが、詳しくはわからない。
(23) 『続紀』天平神護元年三月丙申条。

(24)『続紀』天平宝字四年十一月壬辰条。

(25)岸俊男「東大寺領越前庄園の復原と口分田耕営の実態」(『日本古代籍帳の研究』塙書房、一九七三年、初出一九五四年)。

(26)死亡収公については、神亀三年(七二六)に死後六年たって収公されることになったが(『続紀』神亀三年二月庚戌条)、宝亀九年(七七八)に至り六年の猶予期間が死後一年に短縮され(『同』宝亀九年四月甲申条)、その後、子がなければ死亡当年に収公、子が有れば死後一年にて収公と改められたのを、更に延暦十年(七九一)には、子の有無にかかわらず、死後一年たって収公と定められた(『同』延暦十年二月辛亥条)。なお、死亡六年後に収公と定められていた時期のことであるが、藤原不比等の位田は死後一二年を経て官に収められたことが知られる(『同』天平四年二月戊子条)。

(27)『政事要略』巻五三、交替雑事一三、雑田事。

(28)『続紀』天平宝字元年八月辛丑条。

(29)天応元年(七八一)三月に大宰府には次のような太政官符が出されている。

太政官符

合二条

一請レ加二射田一事

右管内諸国所レ有射田毎郡一町、兵士選士其数稍多。請更加二一町一、惣置二二町一。一町以賜二歩射之上手一、一町以賜二騎射之勝者一。庶以勧二武芸一。

一請レ置二学校料田一事

右府学校六国学生・医生・算生有二二百余人一。雖レ免二徭役一、無レ賞レ勧レ人。請毎国置二田四町一。二町以賜二明経秀才者一、二町以賜二医算優長者一。

以前得二大宰府解一偁、管内諸国乗田多レ数。望請、置二上件田一、賞以勧レ人者。右大臣宣。奉　レ勅、宜レ依レ請。

天応元年三月八日

(『類聚三代格』巻一五、諸司田事)

この太政官符によれば、大宰府管内の武に従事する兵士・選士には「勧㆓武芸㆒」めんがために射田が増置され、同時に文に従事する府学校六国学生医生算生には学校料田が設置されたことが知られる。同様の関係で、六衛府の衛士の「興㆓武芸㆒」さんがために設けられたのが、史料(イ)の射騎田であり、それより二日前に天文、陰陽、暦算、医針等諸生の「勧㆓文才㆒」めんがために設置されたのが、史料(ロ)にみえる公廨之田であったろう。したがって、史料(イ)の「公田」とは史料(ロ)「公廨之田」を指していると考えてよいであろう。

(30) 『続紀』天平宝字元年八月己亥条。
(31) 『類聚三代格』巻一五、諸司田事、天平宝字元年八月二十五日勅。
(32) 『大日本古文書』二―二五九頁。
(33) 延喜左右近衛府式。
(34) 延喜左右兵衛府式。
(35) 『大日本古文書』四―三七五頁以下。
(36) 『東大寺開田図』(『大日本古文書』家わけ第一八、東大寺文書之四〈東南院文書之四〉図録)。
(37) 『大日本古文書』四―三八五頁。
(38) 『大日本古文書』五―六五四〜六五五頁。
(39) 『大日本古文書』五―六四四頁。
(40) 下川逸雄「班田制の施行について」(『日本歴史』一一三、一九五七年)。
(41) 『類聚国史』田地部上、乗田。
(42) 『類聚三代格』巻八、農桑事。
(43) 弥永貞三「律令制的土地所有」(『日本古代社会経済史研究』岩波書店、一九八〇年、初出一九六二年)。
(44) これらの史料については、表12のとおりである。
(45) 『続後紀』承和四年(八三七)二月癸亥条。

表12　九世紀の荒廃田・荒田

年月日	所在国郡	面積	賜与・施入対象	備考	出典
延暦十五（七九六）・九・十五	越前国坂井郡	八四町（荒田）	諱（淳和）		後紀
〃　・十一・二	河内国志紀郡	一町（荒田）	秋篠朝臣清野		〃
〃　・十二・六	大和国十市郡	一町（荒田）	三嶋真人名継		〃
延暦十八（七九九）・十二・二十四	摂津職	五七町（旧荒田）	大田親王		〃
延暦二十三（八〇四）・五・十五	播磨国	八二町（荒廃田）	□□□親王		〃
〃　・九・三	近江国蒲生郡	五三町（荒田）	伊予親王		〃
弘仁六（八一五）・五・二十九	備前国津高郡	一九町（荒廃田）	業良親王		〃
天長十（八三三）・四・二十二	摂津国百済郡	二七町（荒廃田）	源朝臣勝		続後紀
承和元（八三四）・二・三	伯耆国会見郡	一二〇町（荒廃田）	有智子内親王		〃
〃　・二・十三	遠江国敷智郡	一三三町（古荒田）	阿保親王		〃
〃　・二・十七	武蔵国幡羅郡	一二三町（荒廃田）	冷然院		〃
〃　・四・二十六	美濃国	五〇町（荒廃田・空閑地）	田邑親王（文徳）		〃
〃　・十一・三十	越前国坂井郡	二〇町（荒田）	基貞親王		〃
承和二（八三五）・四・二十九	摂津国嶋上郡	三町（荒廃田）	藤原朝臣緒嗣		〃
〃　・十・三十	河内国	八五町（荒廃田）	時子内親王		〃
〃　・十一・二十九	美濃国	一〇町（荒廃田）		後院勅旨田となす	〃
承和三（八三六）・二・十三	河内国丹比郡	一三町（荒廃田）	皇太后宮後院		〃
〃　・三・十七	大和国山辺郡	四〇町（荒廃田）	宗康親王		〃
〃　・五・十八	播磨国神埼郡	三三町（荒廃田）	宗康親王		〃
〃　・六・二十五	近江国	一七町（荒廃田）	秀良親王		〃
〃　・〃・〃	加賀国	一九〇町（荒廃田）	秀良親王		〃
〃　・十一・二	河内国	三三町（荒廃田）	時子内親王		〃
承和四（八三七）・正・二十二	河内国	三〇町（荒廃田）	本康親王		〃
〃　・二・三十	近江国野洲郡	二八五町（公田・荒廃田）	親子内親王		〃
〃　・三・二十一	近江国蒲生郡	四三町（荒廃田）		勅旨後院田となす	〃
〃　・七・三十	加賀国石川郡	四九町（荒廃田）	秀良親王		〃
〃　・〃・〃	近江国	六四町（荒田）	太皇大后後院		〃
承和五（八三八）・九・十七	近江国愛智郡	一七〇町（荒廃田）		勅旨田となす	〃

承和六（八三九）・八・二十四	摂津国嶋上郡	九段（荒田）	善道朝臣真貞		〃
〃 ・十一・一	山城国宇治郡	一町（荒田）	秀子内親王		〃
承和九（八四二）・六・十五	摂津国嶋下郡	五二町（古荒田）	大中臣朝臣岑子		〃
承和十（八四三）・十一・十五	摂津国嶋上郡	一八町八段（古荒田）	時子内親王		
承和十二（八四五）・四・五	近江国	一四町（荒廃田）		後院開田となす	〃
嘉祥元（八四八）・八・十六	伯耆国会見郡	八〇町（荒廃田）	親子内親王	有智子内親王一二〇町のうちの八〇町	〃
嘉祥二（八四九）・十・十一	近江国浅井郡	九町（荒廃田）	橘朝臣清子		〃
嘉祥三（八五〇）・二・二十七	摂津国	六一町（荒廃田）		冷然院田となす	〃
貞観三（八六一）・二・三	摂津国豊嶋郡	五七町（古荒田）	忠良親王		三代実録
〃 ・七・十九	尾張国愛智郡	一〇八町六段三〇〇歩（荒廃田）	冷然院		〃
貞観四（八六二）・三・十四	河内国交野郡	一町六段（古荒田）	中宮職		〃
〃 ・〃・〃	摂津国嶋下・住吉郡	四五町九段（古荒田）	〃		
〃 ・十二・七	相模国大住郡	四二町（荒廃田）	冷然院		〃
元慶元（八七七）・四・十三	山城国綴喜・相楽郡	六一町六段（荒廃田・空閑地）	太上天皇（清和）染殿宮		〃
元慶二（八七八）・六・二	参河国播豆郡	一〇〇町（荒廃田）	孟子内親王	一身田となす	〃
元慶八（八八四）・四・二十一	摂津国	六三町二九三歩（古荒田・空閑地）	崇親院	施入年月日は貞観四（八六二）・六・十六と、十八（八七六）・七・二十六	〃
仁和元（八八五）・九・四	近江国高嶋郡	一五三町三段（荒廃田）	元慶寺		〃
仁和二（八八六）・八・十六	丹後国丹波・竹野郡	一二町七段七〇歩（荒田）		後院田となす	〃

＊『三代実録』元慶七年（八八三）六月二十九日癸亥条の備前国御野郡円覚寺領常荒田四九町一一三歩を免租とした記事はこの表には載せなかった。

(46)『続後紀』承和六年八月癸酉条。

(47)『類聚三代格』巻一六、閑廃地事、寛平八年（八九六）四月二日太政官符。

(48) 弥永前掲註(43)論文。

(49)『平安遺文』一―二〇「多度神宮寺伽藍縁起資財帳」（延暦二十年（八〇一）十一月三日付）には、

荒廃公田壱拾陸町伍段肆拾歩（常荒八町一段、今荒捌段肆拾歩）

六年佃還公　空地壱拾捌町

延暦五年長官紀朝臣佐波麿　介井上直牛甘　大目大伴直赤椅　少目春戸村主広江等任ㇾ時所ㇾ進。

とあり、荒廃公田が実際に寺家により再開発、借佃され、田令の規定どおり六年後還公されたことが知られる。

また、時代は少し下るが、同じく『平安遺文』一―一六五「貞観寺田地目録帳」（貞観十四年（八七二）三月九日付）には、

合漆佰伍拾伍町漆段捌拾弐歩

熟田三百廿七町七段二百卌二歩

荒田百卌八町三段八十六歩

未開地二百七十一町六段一歩

畠八町百十三歩

とあり、その内訳の項をみると、荒田のほとんどすべてが貞観期に太政官符、或いは民部省符によって施入されたことがわかる。以上二例からではあるが、王臣・上級有位官人層のみならず、寺家も荒廃田の再開発に乗り出していたものと思われる。

(50)『続後紀』嘉祥元年（八四八）八月壬寅条。

(51)村井康彦「延喜の荘園整理令」（『古代国家解体過程の研究』岩波書店、一九六五年）、宮本救「律令制的土地制度」（『律令田制と班田図』吉川弘文館、一九九八年、初出一九七三年）。

(52)『類聚三代格』巻一六、閑廃地事、寛平八年四月二日太政官符。

(53)吉村武彦「八世紀『律令国家』の土地政策の基本的性格―公地制への展開に関して―」（『史学雑誌』八一―一〇、一九七二年）。

(54)『続紀』神護景雲二年（七六八）九月辛巳条。

(55)吉村前掲註（53）論文、四九頁。

(56) 『続紀』延暦十年（七九一）六月甲寅条。

(57) 『後紀』延暦二十三年四月辛未条。

制。頽壊成レ川之地、屢事二除籍一。新出為レ田之状、未レ聞二言上一。若西岸壊流、既損二公田一、則東辺新成、点為二私地一。如レ此経レ年、公損幾何。宜二天平十四年以降新出田数、細勘言上一、不レ得二疎漏一。（後略）。

『三代実録』貞観二年十月十五日辛卯条。

（前略）。件田、大同四年、勅賜二上毛野・叡努・石上内親王等一。彼親王等偏謂二私地一、捨二充功徳一。而歴代以降、尽被二収公一。（後略）。

(58) 『続紀』延暦二年四月辛酉条。

(59) 『後紀』大同元年（八〇六）七月戊戌条。

(60) 『後紀』延暦十八年二月乙未条。

(61) 『後紀』延暦十八年十二月丁酉条。

(62) 『平安遺文』一—五一。

(63) 更に、田令集解賃租条には、「朱云」として「問、凡於レ売レ田可レ有レ時不。又於二私墾田一聴二永売一何。答、至二秋時一為二来年一売者不レ禁也」という文章がみえる。この「朱云」は穴記の次に来ているが、内容上は跡朱と判定されるかもしれない（井上光貞「日本律令の成立とその注釈書」〔『井上光貞著作集第二巻　日本古代思想史の研究』岩波書店、一九八六年、初出一九七六年〕）。そうとすればこの注釈は延暦期以降のものと思われ、この私墾田は本文に掲げたものと何らかの関係があるだろう。

(64) 『類聚三代格』巻一五、承和元年（八三四）二月三日太政官符所引延暦二十年六月五日太政官符。

第五章　青苗簿制度について

一　青苗簿という公文

律令制下では、戸籍・計帳・正税帳をはじめとして多種多様な公文書が作製され、行政上のあらゆる命令および報告は文書によって行うことが原則とされていたために、律令国家の行政は文書主義と特徴づけられている。これら公文書のなかには、正倉院に現存する籍帳・正税帳等のほかに、本章で扱おうとする青苗簿と呼ばれる公文が存在したことも周知に属する。その史料が限られていることもあって、青苗簿に関しては、賃租に関連して論及されているもの(1)、あるいは浮浪の問題から考究されているもの(2)をも含めて、各方面から論究し尽くされた感さえある(3)。したがって、ここに青苗簿を取り上げることは、いささか屋上屋を架すことにもなりかねないが、先行の諸研究をふまえて、筆者なりに青苗簿制度の推移について考えついた点を述べてみたい。

ただ単に、青苗簿の考察のみからでは当時の国家行政、あるいは地方行政一般を明らかにすることは不可能であり、他の諸公文との関連についても論じる必要がある。しかし、本章ではこうした側面からの分析は、青苗簿の本質を考える際に触れるにとどめ、その検討を足がかりにして、今後、律令公文書主義なるものの実態の分析に向かいたいと思う。

二　青苗簿式の頒下

青苗簿とはその名が示すとおり、稲の作付け状況を記録した帳簿であると一般には理解されている。令文には青苗簿についての規定はみえず、またそれが作製されはじめた時期を明確に示す史料もなく、したがって青苗簿が作製されるようになった事情についても従来あまり明らかになっていない。ただ青苗簿作製の始期については、後に述べる『続紀』養老元年（七一七）五月辛酉条の青苗簿式頒下の記事などから、漠然と養老元年であると考えられているようであるが[4]、まずここでは、この点の検討を行い、さらに養老元年の青苗簿式頒下の意義、ならびに青苗簿式が頒下された歴史的な背景についても少しく述べてみることにしたい。

青苗簿の史料上の初見は、次の霊亀三年（七一七）五月十一日の勅である。

勅。准レ令、田有二水旱虫霜不熟之処一、国司検レ実、具録申レ官。今国司検レ実之日、或不レ遭二水旱一、妄録二損五分一、失二充倉之実一。或全得二営種一、欺加二損田一、虚二申レ官之帳一。良由三国司不二レ存検校一、致レ有二如レ此損失一。清廉之道、豈合レ如レ此。自レ今以後、国郡宜下造二苗簿一日、必捨二其虚一、造二租帳一時、全取中其実上。若不レ加二検察一、致レ有二隠欺一、准二事条数一、即解二見任一。主者施行。

霊亀三年五月十一日[5]

これまでこの勅については、その約十日後に頒下された、例の青苗簿等の式についての『続紀』養老元年五月辛酉条に、

以二大計帳・四季帳・六年見丁帳・青苗簿・輸租帳等式一、頒二下七道諸国一。

と一連のものとして、養老元年から青苗簿が作製されはじめたと一般に考えられていることは先に述べたごとくである。しかしながら、筆者はこの勅は青苗簿作製の始源を示すものではなく、その時点以前からすでに青苗簿や租帳などが作製されていたことをあらわしているものと考える。なぜなら、この勅には「国郡宜下造二苗簿一日、必捨二其虚一、造二租帳一時、全中取其実上」なる文言があり、これがかりに青苗簿・輸租帳の作製を命じたものであるならば、その内容は従来の帳簿では実態の把握が困難で、それに代わるものとして新たに青苗簿等を作るべき旨のものでもよさそうであるが、ことさらに「必捨其虚」「全取其実」といっているのは、すでに青苗簿は作製されていて、これまでの青苗簿・輸租帳にしばしば虚偽の記載がなされてきたためではないだろうか。したがって、養老元年以前の段階ですでに青苗簿は存在していたと考えたい。

それでは一体、青苗簿はいつから作製されはじめられるようになったのであろうか。もちろん、このことを明確に示す史料は存在しないので断定はできないが、次のような理由から、その時期を大宝令の施行に求めることはあながち誤りではなかろう。すなわち、先の霊亀三年勅の冒頭には、養老賦役令水旱条の前半部分と同一の条文が「准レ令」として引用されており、大宝賦役令においても養老令と同様の水旱条が存在したらしいこと、その水旱条は大宝令によって成立したと考えられていること[6]、水旱条の規定は青苗簿・輸租帳相俟って励行されるべきものであること、とりわけ大宝令の実施が地方政治においてきわめて大きな意味をもっていること等である[7]。十分な論証は不可能であるが、一説として青苗簿が大宝令の施行に伴って作製されるようになったという考えを提示しておきたい。

青苗簿の作製が大宝令の施行によってはじまるとすれば、それでは養老元年の青苗簿式の頒下はどのように位置づけられるのであろうか。そこで次には、この青苗簿式の頒下を記した前掲の『続紀』の記事について検討を加えてみたい。この記事に関しては、筆者はまず第一に、青苗簿作製が他の諸公文、すなわち大計帳・四季帳・六年見丁帳・輸租帳の作製と同時に全国に命じられたこと、しかもこれらの諸公文がいずれも貢租徴税に関するものであることに(8)注目したい。このことは、これら諸公文が形態上の面からも、その作製手続の上からも多くの共通点や内的連関を有しているのではないかと予測させるのである。鎌田元一氏は、先ほどの五月十一日勅と、それからわずか一〇日余り後の五月二十二日に頒下されたこの式との関係について、「二十二日の『青苗簿式』及び『輸租帳式』の頒下はまさにこの勅を承けたものに外ならず、それが国司の損田申告における実態との乖離を排せんが為に、新たに詳密な書式を以て諸国に下されたものであることは、もはや論ずるまでもないことであろう」(9)と述べている。鎌田氏は、この青苗簿式が具体的にどのような「詳密な書式」をもって頒下されたものであるのかは触れていないが、氏がその論考で明らかにした、青苗簿式と同日に下されたところの大計帳式のもつ計帳制度上の意義を参考することによって、その「詳密な書式」をある程度復原することは可能であろうと思われる。

ところで、菊地康明氏はこの時全国に頒下された青苗簿式が、賦役令集解水旱条古記によって引用されていることを指摘した。(10)菊地氏は、水旱条の古記の次の文章、

問。田不熟之処、節仍免㆓課役㆒。未㆑知。於㆑田有㆑限以不。答。（a）苗簿或云。縁㆓見営人㆒、造㆓青苗簿㆒。（b）責㆓房手実㆒、勘㆓会籍帳㆒、仍知㆓虚実㆒、然後入㆑簿。（c）其売田主、不㆑問㆓得損㆒、即付㆓全得㆒。但輸㆑租者、徴㆓見営人㆒。或買田在㆑損、雖㆑免㆓輸租㆒、不㆑及㆓調庸㆒。若有㆓遭損戸㆒、及売㆓買田㆒口夾名、具顕㆓謂郡青苗簿㆒。若多在㆓夾名㆒、各造㆓別項㆒。

の傍線（a）の部分を「苗簿式云」の伝写上の誤りであると推定された。菊地氏はその根拠として、同じく水旱条の穴記の次の文章、

仮一戸十町、五町売レ他全刈、五町自佃悉損。仍売及佃、租皆免。凡租者佃人所レ出。今称レ免者、免可レ出レ租之人耳。今師云。所レ売五町、全刈者、買人可レ令レ出レ租也。所二自作一五町全損者、只免レ租、不レ及二課役一。或所レ売悉損、所レ作悉得者、買人只免レ租、不レ及二課役一也。自作悉得者、出二租并課役一如レ常耳。案之、（イ）此苗簿式心也。能可二反検一耳。（ロ）抑沽田租、令文不レ明。故別有二苗簿式一。其依二別式一習耳。

が、水旱条の損分法の規定の適用法を具体的に説明した箇所であり、それが傍線（イ）の一句からして苗簿式にもとづいてなされたものであると考えられること、さらには古記・穴記の両文を比較して、穴記の説明は古記の傍線（c）の部分に関するものであり、穴記の傍線（ロ）の部分にも、沽田の租の免除法について令文（水旱条）には明記されていないので、苗簿式に補足規定したと断わっていることをあげた。古記の傍線（a）の「或」の字形は「式」の字形に類似しており、また「答。苗簿或云」では古記の問答として意味をなさず、恐らく菊地氏の推定に誤りはないだろう。さらに「縁二見営人一」以下「各造二別項一」までが苗簿式の引用であることこれまた菊地氏の指摘したとおりであろう。

菊地氏はこの苗簿式をもって、ただちにそれが『続紀』にみえる養老元年に頒下された青苗簿式であるとしたのであるが、恐らくその理由は、この苗簿式が古記によって引用されているからであろう。筆者もこの菊地氏の考えに何ら異論はないのであるが、そのためにもこの点をもう少し厳密に検討してみる必要がある。菊地氏はそれが古記によって引用されていることから、苗簿式が出された、いわば下限を設定され、このことから養老元年の頒下を推定したのであるが、実はこの苗簿式にはそれが頒下された上限を決定する手がかりが存在するのである。それは傍線（b）の「房手実」である。『新訂増補国史大系令集解』の頭註によれば、「房手実」の部分に関して、印本（石川介氏校印本）は「房」を「戸口」の二字に作しているが、やはり底本（田中忠三郎氏所蔵金沢文庫本転写一本）どおり「房」とすべきであろう。何となれば、「戸口手実」とすれば戸の構成員である戸口が個別に提出する青苗簿の手実ということになるが、計帳手実の例に徴してもそうしたことは考えられず[11]、「房手実」、つまり房戸が提出する手実とすることによって、はじめてこの部分は正しく理解できるのである。されば、この「房手実」は房戸制の実施期に苗簿式が頒下されたことを示すものであろう。周知のごとく、霊亀三年（七一七）には、里制から郷里制への改編が行われ[補註1]、それに伴い、房戸も律令政府の企図した一連の経済政策の一環として設定されたことが明らかにされている[12]。とすれば、この苗簿式が頒下された上限は、郷里制が実施された霊亀三年に求めることができよう。

以上から古記に引用された苗簿式頒下の時期は、郷里制が施行された霊亀三年から、古記の成立した天平十年（七三八）正月～同年三月[13]の間に限定されることが明らかになったが、それでは具体的にこの期間のいつ苗簿式の頒下が想定できるのであろうか。筆者は何よりも『続紀』養老元年条に青苗簿式を頒下したことがみえること、また先に想定した期間においては、養老元年以外には青苗簿式が頒下された徴証が見出されないこと等からして、古記に引用された苗簿式は、『続紀』養老元年五月辛酉条に全国に頒下されたことが知られるまさにその青苗簿式であると考えるのである[補註2]。

はなはだ迂遠ではあるが、古記に引用された「苗簿或云」が「苗簿式云」の誤りであること、この苗簿式が養老元年に頒下された青苗簿式であるという菊地氏の考えが正しいことを述べてきたのであるが、菊地氏の論考は賃租の対価に地子と価直の二種類があることを明らかにすることに主眼があったためか、これ以上苗簿式の内容に触れることはなかった[14]。そこで、次にこの苗簿式にみえる青苗簿の作製過程をみてみよう。この式は内容的には、傍線（c）よりも前の部分と、それ以後の部分にわけられる[15]。まず前半部分であるが、それによれば、青苗簿は実際の耕作者を中心に作製するのがその主旨であり、具体的には房戸ごとに手実を提出させ[16]、国衙ではそれを籍帳と勘会してその実否を確認し、虚偽を改めた上でそれを青苗簿として作製するのである。

次に後半部分についてみると、まず傍線（c）であるが、これは売買田の損免法についての規定で、作製手続には直接関係しないので、それ以下の部分を検討する。ここでは、損に遭った戸と、田を売買（賃租）した戸口の交名を、つぶさに郡青苗簿に顕わし謂えとある。ここでの問題は、「郡青苗簿」の語句についてである。『新訂増補国史大系令集解』の頭註によれば、ここでも印本は「郡」をその上の「謂」と一括して「調庸」に作し、「調庸青苗簿」と読ませているが、この点に関しても底本どおり「郡青苗簿ニ顕ハシ謂ヘ」が正しい読みであると思われる。青苗簿と勘会される文書である輸租帳については、養老元年五月に青苗簿式とともに輸租帳式が頒下されたことをみたが、その書式を示すと思われる延喜主税式には、次のような記載のみえることが注意される。

右惣二合郷帳一会二郡帳一。惣二合郡帳一会二国帳一。若多二交名一各為二別項一。

この「郡帳」については、鎌田氏が「『郡帳』は、主税式に『件国帳様郡准此。但不輸半輸等交名具注如左』[17]と記し、さらにその交名部の書式が付け加えられているように、損戸の戸主姓名を損田額の割合によって列挙した点に特色があり、その意味で一種の歴名文書と見做しうるものである」（傍点—鎌田氏）[18]と述べている。「郡青苗簿」なるものは、輸租帳でいえばまさにこの「郡帳」にあたるものであり、苗簿式に「売買田口夾名、具顕二謂郡青苗簿一」と述べられていることから、「青苗簿歴名」とでも呼ぶべきものであると考える。また主税式の輸租帳の書式には、郡帳の部分に不輸半輸等の交名をつぶさに注すことがみえるが、それに関して「若多二交名一、各為二別項一」とあり、この但書は苗簿式の最後にみえる「若多在二夾名一、各造二別項一」と同じ表現であって、ともに郡帳についての但書であると理解される。したがって、この点からも「郡青苗簿」が正しく、「調庸青苗簿」が誤りであることが知られるのである。印本が「調庸」と誤写したのは、恐らく少し前の「雖レ免二輸租一、不レ及二調庸一」にひかれたためであろう。以上のことが首肯されるならば、この苗簿式にはあらわれていないが、計帳・輸租帳の例などからみて、「郡青苗簿」を作製する過程を経て、最終的に一国全体の統計文書が作製されたことが想定できるのである。[19] それは「青苗簿目録」とでも呼ばれるものであろう。

以上の青苗簿の作製手続をまとめれば次のようになる。すなわち、房戸ごとに手実を提出させ、籍帳によってその虚偽を正したのち、それは歴名文書である郡青苗簿作製の資料となる。郡青苗簿には郡内の管田の総数と、その諸種の内訳、また損戸と、田を売買した戸口の交名が記載される。さらに、この郡青苗簿をもとにして、一国単位でその統計文書が作製され、郡青苗簿とともに中央へ進上されたのであろう。さらにいえば、先に掲げた霊亀三年五月十一日勅のなかの「苗簿」とは、大宝令の施行によって成立した青苗簿であるが、それは一国単位の統計文書である青苗簿を指しており、それから約一〇日後に頒下された青苗簿式によって、歴名文書たる郡青苗簿の作製を命じ、それを統計文書とともに中央へ送申することを令したものと考えられるのである。

養老元年五月の青苗簿式の頒下、及びそれによる青苗簿の作製過程が以上のようなものであってみれば、それでは青苗簿式が下された歴史的背景はどのように考えられるのであろうか。[20] この点については、すでに述べてきたところからも明らかなように、霊亀三年の郷里制への改編に伴い、房戸制による、あるいは房戸を単位とした青苗簿作製が命じられたものと解することができよう。郷里制への改編のねらいが、五〇戸一里制における里内の戸口の増加によって困難となってきた律令国家の地方行政を徹底化せしめ、貢租徴税の実をあげんとしたところにあったことは従来指摘されてきたところであるが、[21] 霊亀三年五月十一日勅に述べられている「或不レ遭二水旱一、妄録二損五分一、失二充倉之実一。或全得二営種一、欺加二損田一、虚二申レ官之帳一。良由三国司不二レ存検校一、致レ有二如レ此損失二」という事態は、まさに郷里制施行前の地方行政の不徹底[22]の一つの具体的なあらわれにほかならず、かかる事態を克服するために、郷里制を実施し、それに伴い従来の戸より細密な単位である房戸を把握し、青苗簿に関していえば、一国単位の統計文書だけでなく、房戸を単位とした郡青苗簿もあわせて作製させることによって、徴税をより確実ならしめようとしたことこそ、青苗簿式頒下の歴史的背景であり、またその意義なのである。青苗簿式と同日に頒下された大計帳・四季帳・六年見丁帳・輸租帳等式が、いずれも貢租徴税の文書に関するものであることを、もう一度ここで想起する必要があるだろう。

三　青苗簿の機能

養老元年に頒下された青苗簿式、ならびにそこに規定された青苗簿の作製過程が以上のようなものであってみれば、次に問題になるのは、青苗簿がいかなる機能をもった公文であるのかということである。この点は青苗簿の記載内容と大いに関わる問題であるので、まずその記載内容からみてみたい。前節で明らかにしたように、一般に青苗簿と呼ばれる文書は、青苗簿手実、郡青苗簿、さらに一国全体の統計文書の三種から構成されたと考えられるが、青苗簿手実は国衙での郡青苗簿作製の資料であり、郡青苗簿に吸収され、京進されないものであるから、記載内容からその機能を明らかにするという当面の問題からは一応除外して考えることができよう。したがって、ここでは郡青苗簿と統計文書の二種の文書について、その記載内容を考えてみたい。

まず、郡青苗簿であるが、阿部猛氏は青苗簿の役割は一般的に得田または損田の実数を知ることにのみあるのではなく、徴税対象たる個々の戸の得田実数を知る点にあるとして、青苗簿には損田、あるいは損戸についての記載が存在したと考えた(23)。これに対して林陸朗氏は、青苗簿は耕営の作付けの状況を記録するものであって、損毛程度などについては、青苗簿の進上の時点ではまだ記載しえない道理なのであるとした(24)。両氏の間には、損田、ないし損戸の記載に関して見解の相違があるようだが、筆者はこの点については、阿部氏と同様青苗簿には本来損田についての記載が存在していたと考えたい。但し、阿部氏は、霊亀三年五月十一日勅のなかの「或全得㆓営種㆒、欺加㆓損田㆒、虚㆓申㆑官之帳㆒」とある「申㆑官之帳」が青苗簿であることをその根拠にしているのであるが、この「申㆑官之帳」は林氏もいうごとく損田帳であるかも知れず、青苗簿に損田に関する記載があったことについては、別の角度から検証してみる必要がある。

青苗簿に損田に関する記載が存在したと考える理由は、まず第一に、前節で触れた養老元年の苗簿式に「遭損戸」が有れば郡青苗簿に顕わし謂えとあることである。次に林氏が青苗簿の進上の時点では、損毛程度などについては記載しえない道理であるとした点であるが、損毛程度は確かに最終的な収穫を待って明らかになるものであれば、林氏もいうように、八月末日までに国を出立する大帳使が京進する青苗簿には記載できない。しかし、このことは青苗簿作製以前に発生した損田が、青苗簿に記載されたかどうかということとは別問題である。大帳使が京進する主たる公文である計帳の資料となる計帳手実の提出期限が六月三十日である[25]ことからすれば、青苗簿手実の提出期限もまたその頃に求められるのであるが、例えば『続紀』和銅二年（七〇九）五月乙亥条に、

河内・摂津・山背・伊豆・甲斐五国、連雨損㆑苗。

とあるように、五月の段階で損田が発生していたことが知られるのであって、こうした青苗簿手実の提出以前に発生した損田は、その田積とともに青苗簿に記載することが可能なのである。それが苗簿式にみえる「遭損戸」が有れば「郡青苗簿ニ顕ハシ謂ヘ」の意味であると思われる。それ以後の損田が青苗簿に記載されないということでは不完全な形ではあるが、それでもなお青苗簿手実の提出以前に発生した損田を中央に申告させようとした律令政府の意図はどこにあるのだろうか。それは、賦役令水旱条の規定にあるように、やはり損田の発生が田租の免除に直接関わるもの

であってみれば、その後に同じく京進されてくる、その年の損毛状況を記載した輸租帳と勘会することによって、より厳密に損田の様子を把握しようとする意図に出るものではないかと考えられるのである。

以上から、郡青苗簿には前節で述べたごとく、郡内の管田総数とその諸種の内訳はもちろんのこと、損戸と損田の面積、田を売買した戸口の交名などが記載されたことが知られるが、それでは一国全体の統計文書の場合はどうであろうか。統計文書も前節で述べたように、郡青苗簿をもとに作製されることから推測すれば、国内の管田総数とその田種別内訳、一国単位での損田総面積（但し、青苗簿手実提出以前に発生した損田に関する）、同じく売買田の総面積が記載されたものと思われる。

郡青苗簿、統計文書の記載内容が以上のようなものであったとすると、次に問題になるのは、このような記載内容をもった青苗簿が具体的にいかなる機能を有していたかということである。その際とくに問題になるのは、損戸ないし損田に関する記載と、売買田に関する記載との関係であろう。売買田の損免法の問題については、賦役令集解水旱条にみえる諸説によって議論されているが、各説でその解釈には若干の相違がみられる。(26)この場合、どの説に依拠して考えるべきかということであるが、例えば穴記には「此苗簿式心也」とあって、青苗簿式の趣旨をふまえた上で解釈がなされているもののごとくであるが、やはりその成立年代(27)から考えて、穴記の解釈をただちに青苗簿式の頒下された養老年間にさかのぼらせることは無理であろう。(28)しからば、いずれの説によって考えるべきかといえば、何よりも養老元年頒下の青苗簿式を引用していることからして、古記の解釈が他の諸説に比べて青苗簿式の趣旨をより忠実に伝えているものと思われるのである。もっとも古記とて、現実から遊離して机上の解釈を施している場合もあろうが、当面の問題に関しては、古記の解釈から推察するのが最も妥当な方法であると考えられる。

さて古記であるが、まず「田が不熟によって課役を免除する場合、地目によって違いがあるのかどうか」という問いに対して、既述の養老元年の苗簿式を引用しているが、そのうち売買田の損免法に関連するのは、前節で触れなかった次の部分である。

其売田主、不レ問二得損一、即付二全得一。但輸レ租者、徴二見営人一。或買田在レ損、雖レ免二輸租一、不レ及二調庸一。

寺崎保広氏が指摘しているように、この苗簿式の述べるところは、古記が苗簿式に次いで引用している私記でより具体的に説明されている[29]。すなわち、苗簿式の「不レ問二得損一、即付二全得一」に関して、例えば口分田一町を賃租に出し、一町をみずから耕作して、双方全損でも売田一町は全得として計算されるため、売田主は合計損五分となり、水旱条の適用によって田租のみ免除され、たとえ売田一町が全損、自佃一町が損七分となった時でも、やはり売田が全得とされるため、合計で損五分に満たず、売田主は「見営田一町」については租が免除されないのである。ここで「見営田一町」が何を指すのかが問題であるが、それに続いて「但売田」とあるところからすれば、売田一町ではなく、売田主の自佃一町を指していると考えるべきであろう。つまり、売田主がみずから耕作した一町は売田一町と合わせて十分され、その割合によって自佃一町に賦課されるべき課役を免除するか否かが決定されるのである。続いて私記は、売田については得損を問わず、全得として計算されるけれども、その売田にかかる租については、売田主は負担しなくてもよいとした上で、先の問いに対する答として、水旱条の十分法による課役の免除は、口分田のみに適用されるとしている。古記は続いて或説文を引用しており、まず「買田租事、免レ徴二買人一」の部分は、本来は買田にかかる租は買人から徴収するが、ある場合には（どのような場合であるのかは省略されている）買人から徴収することを免除するの意であると思われ、さらに口分田以外の雑色田については、口分田とは別に十分して、租のみ免除することが述べられている。さらに続いて古記に引用された明法博士の説では、雑色田の場合は口分田とは別に十分し、損五分以上の場合は租を免除するが、七、八分以上であっても調庸は免除しない、つまり水旱条は適用されないことが論じられている。

以上が損免法についての古記の問答であるが、これらから口分田・雑色田を含めて売買田の損免法に関して次のことがいえよう。

㈠　口分田はそのまま水旱条の損免法が適用される。

㈡　売田主の自佃は、売田と合わせて十分され、水旱条の損免法が適用される。その場合、田租の負担者は売田主である。

㈢　売田は十分して損五分以上の場合、田租は免除されるが、損七、八分以上でも調庸は免除されない。その場合、田租の負担者は買人である。

㈣　売買田以外の雑色田は、㈢に準ずる。

これらは、苗簿式に示された売買田の損免法と矛盾しないことにも注意しておきたい。すなわち、古記の問答は苗簿式の損免法を正しくふまえた上でなされたものであり、したがって、㈠〜㈣は単に明法家の解釈であるにとどまらず、当時の損分法を反映したものと考えられるのである。

口分田・売買田・雑色田の損免法が㈠〜㈣に示したようなものであったとすれば、先に述べた青苗簿の記載内容が、損免法を適用する場合の資料たりうるかどうかであるが、次にこの点の検討を行いたい。まず、郡青苗簿からみてゆくと、そこに記載された郡内の管田総数とその諸種の内訳によって、一郡内の当年度の田租輸納予定額が把握される。また損戸の記載はその年の損毛状況を記録した輸租帳と最終的には勘会されるのであり、田を売買した戸口の交名部分には、田を賃租に出した者の名とその田積、逆に田を賃租した者の名とその田積が記載されているのであってみれば、輸租帳記載の損毛状況と勘会されて、㈡、㈢を適用する場合の資料となりうるのである。㈣についても、青苗簿ならびに輸租帳の損田記載によって適用が可能となるのである。次に一国単位の統計文書については、それによって一国の田租輸納予定額と、田租免除額とが把握されたものと思われる。青苗簿の機能は、総じて田租輸納予定額と田租免除額の把握にあったということができよう(30)。

四　青苗簿制度の推移

ここでは、養老元年の青苗簿式頒下以後の青苗簿制度の推移についてみてゆくことにする。青苗簿が史料上に再びあらわれるのは、養老元年から一世紀以上を経て出された承和九年（八四二）の次の太政官符においてである。少し長いが全文引用する。

太政官符

応レ進二青苗簿帳一事　副二様式一巻一上

右検二案内一、太政官去弘仁十年五月十六日下二五畿内七道諸国一符偁。霊亀三年五月十一日勅書偁。自レ今以後、宜レ造二苗簿一。養老元年八月十日格偁。自レ今以後、納レ租之事、依二青苗簿一、令レ進二手実一者。今案之、勘レ租之道、先由二苗簿一。〃〃之興、年紀既久。而今諸国不レ造二彼簿一。至レ勘二田租一、事多二疎漏一。仮令甲之戸田沽二与於乙一。〃之戸田已損自得レ免レ調。甲之得レ直於レ甲無レ損。苗簿之意、令二甲輸レ調。而今勘レ損之日、依レ無二苗簿一、偏称二戸主一、不レ徴二甲調一。凡此不レ作二苗簿一所レ致之弊也。非二唯為レ怠、還失二官物一者。大納言正三位兼行左近衛大将陸奥出羽按察使藤原朝臣冬嗣宣。不作之怠、理須二科付一。宜下仰二諸国一、勤令中勘作上。若有二使至無レ帳者、科レ罪貶レ考一任二法律一者。今被二右大臣宣一偁。凡厥苗簿之起。所下以激二揚国郡之清濁一、沙中汰田畝之損得上者也。如聞。或詐二写田籍一、或損而不レ存。是以朝使検校之日、既多二乖レ実之奸一。官物収納之時、還少二充レ倉之実一。此祇国宰怠慢之所レ致也。宜下知諸道一、拠レ様造備、付二大帳使一必令上レ進レ官者。若不レ進者、不レ聴レ申二田損一。但大宰管内諸国便進二彼府一。〃使検校不レ得二疎漏一。

承和九年六月九日(31)

この官符には、弘仁十年五月十六日官符、霊亀三年五月十一日勅書、養老元年八月十日格が引用されているが、霊亀三年勅、養老元年格についてはすでに触れたので、ここでは繰り返さない。但し、養老元年格については付け加えておくことがある。林陸朗氏はこの格について、「恐らくこれは、先の青苗簿式頒下に追加布告されたものと見てよいと思われ、これによって、青苗簿の作成は手実即ち各戸主の申告にもとづくものとされていたことが知られる」(32)と述べている。青苗簿の作製が、各戸主による手実の提出にもとづくことがはじめて命じられたのがこの格によってであるという意味なのか、あるいはそうしたことがこの格によってはじめて知られるという意であるのか、文意は定かではないが、いずれにしても、第二節で明らかにしたように、手実の提出をもとにした青苗簿の作製が、古記に引用された養老元年頒下の苗簿式によって命じられたことが知られた以上、それから三ヵ月後に出されたこの格は、青苗簿式に規定された手実の提出による青苗簿作製の遵守を命じたものであると考えなければならない。青苗簿式が頒下されたまさにその年から、すでに青苗簿式が十分に遵守されていなかったこと、換言すれば青苗簿の作製が滞りがちであったことを、この格からは読み取るべきであろう。もっともこの格も抄文であるから、この文章のみからでは断定的なことは差し控えるべきかも知れないが、一応そのように考えておきたい。

養老元年の青苗簿式頒下後の青苗簿制度の変遷を考える上で重要なのは、弘仁十年官符並びに承和九年官符である。弘仁十年官符には「苗簿之興、年紀既久。而今諸国不レ造二彼簿一」とあり、この段階では青苗簿は作製されておらず、こうした現状が官物徴収の不正を惹起し、それを防止する意図のもとに出されたのがこの官符であった。弘仁十年前後は旱魃が続き(33)、ために田租・調・庸の減免が問題となり、直接にはこうした背景のもとに青苗簿勘作に関する官符が出されたのである。

それでは、養老元年以降のどの時期に青苗簿は作製されなくなったのであろうか。このことを直接物語る史料は何一つ残されていないが(34)、先ほど述べたように、養老元年の段階ですでに青苗簿作製が滞っていたのであるが、その原因がやはりこの年から作製されはじめた計帳歴名・計帳目録についての事務の繁忙に影響されたものと考えられるので、この場合も計帳制度の推移を参考にすることによって、ある程度の予測はつくように思われる。鎌田元一氏は先の論考のなかで、養老元年の大計帳式頒下後まだ間もない天平年間において、すでに計帳の書式が籍年を中心として省略される傾向をみせていたことを指摘した(35)。戸籍と並びたつ最重要公文である計帳が、戸籍作製の負担によって省略されることしかりとすれば、青苗簿の場合はなおさらであろう。恐らく青苗簿についても、天平年間をあまり隔たらない時期において、すべて作製されなくなったとはいえないまでも、その作製手続が省略される方向で変化をきたしていたことは大いに考えられるであろう。

このことは別の角度からも指摘できよう。第二節で明らかにしたように、郡青苗簿・統計文書からなる青苗簿制度は、霊亀三年の郷里制の施行を背景に実施されたのであるが、その郷里制は天平十一・十二年の交に廃止されたことが明らかにされている(36)。郷里制廃止の意義は、律令制の矛盾、社会の窮状におされて、従来に比べ著しく後退的・消極的な施策をとらざるをえなかったこと、すなわち地方政治経済の整備簡素化に求められるのであるが(37)、とすれば郷里制の廃止が青苗簿の作製に少なからぬ影響を与えたことは十分考えられよう。この時期に青苗簿が作製されなくなったか否かは、にわかには判断できないが、ともかくも天平年間が青苗簿制度の変遷にとって重要な画期であったという臆測は許されるであろう。

弘仁十年官符によって、青苗簿勘作を命じたにもかかわらず、所期の目的が達せられなかったことは、承和九年官符の伝えるごとくである。そこで承和九年には、青苗簿の様式一巻を諸国に下し、あわせて青苗簿の作製を督励したのであるが、恐らくそれも大きな効果はもたらさなかったであろう。というのは、その三年後の承和十二年には次のような太政官符が出されているからである。

太政官符

応レ停三毎年進二上青苗簿帳一事

右得二相模国解一偁。検二案内一、依二太政官去承和九年六月九日符一勘二造件帳一、付二大帳使一毎レ年進上。今商量、有レ損之年、有レ用二勘会一。無レ損之歳、未レ見二其用一。望請。当二有レ損年一、勘造進上。自レ此之外、将レ従二停止一。謹請二官裁一者。大納言正三位兼行右近衛大将民部卿陸奥出羽按察使藤原朝臣良房宣。依レ請。自余諸国、亦宜レ准レ此。

承和十二年九月十日[38]

この官符は、それまで毎年進上することが義務づけられていた青苗簿を、今後は有損の年に限り勘造進上することを命じたもので、そこに青苗簿の作製が困難であった情況をみることが可能であろう。なお、この官符に関して林陸朗氏は、青苗簿を損毛の年だけ進上するというのであれば、損得の未確定な大帳使の時期に進上するのではなく、損田帳や輸租帳などと同時に損年だけ進上されるわけであるから、何の意味にもならないとしたのであるが[39]、前節において述べたように、青苗簿手実提出以前に発生した損田については青苗簿によって十分把握できるのであり、林氏の見解には従うことができない。林氏がこれ以降、青苗簿が輸租帳と同時に進上されるようになったとした根拠の一つは、『延喜式』や『政事要略』の大帳使枝文中に青苗簿の名称がみられないことであるが、他方延喜主税式の青苗簿の書式を規定した部分には、「付二大帳使官位姓名一言上如レ件」とあるのであり、大帳使枝文のなかに青苗簿がみえないことは他に理由を求めるべきかもしれない。青苗簿の作製が困難をきたしていたことは、これまで縷説してきたところであるが、林氏のいうように青苗簿が事実上無意味なものになっていたのであれば、それをわざわざ作製し、京進すること自体、不可解といわねばならないのではなかろうか。

これ以降の青苗簿制度の変遷については、それをうかがう史料は何ら残されていない。最後に延喜主税式に規定された、次に掲げる青苗簿の書式の成立について、簡単にみておきたい。

某国司解申進二某年青苗簿帳一事
　合国内雑田若干
　　不輸租田若干
　　　神田若干
　　　　毎色可録
　　定田若干
　　　応輸租田若干
　　　　口分田若干
　　　　毎色可録
　　　応輸地子田若干
　　　　乗田若干
　　　　毎色可録

右目録
某郡雑田若干
不輸租田若干
神田若干
毎色可録
定田若干
応輸租田若干
口分田若干
毎色可録
応輸地子田若干
上田若干
中田若干
下田若干
乗田若干
上田若干
中田若干
下田若干
除帳田若干

上田若干
中田若干
下田若干
毎色可録
某郷戸主姓名戸田若干
売口分田若干
某里某坪
買人姓名
見営田若干
租田若干
口分田若干
某里某坪
毎色可録
買田若干
口分田若干
某里某坪
姓名戸田
毎色可録

地子田若干 田品可録
乗田若干
某里某坪
　毎色可録
浪人姓名営田若干
　口分田若干
某里某坪
姓名戸田
　毎色可録
地子田若干 田品可注
乗田若干
某里某坪
　毎色可録
　　年　月　日
以前具レ状如レ右。仍付二大帳使官位姓名一言上如レ件。謹解。

直木孝次郎氏は、弘仁十年官符、及び承知九年官符においては、青苗簿式の改訂について言及していないという理由から、この延喜主税式にみえる青苗簿の書式は、大体奈良時代のそれを踏襲したものと考えた。(40) これに対して、小市和雄氏は、延喜青苗簿式は弘仁期に成立したと推定した。(41) 小市氏の考えの前提には、延喜青苗簿式では人別の損亡を算出することが不可能であるのに対して、水旱条の古記が引用する苗簿式には「売買田口夾名」を記す旨が述べられており人別に把握されていたこと、つまり古記の苗簿式に規定された書式と、『延喜式』にみえる書式が別の原則によったものであるという理解が存在するのである。しかし前者の「売買田口夾名」は、後者においては三八行目の「買人姓名」に対応するものであってみれば、必ずしも両者を別の原則にもとづいた書式とみる必要はないのである。それどころか第二節で述べたように、養老元年の青苗簿式は一国全体の統計文書たる青苗簿目録と、郡青苗簿＝青苗簿歴名との京進を命じたものであり、一方延喜主税式にみえる青苗簿の書式は、一三行目の「右目録」までが目録部分、それ以後が歴名部分であって、こうした点から筆者はこの延喜主税式の書式は奈良時代の書式、厳密にいえば養老元年の青苗簿式によって規定された書式にさかのぼると考えるのである。但し、延喜主税式には浪人営田に関する記載が存在するのであり（五三行目から六一行目）、この部分は小市氏も述べているように、弘仁二年（八一一）八月十一日太政官符(42)によって、浪人も公戸に準じて、水旱虫霜の際の免税措置が受けられることになってから付け加わったものであろう。したがって、延喜主税式にみえる青苗簿の書式は、養老元年の青苗簿式に規定された書式を基本として、弘仁年間に浪人営田に関する記載部分が付加されて、最終的に成立したと考えられるのである。

五　今後の課題

以上、八世紀初頭から九世紀中葉にかけての青苗簿制度の推移についてみてきた。それから知られるように、青苗簿が律令政府の期待した機能を果たしえた時期は限られたものであったと思われる。当時、国衙は籍帳をはじめとして、多種多様な公文書を作製し、中央へ進上していたのであるが、租税徴収の必須文書である青苗簿にしてかかる状態であるならば、他の公文が実際にどの程度の効力を有していたのかは再検討の余地があろう。

また、わが国の青苗簿制度は従来から指摘されているように、唐の制度を母胎としているのであるが、唐の青苗簿が義倉に関して設けられているのに対して、日本のそれが田租を対象としている以上、彼此の租税制度に青苗簿が大きな鍵を握っているかも知れない。先の点とあわせて今後の課題としたい。

註

（1）菊地康明「地子と価直」（『日本古代土地所有の研究』東京大学出版会、一九六九年、初出一九六四年）。

（2）直木孝次郎「奈良時代における浮浪について」（『奈良時代史の諸問題』塙書房、一九六八年、初出一九五一年）。

（3）阿部猛「青苗簿」（『律令国家解体過程の研究』新生社、一九六六年、初出一九六二年）、林陸朗「青苗簿について」（『日本歴史』二七二、一九七一年）、小市和雄「延喜青苗簿式の成立」（『史観』一一〇、一九八四年）。また、青苗簿を直接取り上げたものではないが、福井俊彦「霊亀三年五月十一日勅について―弘仁格の復原的研究―」（『日本歴史』三八五、一九八〇年）にも青苗簿についての論及がみられる。

（4）例えば、日本思想大系3『律令』（岩波書店、一九七六年）の賦役令水旱条の補注、小市前掲註（3）論文。また、福井前掲註（3）論文も、後に検討する『類聚三代格』巻一二、諸使并公文事の承和九年（八四二）六月九日官符に引用された霊亀三年五月十一日勅（厳密にいえば、承和九年六月九日官符に引用された弘仁十年（八一九）五月十六日官符が、さらにこの霊亀三年五月十一日勅を引用しているのであるが）に「自レ今以後、宜レ造二苗簿一」とあることを根拠に、霊亀三年（＝養老元年）に青苗簿制がはじめて行われたとしている。福井氏はここに引用された青苗簿の作製のみを命じた内容が、本来の霊亀三年五月十一日勅の内容を正しく伝えているのに対し、一方これも後に検討する、やはり『類聚三代格』巻一五、損田并租地子事の霊亀三年五月十一日勅（これは後に弘仁格に収められ、そして『類聚三代格』に類聚されたもので、福井氏にならって「弘仁格」霊亀三年五月十一日勅と呼ぶ）は苗簿の作製を厳密正確に行うように命じており、先ほどの弘仁十年官符所引霊亀三年勅と内容が異なるので、「弘仁格」霊亀三年勅には、弘仁格編纂の際にもとの勅文のかなり多くの部分が削除、改変されているとしたのである。しかしながら、福井氏は二度にわたって引用され―その引用の過程で削除、改変された可能性は十分に存在し、事実、後に述べるように削除されているのであるが―、しかもそれが貞観格に収められる時にさらに改変された可能性がある勅によって、すなわち数次の削除、改変の可能性がある勅によって、一度しか改変される可能性のない勅（もちろん、『類聚三代格』に類聚される段階でさらに改変が加えられる可能性はあるが、これは弘仁十年官符所引霊亀三年勅とて同じである）の内容を否定するという、史料操作上の基本的な誤りを犯している。この点は、弘仁十年官符所引の霊亀三年勅と、「弘仁格」霊亀三年勅とを比較すれば一見して明らかなように、前者は後者の「自レ今以後、国郡宜下造二苗簿一日、必捨二其虚一」の「国郡」と「日」以下の部分が省略されたものであり、前者こそ削除、改編を受けていることが知られるのである。ゆえに、弘仁十年官符所引霊亀三年勅が、本来の霊亀三年五月十一日勅の内容を伝えており、したがって、霊亀三年に青苗簿制がはじめて行われたとする福井氏の見解には、基本的に従うことはできない。

（5）『類聚三代格』巻一五、損田并租地子事、『政事要略』巻六〇、交替雑事（損不堪佃田）、賦役令集解水旱条所引釈説。

（6）寺崎保広「賦役令水旱条の成立―律令国家の再生産関与―」（『歴史』五七、一九八一年）。

（7）黛弘道氏は「国司制の成立」（『律令国家成立史の研究』吉川弘文館、一九八二年、初出一九六〇年）において、大宝令の施行に伴って、屯倉および正倉の管理処分権が国司に付与され、国内の財政権一切が国司に委ねられたことを述べ、また狩野久氏は、浄御原令における雑徭はまだ地方的力役に固定化しない中央政府の差発下にあった力役で、大宝令以後、国司の権限によって徴発できる地方的な力役となったことを示唆している（「品部雑戸制論」（『日本古代の国家と都城』東京大学出版会、一九九〇年、初出一九六〇年））。

（8）鎌田元一氏は「計帳制度試論」（『律令公民制の研究』塙書房、二〇〇一年、初出一九七二年）のなかで註の形ではあるが、『四季帳』は賦役令蠲符条・同春季条の規定に対応するものであり、課役の減免とからんで、雑任などの計帳への出入を明らかにし、以て計帳の勘会に備えるものである。『六年見丁帳』は未だ明確な内容を知り難いが、その名称から見て、やはり計帳勘会の為に備えられる一文書と見るべきであろう」（三八一頁）とする。また、東洋文庫457『続日本紀』一（直木孝次郎氏他訳注、平凡社、一九八六年）は、四季帳を官人などとなって課役を免ぜられる者の名簿、六年見丁帳を現在の正丁・次丁・少丁など課役に関する者の名を列記した帳簿としている。

（9）鎌田前掲註（8）書、三六一頁。

（10）菊地前掲註（1）論文。

（11）鎌田氏は前掲註（8）書において、計帳手実に関して、「それは各戸毎に作成され、一国の計帳作成の基礎資料として、京職や国衙に提出される文書であった」（三四八頁）と述べている。

（12）岸俊男「古代村落と郷里制」（『日本古代籍帳の研究』塙書房、一九七三年、初出一九五一年）、同「律令制の社会機構」（『日本古代籍帳の研究』初出一九五二年）。

（13）古記も含めて、現在の令集解諸説の成立年代措定の方法については、野村忠夫氏が明らかにされたように、根本的な再検討を要するが（「令集解雑感」〔『新訂増補国史大系月報』三九、吉川弘文館、一九六六年〕）、今のところ岸俊男氏の天平十年正月～三月という推定（「郷里制廃止の前後」〔『日本古代政治史研究』塙書房、一九六六年、初出一九五七年〕、同「班田図と条里制」〔『日本古代籍帳の研究』初出一九五九年〕）に従っておきたい。

（14）この点は林前掲註（3）論文においても、註の形で菊地氏の推定が正しいこと、「手実によって簿を作ることや、見営人（買人）から租を徴し、買田に損があれば租を免じ調庸には及ばない、等々が式に明記されていたこと」（四五頁）が述べられている程度で、深い考究は行われていない。

（15）但し、古記が引載した苗簿式が、もとの苗簿式を全文忠実に引用しているのか、あるいは一部を省略したものであるのかは判断できない。

（16）『類聚三代格』巻一二、諸使并公文事の承和九年六月九日官符に引用された弘仁十年五月十六日官符は、さらに養老元年八月十日格を引用しており、この養老元年格は青苗簿式が頒下された三ヵ月後に出されたものであることが知られるが、そこには「自㆑今以後、納㆑租之事、依㆓青苗簿㆒令㆑進㆓手実㆒」とある。「依㆓青苗簿㆒」は、「依㆓青苗簿式㆒」の省略の可能性があるが、そうすればこれも、古記に引用された苗簿式が、養老元年に頒下された青苗簿式であるとする論拠の一つになろう。
(17) この部分は正しくは、「件国租帳様郡帳准此。但不輸半輸等交名、具注如左」であるが、鎌田氏の引用のままとした。
(18) 鎌田前掲註(8)書、三五八頁。
(19) 鎌田氏は前掲註(8)論文において、「養老元年当時、このような『目録』と『歴名』とを一体とする観念が既に存在していたとすれば、同時に頒ち下された『大計帳式』もまた、同様の形態をとるものであったことが十分に考えられてよいであろう」(三五九頁)と述べているが、このことは青苗簿の場合にもあてはまるであろう。
(20) 林氏は前掲註(3)論文において、「この養老元年という時期に、なぜ青苗簿に関する一連の政令が発せられているのであろうか」(四四頁)という自らの問いに対して、『続紀』の霊亀二年四月乙丑条の貢調脚夫の疲弊および計帳の虚偽についての警告などの政策をあげ、「養老元年前後のこうした一連の政策に対しては、一定の史的評価がなされなければならないであろう」(四五頁)と述べている。
(21) 岸前掲註(12)「律令制の社会機構」、同「社会・経済」(『図説日本文化史大系』三奈良時代、小学館、一九五六年)。
(22) 『続紀』の次の有名な記事「張二設律令一、年月已久矣。然纔行二一二一、不レ能二悉行一」(和銅四年〔七一一〕七月甲戌朔条)や「制レ法以来、年月淹久。未レ熟二律令一、多有二過失一」(和銅五年五月乙酉条)も、その一端に、この時期の地方政治の不徹底を物語っていると思われる。
(23) 阿部前掲註(3)論文。
(24) 林前掲註(3)論文。
(25) 養老戸令造計帳条。
(26) 賦役令集解水旱条の諸説の引用関係と、各説の売買田の損免に関する解釈については、寺崎保広「賦役令水旱条に関する二・三の問題」(『国史談話会雑誌』二三、一九八二年)参照。
(27) 穴記の成立年代について、井上光貞氏は弘仁・天長期におくのが妥当であるとする(「日本律令の成立とその注釈書」〈『井上光貞著作集第二巻 日本古代思想史の研究』岩波書店、一九八六年、初出一九七六年〉)。

(28)　跡記の朱註にも「此苗簿帳心者」という語句がみえる。
(29)　寺崎前掲註（26）論文。
(30)　その年に実際に納められる田租の額は、天平十二年（七四〇）の「遠江国浜名郡輸租帳」（『大日本古文書』二―二五八～二七一頁）や延喜主税式の輸租帳の書式から知られるように、輸租帳によって把握された。
(31)　『類聚三代格』巻一二、諸使并公文事。
(32)　林前掲註（3）論文、四二頁。
(33)　林前掲註（3）論文。
(34)　林氏は前掲註（3）論文において、弘仁十年官符中の「苗簿之興、年紀既久。而今諸国不レ造二彼簿一」の傍点を付した語句から、かなり久しく作製されていなかったように感じられるとしたが、この語句は「苗簿之興」がすでに久しいことを述べたものであり、その作製されなくなった期間を示したものではない。
(35)　鎌田前掲註（8）論文。
(36)　岸前掲註（12）「古代村落と郷里制」。
(37)　岸前掲註（13）「郷里制廃止の前後」。
(38)　『類聚三代格』巻一二、諸使并公文事。
(39)　林前掲註（3）論文。
(40)　直木前掲註（2）論文。なお、林前掲註（3）論文も同様の考えをとっている。
(41)　小市前掲註（3）論文。
(42)　『類聚三代格』巻一七、蠲免事。

（補註1）　旧稿では、里制から郷里制への改変の時期を霊亀元年（七一五）としていたが、鎌田元一「郷里制の施行と霊亀元年式」（『律令公民制の研究』塙書房、二〇〇一年、初出一九九一年）により、本文のように霊亀三年＝養老元年に改めた。

（補註2）　この文章は旧稿では、「私は何よりも『続紀』養老元年条に青苗簿式を頒下したことがみえること、霊亀元・二年は郷里制の実施間もない時期であり、事務上の混乱がみられ、それが徹底するのが次の養老元年であり、そうした郷里制の定着をふまえて、房戸制による青苗簿の作製がこの年に命じられたと考えられること、また先に想定した期間においては、養老元年以外には青苗簿式が頒下された徴証が見出されないこと等からして、古記に引用された苗簿式は、『続紀』養老元年五月辛酉条に全国に頒下されたことが知られるまさにその青苗簿式であると考えるのである。」としていたが、郷里制の施行開始が（補註1）に記したように霊亀三年であることが明らかにされたため、本文のように改めた。なお、鎌田元一氏は「特に注目したいのは『続日本紀』同年五月辛酉（二十二日）条に、

以大計帳、四季帳、六年見丁帳、青苗簿、輸租帳等式、頒下於七道諸国。

と見える事実である。大計帳、青苗簿、輸租帳については、これに先立って従来の帳簿には虚偽の多いことが指摘されており、ここに改めてより精密な内容の書式を制定・施行したものと考えられる。これもまた郷里制の施行を中心とする一連の施策の一つと見られるが、（後略）」（鎌田前掲（補註1）書、三二五〜三二六頁）と述べている。

（補註3）　旧稿発表後の青苗簿に関する研究としては、筧敏生「霊亀青苗簿式の成立」（『ヒストリア』一二二、一九八九年）、佐藤泰弘「青苗簿についての基礎的考察」（栄原永遠男・西山良平・吉川真司編『律令国家史論集』〔塙書房、二〇一〇年〕）、吉原啓「平安時代前期の青苗簿政策」（『日本史研究』六四〇、二〇一五年）があるので、参照されたい。

第六章　木簡にみる八世紀の贄と調

一　贄研究の課題

一九六一年、平城宮からはじめて木簡が出土して以来、藤原・平城・長岡等の各宮都や各地の遺跡から相次いで木簡が検出され、その数も膨大なものとなり、古代史研究に新たな知見をもたらすに至った。本章で論じる贄についても、平城宮で一九六三年の夏にはじめてその荷札が出土して以降、「贄」と記載された荷札は現在のところ藤原・平城・長岡等からのものをあわせると、総数約一七〇点を数えるようになった。

ところで、贄荷札が発見されるまでは、贄に関する主要な文献史料は延喜宮内式・大膳式・内膳式などにみえるものがまとまったものとして知られていたが、とくに八世紀の贄の貢進制度については、『続紀』や正倉院に残る正税帳等の断片的な史料しかなく、その具体的な様相は不明といってよいほどであった。その意味で地中から発見された贄荷札は、まさに八世紀の贄の実態を考える上で大きな福音ともいえる史料群であったのである。その発見を契機として贄についての本格的な研究が開始されたのは、いわば当然のことであった。その先鞭を付けたのは直木孝次郎氏の「贄に関する二、三の考察―古代税制史の一側面」であった[(1)]。以降、一九七〇年代後半から現在に至るまで、さまざまな側面から贄についての研究が行われ、その論点もきわめて多岐にわたっている。(2)(補註1)そうした論点のなかでも、これまでの諸研究においては、とくに贄と調(雑物)との関係についての十分納得できる見解はいまだ提出されていないように思われる。個々の説については、以下の行論で触れたいと思うが、その原因の一つには調制をも含めた贄研究が十分に行われてこなかったことにあると考える。すなわち、贄という食料品収取制度の本質は、同じ性格をもつ調制を視野に入れることによってはじめて明らかになると思われるのである。

もう一つ現在の贄研究にとっての課題は、一九八六～八九年の発掘調査で発見されたいわゆる「長屋王家木簡」と「二条大路木簡」である。あわせて点数一一万ともいわれる膨大な木簡群で、贄や調をはじめとして八世紀の租税制度に関わる木簡も多数含まれており、この新たな史料群をどのように従来の研究に位置づけるかは大きな問題であろう。これまで報告されているこの新しい木簡群のなかには、従来の諸研究が明らかにしてきた贄や調についてのイメージにある程度変更を迫るものが含まれているようである。

以下、こうした点をふまえて、八世紀の贄と調との関係について、主として貢進制度の第一次史料としての木簡(荷札)を素材として検討を加えたい。なお、先に述べたように、藤原宮跡からも贄荷札が何点か出ており、そのなかには八世紀のものもあるが点数も少なく、本章では平城宮・京跡出土のものを取り上げることにし、藤原宮跡からのものは一応除外しておく。また従来の研究にしばしばみられた、『延喜式』の贄の規定を八世紀の贄に遡及して考察するという方法は原則としてとらなかった。これは後者から前者への移行に際して、贄の貢進制度、ないしその性格に大きな変化が想定できると考えるからである。『延喜式』を中心とした平安期の贄貢進制度については、後考を期したい。

二　平城宮・京跡出土の贄と調の荷札

さて表13は、現在までに平城宮・京跡から出土している「贄」の記載のある荷札を、貢進国別に点数、品目、税目記載にわけて表にしたものである。これ以外にも、贄として貢進されたと思われる物品に付けられた荷札はあるが、ここではあくまでも「贄」の記載がある木簡に限った。まず、この表から贄として諸国から進上された品目を重複なく取り出すと、左のとおりである。(3)

赤魚、赤魚楚割、安遅魚（安知）（安除）、年魚、鰒（鮑）、鰒鮨、貽貝、貽貝鮨、貽貝富也公（并）作、伊祁須、礒鯛、猪薦纏、伊和志腊、魚鮨、宇尓（蕀甲嬴）、宇波加、宇波加楚割、大鮹、押年魚、貝鮨、腊、切海藻、豉、水母、黒鯛、鮭、雑腊、佐米、佐米楚割、佐米膳、塩染阿遅、鹿薦□、完、海細螺、少辛螺頭打、須須岐楚割、酢海藻、楚割、鯛、鯛腊、鯛楚割、多比鮨、鮮鮭（雄腹、雌腹）、煮堅魚、煮干年魚、蒜、布奈、鮒背割、海藻、毛都楚割、若海藻

（このほか、麁□、久利□官手□、佐□、佐米□、□□楚割のような判読不能の文字を含むものがある）

これをみると、海藻や魚介類のような海・水産物が中心であるが、猪薦纏・鹿薦□・完といった鳥獣の肉もみえることは注意されよう。

次に、いままでに平城宮・京跡から出土している「調」の記載のある荷札を、同様に貢進国別に点数、品目、税目記載に分けて表にしたのが、表14である。八世紀の調の荷札としては、このほか藤原宮跡をはじめとして、紫香楽宮跡と考えられる滋賀県の宮町遺跡や、山口県長登銅山跡、大阪府の安堂遺跡、さらに長岡京跡からも出土しているが、

表13　平城宮・京出土「贄」記載木簡国別一覧表（「長屋王家木簡」「二条大路木簡」を含む）

国名	点　数	品　　目　（品名の右の数字は点数を示す）	税　目　記　載
山背			
大和			
河内			
和泉			
摂津	2	塩染阿遅 1	贄　2
伊賀			
伊勢			
志摩			
尾張			
参河	61	佐米楚割 27、赤魚 1、佐米 6、佐□1、宇波加楚割 4 佐米□1、須須岐楚割 5、黒鯛 1、赤魚楚割 1 佐米鱐1、□□楚割 1、毛都楚割 5、鯛楚割 5	大贄　1 御贄　57
遠江			
駿河	1	煮堅魚（交易）1	御贄　1
伊豆			
甲斐			
相模			
武蔵	4	豉 2、鮒背割 1、蒜 1	大贄　4
安房			
上総			
下総	1	若海藻 1	御贄　1
常陸	3	鮑腊 2	大贄　3
近江	3		御贄 2（うち筑摩 1） 贄　1
美濃			
飛驒			
信濃	1	鮭 1	御贄　1
上野	1	押年魚 1	大贄　1
下野			
陸奥			
出羽			
若狭	19	鯛（多比）鮓 3、貽貝 1、伊和志腊 1、鯛 1、鯛腊 4 海細螺 1、貽貝富也公（并）作 2、貽貝鮓 1、宇尓 1 鰒酢 2、細螺 1、海□1	大御贄 1 御贄　17
越前			
能登			

越中 越後 佐渡			
丹波 丹後 但馬 因幡 伯耆 出雲 石見 隠岐	1 4 3 6 4 5	腊 1（交易） 鮮鮭（雌腹）2、鮮鮭（雄腹）1 若海藻 1、海藻 1 酢海藻 1、海藻 3、鮮鮭（雄腹）2 海藻 1、若海藻 1、鮭雄須 1 若海藻 3、腊 1、煮干年魚 1	贄　1 大贄　1 御贄　3 大贄　1 御贄　1 贄　1 大贄　1 大御贄 1 御贄　4 中男作物 3 大贄　1 御贄　3 大贄　1 御贄　4
播磨 美作 備前 備中 備後 安芸 周防 長門	2 2	貝鮓 1、大鮹 1 水母 1　海細螺 1	御調御贄 1 御贄　1 御贄　2
紀伊 淡路 阿波 讃岐 伊予 土佐	7 5 5	少辛螺頭打 1、礒鯛 1、安遅（安除）魚 3、鯛 2 若海藻 1、切海藻 1、鹿蔫□1、蕀甲羸 1、猪蔫纒 1 雑腊 1、楚割 3	御贄　6 贄　1 御贄　1 贄　4 大贄　1 調贄　4
筑前 筑後			

豊前 豊後 肥前 肥後 日向 大隅 薩摩 壱岐 対馬			
?	29	海藻 1、貽貝鮓 1、楚割 1、布奈 1、鮭 1、鯛 1 久利□官手□1、年魚 1、麁□1、宇波加 1、鮑 1 阿遅（安知）3、魚鮓 1、伊祁須 1、宍 1	大贄　9 御調贄 1 大御贄 1 御贄　10 贄　　6 交易　1
合計	168		大贄 24 大御贄 3 御贄 115 贄　17 御調贄 1 調贄　4 御調御贄 1 交易　3

＊　1）本表は『平城宮一～五』、『平城京一』、『平城概報（四）～（三十四）』の「贄」記載木簡をもとに作成した。

2）国名不明の場合でも、郡・郷（里）名などによって確定できるものは、それぞれの国に含めて集計した。

ここでは平城宮・京跡出土のものに限って表にした。先ほどの贄と同様に、その品目を重複なく取り出すと、次のとおりである。

赤乃利、荒（麁）堅魚、鰒（鮑）、烏賊、熬海鼠、魚腊、大尻、大鮹、堅魚、腊、鍬、水母、小凝、塩、尻塩、椙櫃、須々腊、栖、銭、楚割、耽羅鰒、鉄、名乃利毛、煮堅魚、螺、乃利、波奈佐久、備頭打、鮒、短鰒、短席、御（三）取鰒、海松、紫菜、海藻（軍布）、綿（黒綿、短綿）

（このほか、麁□、□腊、□螺のような判読不能の文字を含むものがある）

いま試みに、先ほどの贄の品目とこれら調の品目とが一致するものを

表14　平城宮・京出土「調」記載木簡国別一覧表（「長屋王家木簡」「二条大路木簡」を含む）

国名	点　数	品　　　目　（品名の右の数字は点数を示す）	税目記載
山背			
大和	1	銭 1	
河内	1	銭 1	
和泉			
摂津	1	銭 1	
伊賀			
伊勢	1	銭 1	
志摩	18	耽羅鰒 1、海松 3、海藻 8、熬海鼠 2、堅魚 3、赤乃利 1 名乃利毛 1	御調　13
尾張	11	塩 10	御調　3
参河	8	塩 5、小凝 1	御調　1
遠江			
駿河	25	堅魚 6、荒堅魚 15、煮堅魚 2	
伊豆	72	荒（麁）堅魚 49、麁□2、堅魚 18、煮堅魚 1	
甲斐			
相模			
武蔵			
安房	25	鰒 24	
上総	5	鰒（鮑）4（うち耳放 1）	
下総			
常陸			
近江			
美濃			
飛驒			
信濃			
上野			
下野			
陸奥			
出羽			
若狭	48	塩 38、須々腊 1	御調　32
越前	5	波奈佐久 1、銭 1、塩 2	
能登	4	熬海鼠 4	
越中			
越後			
佐渡			
丹波	1	銭 1	
丹後			
但馬			
因幡			
伯耆			

出雲 石見 隠岐	 1 45	 綿 1 海松 1、海藻 16、軍布 1、鰒 1、紫菜 1、□腊 1 御（三）取鰒 4、螺 2、熬海鼠 1、短鰒 3、烏賊 6 □螺 1、乃利 3	 御調　2
播磨 美作 備前 備中 備後 安芸 周防 長門	4 1 19 2 6 24 2	銭 3、大鮹 1 鉄 1 塩 9、鉄 1、水母 1、銭 1、魚腊 1 塩 1、鉄 1 鍬 4、釒□ 1、鉄 1 塩 23、短席 1 綿 1	御贄御調 1 御調　3 御調　17
紀伊 淡路 阿波 讃岐 伊予 土佐	10 9 5 10 6	塩 9 塩 3 堅魚 3、御取鰒 1 塩 8、椙櫃 1、備頭打 1 楚割 3、塩 1	御調　1 調贄　4
筑前 筑後 豊前 豊後 肥前 肥後 日向 大隅 薩摩 壱岐 対馬	1 1 4 1 4 6	綿 1 綿 1 綿 1、黒綿 1、短綿 1 綿 1 綿 4 綿 1	
？	68	塩 14、綿 6、鍬 3、堅魚 6、荒（麁）堅魚 11、海藻 2 楚割 3、鮒 3、煮堅魚 1、大尻 1、水母 1、栖 1、腊 1 鉄 1、鰒 4	御調　10 御調贄 1
合計	455		御調　83 御調御贄 1 御調贄 1 調贄　4

＊ 1）本表は『平城宮一～五』『平城京一』『平城概報（四）～(三十四)』の「調」記載木簡をもとに作成した。
2）国名不明の場合でも、郡・郷（里）名などによって確定できるものは、それぞれの国に含めて集計した。

あげると、次のようになる。

鰒（鮑）、大鮹、腊、水母、楚割、煮堅魚、布奈（鮒）、海藻

このうち、大鮹は播磨国の「御調御贄」と表記された荷札[4]に記された品目であることから、表13・表14にそれぞれあがっているのであり、実は同一物品である。また水母は備前の贄、調各荷札にそれぞれ一点ずつみえるのであるが、荷札には備前以外に水母を貢進していた国は確認できない。延喜宮内式に備前の諸国例貢御贄としてみえることからして、「調」とは記されているが贄としての意味があったものと思われる。煮堅魚については一点だけ次のような贄荷札がある。

A　駿河国廬原郡交易煮堅魚　御贄八斤五両

(118)×19×3　039

『平城概報（二十二）』二二頁下

Aは「二条大路木簡」で、この荷札が出土した同じ遺構SD五一〇〇[5]からは次のような調荷札も検出されている。

B・駿河国廬原郡川名郷三保里矢田部小嶋調煮堅魚

・八斤五両　納四連二節　天平八年七月

259×24×2　031

『平城概報（二十二）』二三頁上

同じ駿河国廬原郡から同量「八斤五両」の煮堅魚が貢納されたことを示す荷札が、同一の遺構から出土しているのである。また表14から駿河が堅魚を調として貢納していたことがほかの多数の荷札によって知られることともあわせて、Aも調としての意味があったとしてよいであろう[6]。また楚割は表14には、調として六点の荷札がみられるが、こ

のうち三点は伊予国の「調贄」と記された荷札にみえるものであり、ほかの三点は国名不明でうち一点は「御調贄」と記載された荷札であることも注目される。(7)(8)(9)

以上、楚割は別としても大鮹・水母・煮堅魚を除けば、明らかに「贄」とのみ記された荷札と、「調」とのみ記された荷札とのあいだで品目が一致するものは五品目で、現在荷札で知られる贄の五一品目のうちの一割に満たない。(10)

いっぽう、養老賦役令調絹絁条には多数の調雑物の品目が列挙されているのであるが、木簡にみえる贄の品目と調絹絁条にあがっている調雑物の品目とが一致するものをあげると、次のとおりである。

鰒、楚割（賦役令では「雑魚楚割」）、佐米䐪（賦役令では「雑䐪」）、海藻、雑腊、蒜（賦役令では「澤蒜」「嶋蒜」）、鰒鮓、貽貝鮓、少辛螺頭打（賦役令では「辛螺頭打」）、海細螺、宇尓（蕀甲蠃）、布奈（賦役令では「近江鮒」）

（調としての意味をもつと思われる煮堅魚は除く）

ここでは、先ほどの調の荷札でみた品目よりも多くの一二品目が共通していることがわかり、荷札で知られる贄の五一品目の四分の一近くにのぼる。調絹絁条にみえる調雑物の品目はあくまでも例示的にあげられており、そのすべてを尽くしているわけではないが、こうしてみると調絹絁条にみえる調雑物の品目は、実際には贄として貢進されるものと、調として貢納されるものとがあったことが想定できよう。

直木孝次郎氏は先に触れた論考のなかで、大化前代から律令制に至る贄の変遷を調との関わりで次のように述べている。(11)すなわち、大化前代以来の食料品を貢進する贄の制度・慣行は、朝廷の規模が大きくなり制度が整備されるにつれ、租税としての性格に優れている衣料品を中心とした調の比重が大きくなるなかで、七世紀の後半には調に対して副次的な地位を占めるようになった。贄の地位はその後さらに低下して、養老令制では贄の名称は公式に消滅したが、その実質の一部は「調雑物」の名のもとに調の一部として公式に存続し、令制からはみだす部分は、従来どおり贄として、令制とは別に貢納が続けられたと。令制下の贄が決して「令制からはみだす部分」ではなかったことは、先ほどあげた贄付札にみえる品目と、調絹絁条にあがっている調雑物の品目との間に著しい共通性があることからも明らかであるが(12)、この点は直木氏も十分承知しているようである(13)。問題は、氏が令制下に贄の貢納を存続させたより重要な理由としてあげた、贄と調雑物との課税対象の違いである。すなわち、調雑物は原則として課税対象が個人であるのに対して、贄のそれは古い伝統をもつ集団や共同体であるとした点である。この点については第五節で詳しく検討することとして、ここでは調絹絁条に規定された調雑物の品目は、実際には贄として貢進されるものと、調として貢納されるものとがあったことを確認しておきたい。

三　贄の貢進国と調の貢進国

ここでもう一度、先ほどの表13と表14をみることにする。とくに、両表の貢進国を対照していただきたい。そうすると、きわめて特徴的なことに気付くのである。以下、道別にみていくこととするが、西海道諸国は大宰府によって総管されているという事情があるからここでは措くとして、まずきわだった対比を示している山陰道諸国からみていくことにする。

1　山陰道諸国

山陰道諸国では、交易によって腊を進上している丹波(14)をはじめ、丹後・但馬・因幡・伯耆・出雲はいずれも贄の貢進国である。なお、出雲国は天平六年（七三四）の「出雲国計会帳」に、「七月一二日進上茂浜藻　御贄弐荷事(15)」とあり、海藻の進上のことがみえる。これに対して、表14をみるといまあげた国のうちで、調銭の荷札が一点みえる丹波国を除くと、丹後・但馬・因幡・伯耆・出雲いずれも現時点では調の貢進は確認されない。これとは逆に、贄の貢進国としてはみえない石見、(16)とりわけ隠岐の調荷札の四五点が目立つのである。ただ隠岐からは一点ではあるが、腊が贄として貢進されたことを示す荷札があるが、(17)腊は隠岐からは調としても貢進されたことが知られるので、(18)調荷札が圧倒的に多いことも勘案して、ここでは調としての意味をもっていたと理解しておきたい。

2　東海道諸国

東海道諸国では、伊勢は調銭の荷札は確認できるが、贄の貢納はみえない。ただ調銭についてはおそらく調雑物とは同列に論じることはできないと思われる。駿河は二五点の堅魚（荒堅魚・煮堅魚を含む）の調荷札がみえる。ただこの国は贄も一点ではあるが、交易の煮堅魚の荷札が確認できるが、この点はすでに第二節で述べたとおりである。参河の贄はすべて、いまや古代における贄の貢進地として著名な播豆郡篠嶋・析嶋・比莫嶋三島の海部による月料としての贄である。この国はいっぽうで、調を貢納しているのであるが、それは小凝（小凝菜〔イギス〕であろう）の一例を除き、あとはすべて塩である。

志摩国の調についてはすでに東野治之氏の詳細な論考がある。(19)東野氏は、志摩国の貢進物付札のなかには「御調」ないし「調」に付けられたものが圧倒的に多く、それ以外の税目は確認されないことを指摘し、当国の貢進物中、一般の調と時期を異にして出されている品物は、実質的には贄として貢進されたと述べている。東野氏の論考が発表されて四〇年近くが経過したが、その間志摩国からの貢進物付札の数量は増加したものの、氏の見解に矛盾・齟齬するような荷札はいまだ出土せず、現在でも東野説の有効性は失われていない。すなわち、現時点で「御調」あるいは「調」

と記載された志摩の荷札は一八点確認できるが、「贄」と記された荷札は一例も認められないのである。なお、樋口知志氏は、志摩国の貢進海産物が贄を含めてすべて「御調」ないし「調」と称されていたとまでいうのは、少なくとも現時点では困難であろうとして東野氏を批判したのであるが、[20]ここで検討している贄と調の荷札の全国的なあり方からすれば、将来にわたって志摩国の贄荷札が発見される可能性は、一、二の例外を除いてきわめて低いといわなければならない。また渡辺晃宏氏は、主として「二条大路木簡」にみえる志摩国の〇五一形式の荷札木簡は実は贄の荷札であると考えた。[21]しかしその根拠になった貢進者名を記していないことについては、第五節で述べるように必ずしも贄と判断する根拠にはならないこと、共通性は薄いにせよ、海松・堅魚・名乗菜（名乃利毛）など「御調」「調」と記した従来のタイプの志摩国の荷札の品目と共通するものがあること、また樋口氏の見解に対して述べたのと同様の理由から、渡辺氏の見解にもにわかには従いがたい。

相模国については、現在のところ贄・調ともに荷札は出土していないが、天平十年（七三八）の「駿河国正税帳」に「相摸国進上橘子　御贄部領使余綾郡散事丸子部大国」[22]とあり、贄の貢進が確認できる。同様に、天平十二年の「遠江国浜名郡輸租帳」には、末尾の国司署名部分に「従五位下守守勲八等百済王大御贄使」[23]とみえ、遠江国も贄の貢納を行っていた国であることが知られる。それ以外の国々も、ともに贄・調のいずれか、あるいは双方とも貢進がみえない諸国で、重複した貢納は行われていない。[24]

3　東山道諸国

東山道諸国は、地理的条件からして海産物の貢納は不可能であるが、それを反映してか、調荷札は現在のところ確認できず、贄についても信濃の鮭と上野の押年魚がそれぞれ一点ずつ知られるのみである。一応、この地域でも一国での贄と調の重複した貢納は認められない。

4　北陸道諸国

次に北陸道諸国であるが、まず若狭国をみてみたい。若狭はかつて狩野久氏が、志摩国とともに朝廷の食膳を調達する「御食国《みけつくに》」として位置づけた国である。(25) 現在、若狭の贄の品目としては鯛・鯛（多比）鮓・鯛腊（塩干物）・貽貝・貽貝鮓・貽貝富也公作・宇尓・伊和志腊・海細螺・鰒鮓がみえ、各種の海産物が中央に貢上されていたことが知られ、古代若狭の「御食国」としての性格をあますところなく伝えている。(26) また狩野氏は、調についても言及し、若狭は紀伊・備前・周防・尾張とともに有数の調塩輸納国とした。表14からわかるように、現在若狭の調の品目としては、「調」記載荷札四八例中、塩が三八例、須々腊が一例知られ、残る九例は品目不明である。狩野氏の評価は現在でも妥当性をもっている。一例だけみえる須々腊(27)については、寺崎保広氏や舘野和己氏が指摘したように、「須々腊」はおそらく「須々岐（伎）腊」の「岐」の字の脱字であろう。(28) 須々岐（伎）は鱸《すずき》のことで、参河国が贄として「須須岐楚割」を貢納していることからすると、(29) これは本来贄として貢進されるものであって、調としては例外に属すると思われる。とすれば、若狭は調として塩を貢納するのが本来的な姿だったのではなかろうか。(30)

それ以外の国ではやはり贄と調の双方を貢進している国は見出せない。すなわち、越前は波奈佐久・銭・塩を、能登は熬海鼠をそれぞれ調として貢納してはいるが、贄は貢進していない。その他の国は、贄・調ともに現在のところその貢進は確認できない。

5　山陽道諸国

山陽道諸国では、贄の貢進国として播磨・備前が確認できる。一方調については、安芸を除いた山陽道の各国が輸納しているが、播磨の調は銭が大半で、もう一品の大鮹の税目記載は、これも第二節で述べたように「御調御贄」となっている。また贄貢進国ではない周防は、二四点もの調の荷札が確認でき、そのほとんどが塩である。山陽道諸国のなかでは、備前国だけが少し特殊で、贄・調双方とも荷札が出土している。

6　南海道諸国

最後に南海道であるが、淡路については調塩の貢進のみで、贄の貢納は確認できないが、天平十年（七三八）の「淡路国正税帳」に「若椒」と「柄宍」を贄として貢納したことがみえる。(31)讃岐は贄はみえないが、調の輸納は確認できる。土佐は双方とも見出すことができない。紀伊は贄・調ともにその荷札が確認できるが、調の品目は知られるものはすべて塩である。(32)やや特殊なのが阿波で、贄のほかに堅魚三例、御取鰒一例の調が確認できる。この点は先ほどの備前とよく似た傾向にある。きわめて異例なのは、伊予国である。両表の税目記載の欄からわかるように、「調贄」と表記された荷札が四例も出土しており、その品目のわかるものは第一節でみたようにいずれも楚割である。伊予についてはあとでも少し触れることにする。

以上、きわめて大雑把ではあるが、各国の贄ならびに調の貢進状況について述べてきた。そこで明らかになったことは、贄あるいは調のいずれか一方を貢納する国が大部分を占めており、また贄・調ともに貢納する国でもその調の品目はほとんどが塩であるという事実である。かかる事例からはずれる国は備前と阿波くらいで、伊予もきわめて特殊なあり方を示している。

四　贄荷札の出土地点

贄の用途については、これまで『延喜式』の規定から主に祭神料（神饌）・供御料・節会料として消費されたことが明らかにされているが[33]、さかのぼって八世紀の贄の用途を考察するまとまった文献史料は皆無といってよい。そこで、そうした用途を考える一助として、これまで贄荷札が平城宮・京のいかなる地点から出土したのかについて少し検討を加えてみたい。

贄荷札に限らず、貢進物荷札はこれまで平城宮・京のさまざまな地点から出土しており、こうした貢進物荷札は原則として貢進物が消費された段階で投棄されたと考えられている。鬼頭清明氏はこうした貢進物荷札の特性をふまえて、平城宮内での贄関係の木簡の出土地点は、贄が天皇の供御に供されたものであったという属性をよく反映していることを明らかにしたのである[34]。木簡が単なる文字史料ではなく、地中から出土した考古資料でもあることを考えれば、鬼頭氏の手法はきわめて有効であり、とくに貢進物荷札の場合にはその出土地点・出土状況・伴出遺物などを総合して検討することは不可欠の作業であろう。しかしながら、鬼頭氏は贄関係の木簡だけを対象としたために、そこにいささか不十分さを感じざるをえないのである。すなわち、贄荷札は単独で出土するのではなく、他の機能・性格をもった木簡、とりわけ贄以外の貢進物荷札を伴って出土する場合が多いのであり、そうした点についても考慮する必要があるように思われるのである。

そこでそうした点について以下考えてみたいのであるが、検討の対象となる遺構としては、一応溝など流水を伴う遺構は除外しておく。なぜなら、溝を流れる水によって一旦投棄された木簡が移動する可能性があり、その投棄地点と出土地点が異なることも考えられるからである。(35)したがって、ここで対象となる遺構は主として土壙であるが、ここでは二つの遺構についての記述に留めたい。

1　SK八二〇土壙

平城宮第二次内裏外郭内東北隅に近い土壙(36)で、平城宮からはじめて贄荷札が発見された記念すべき遺構でもある。ここから出土した木製品のほとんどは、その木肌が新鮮に保たれており、そのため土壙内への遺物投入が短期間に行われたこと、また一時に土壙を埋め戻して平らにした形跡があることが推定されている。その埋没年代は出土した木簡の年紀から天平十九年（七四七）をそう遠くへだたらない時期と考えられている。出土木簡は全一八四三点、うち年紀の記載のあるものが六三点で、木簡は年代的に大きく二群に分かれる。一つは養老二年（七一八）から天平四年までのもので、西海道からの調綿、さらに調塩の荷札が中心、もう一つは天平十七年から同十九年までのもので、調・贄・中男作物・白米などの荷札や、文書風のものである。

出土した荷札は、贄が一連の参河国播豆郡篠嶋・析嶋貢進のもののほか、武蔵の豉・鮒背割、若狭国の多比鮓、備前国の水母、下総・但馬・出雲・阿波の若海藻などがみえる。(37)また調の荷札としては、志摩の耽羅鰒、駿河の堅魚、伊豆の麁堅魚、上総の鰒、越前の波奈佐久、隠岐の海松、さらに国名未詳の「調鍬」が出ているが、参河の小擬（小凝菜［イギス］であろう）、遠江の堅魚、越中の鯖、伯耆の腊、伊予の旧鯖に付けられた中男作物の荷札が出土していることは、この土壙の特徴であろう。また伴出した「鳥食入器二口」と墨書された土器も示唆的であり、栗・胡桃・桃・瓜・梨など食用の堅果類・果物の種子も出土している。

ここでは木簡も含めた遺物の土壙への投棄が短期間に行われていること、何よりも贄荷札が調あるいは中男作物の荷札を伴って出土していることが重要であろう。

2 SD五一〇〇・五三〇〇・五三一〇溝状土壙

SD五一〇〇・五三〇〇・五三一〇[38]はいわゆる「二条大路木簡」が出土した溝である。SD五一〇〇は二条大路の南端を、五三〇〇と五三一〇は二条大路の北端をそれぞれ東西に走る溝である。SD五一〇〇は当初、二条大路の南側溝ではないかと考えられていたが、その南二メートルのところにSD五一六五溝が検出されたこと、SD五一〇〇の東西両端が途切れ、途中で流入・流出する施設もないことから、溝状ではあるが、流れた痕跡のない遺構とされている。この溝は四層からなるが、木簡は埋め立ての土である最上層を除き、以下の三層（いずれも堆積土）から出土した。木簡にみえる年紀は天平三年（七三一）から十一年で、とくに天平七・八年が多い。

次にSD五三〇〇もやはり東端は東二条条間路西側溝のすぐ西で途切れ、また西端も門SB五三一五の手前で止まり、その門の西側からSD五三一〇がはじまる。SD五三〇〇は途中で流入・流出する施設もないので、溝状ではあるが、流れた痕跡のない遺構、すなわち先ほどのSD五一〇〇と性格的に共通した遺構である。この点はSD五三一〇も同様と考えられている。またSD五三〇〇も四層からなり、木簡は上から三層目の「木屑層」から出土した[補註2]。年紀を有する木簡は神亀五年（七二八）のものが一点だけあるが、他は天平三年から八年で、とくに天平七・八年が多い。またSD五三一〇も四層からなるが、木簡が出土したのは上から三層目の「木屑層」で、年紀は天平八年のものしかないが、内容的にはSD五三〇〇と共通している。

その一々については触れないが、SD五一〇〇からは参河国播豆郡や若狭国をはじめ各国から貢上されたさまざまな品目を記した贄荷札が、これまた駿河・伊豆・安房などの各国から貢納された品目を記載した調荷札、さらには中男作物・白米の荷札などとともに出土している。[39] こうした出土状況はその数量こそＳＤ五一〇〇には及ばないが、ＳＤ五三〇〇にも共通するものである。ＳＤ五三一〇ではわずかに贄荷札一点、調荷札一点が庸米の荷札とともに確認されるに過ぎない。

以上、これまで贄荷札が検出された代表的な遺構についてみてきたのであるが、これ以外にも贄荷札と調荷札を伴出する遺構は、溝も含めて多数みられる。[40] 贄荷札が調荷札を伴って出土するからとはいえ、その贄物と調物が同一場所で消費されたとは限らないし、ましてや同一場所で同時に同じ用途として消費されたとは言えないが、少なくともきわめて近接した場所で消費されたことは疑いないであろう。[41] またこのことは両者が同一の用途に使用されたことを否定するものでもない。

五　贄と調の同質性について

直木孝次郎氏は、奈良時代の贄は「調雑物」を贄とよんだにすぎないのではないかという疑問に対して、養老賦役令において「調雑物」とされている品が、調付札によって現実に調として貢納されていること、第二に調貢進の責任者はいずれも戸主または戸口である個人となっているのに対して、贄の場合は一、二の例外を除いて個人名を記さないことをその反証としてあげた。[42] 第一の点については直木氏の指摘するとおりである。第二の、奈良時代の贄は、大化前代以来の天皇または朝廷の支配に服した共同体が贄貢進の主体であったという伝統・慣習を踏襲しており、個人単位を原則とする調貢進の方式とは相容れないという認識は、実はその後の贄研究に深い刻印をしるすことになったのである。例えば、現在でも税目が記載されていない荷札の場合、そこに個人名が記載されているか、あるいは国・郡・郷（里）などの行政単位ないし特定の集団名が記されているかが、その税目を確定する基準となるのであり、前者の場合が調、後者が贄と判断されるのが一般的である。しかしながら、現在ではこうした認識では贄か調かは判断しがたいのである。本節では、こうした点について検討を加えたい。

まず直木氏が「一、二の例外」とされた木簡であるが、それは次の二点である。

C・若狭国遠敷郡　青里御贄
　　　　　　　　多比鮓壱塥

・　秦人大山　　130×26×5　031
（『平城宮一』三九九号）

D・因幡国多氣郡勝見郷中男神部直勝見麿作物海藻大御贄壱籠六斤太

・　　　　神護景雲四　408×20×5　011
（『平城宮四』四六六八号）

Cの荷札の裏面「秦人大山」について、直木氏は「貢進された贄の管理・輸送にあたった官人名かもしれない(43)」とする。これに対して、樋口知志氏は「個人名を伴なっており、贄付札としてはやや異例であるが、表裏同筆で明らかに表裏で一連の記載を成しているとみられ（表面の文字は木簡の最下部にまで達している）、人名は貢進者名を示すとみてよいと思われる」(44)とし、また舘野和己氏も若狭にはほかに秦人姓で調塩を貢進する者がみえることから、この見解を支持している(45)。おそらく、両氏の指摘のとおりであろう。Dの荷札は直木氏が贄と中男作物との緊密な関係を指摘した意義深い木簡でもあり、また「大御贄」とあるのも特異であるが、そこにみえる「神部直勝見麿」という人名は明らかに貢進者を指すのであろう。

そうした観点から、ほかに同様な性格をもつ贄荷札を検すると、次のようなものがある。

まず、参河国播豆郡の海部が貢納した贄に付けられたもので、

E・□豆郡析嶋郷海部供奉八月料御贄佐米楚割六斤
　・海部古相佐米　(228)×24×5　039
（『平城概報（二十二）』二一頁下）

と書かれている。一連の参河国播豆郡の贄荷札のなかでは珍しく墨書が裏面にまで及ぶもので(46)、その裏面に「海部古相」という人名らしき文字が記されている(補註3)。この荷札についても、樋口知志氏はこの記載を貢進者として、「郷」字が記されていることとともに、同郡海部の海産物貢進が律令制的原理・原則に馴染みにくいものであるというこれまでの一般的な見方に再考を促している(47)。筆者もこの樋口氏の見解に同意するものである。

ほかに貢進者名が記載されている贄荷札としては、次の四点がある。

F　上野国山田郡大野郷□□（田後カ）里鴨部子□村輸押年魚大贄陸斤　天平八年十月
368×30×11　032

（『平城概報（三十一）』四〇頁下）

G　隠伎国海部郡作佐郷治田里阿曇部
止巳腊贄一斗天平十年
152×25×3　031
（『平城概報（二十二）』三五頁下）

H　播磨国賀古郡淡葉郷□□里伯祢部石村御調御贄「大鮪六斤太」
293×22×5　032
（『平城概報（二十四）』二九頁下）

I　伊予国伊予郡石井郷海部里日下部麻呂調贄楚（マヽ）
225×22×4　032
（『平城概報（三十一）』三一頁下）

Fの荷札にみえる「鴨部子□村」は、一字釈読不能の文字があるのは惜しまれるが、まずは人名とみてよいであろう。「村」を行政単位としての村と解することもできようが[48]、郷里制下の里の下部単位としてさらに村が存在したとは考えがたい。Gについては「阿曇部止巳」を貢進者名とみることに異論はないであろう。

H・Iはともに「御調御贄」「調贄」という税目記載をもつが、これらの木簡こそ当時贄と調が同質のものとして意識されていたことを端的に示すものとして重視したい。そうすれば、そこに貢進者名の記載があることもさして不思議ではないだろう。すでに述べたように、伊予国の贄荷札には「調贄」と記したものが都合四点確認されるのであり[49]、そうした意識が定着していたことを物語っている。[50]また第二・三節で触れたように、贄としての意味をもちながら「調」と記載されていたり、逆に調としての意味をもちながら、実際には「贄」と記された荷札があることも、そうした意識が存在したことを示しているのであろう。

八世紀の贄荷札には貢進者名を記したものがみられるのであり、このことは贄と調が異なる原理で収取されていたのではなかったことを示している。そして、そうした贄と調の同質性を端的に物語るのが、贄と調とを併記した荷札なのである。しかしながら、貢進者名を記さない贄荷札や、贄と調を併記しない荷札が圧倒的に多いこともまた事実である。

六　贄と調・塩

第二節では、養老賦役令調絹絁条に規定された調雑物は、実際には贄と調に区分して貢進されたことを確認し、また第三節では、贄貢進国と調貢進国との間には一定の役割分担があったらしいことを指摘した。さらに第四節で贄荷札の出土遺構からは、調荷札がかなり高い割合で伴出しており、贄物と調物が同じ用途に消費された可能性が高いこと、第五節で贄荷札にも調荷札と同様、貢進者名を記載したものがみえること、なかには「調贄」（「御調御贄」）と税目を記した荷札もあり、贄と調が同質のものとして認識されていたらしいことなどを明らかにした。

東野治之氏は、贄や調の水産物は、すでに八世紀において少なくとも「帳簿上の互換性」を認められていたことを指摘した。[51]樋口知志氏は参河国播豆郡の月料の贄貢進はあまり長くは続かず、ある段階で調と切り替わった可能性があること、また若狭国の贄付札にみえる貢進品目についても、『延喜式』にみえる調の品目と重複するものが目立つことから、これらの貢進物はその後贄から調へと変化したらしいことを述べている[52]。また近年狩野久氏は、『延喜式』に調として規定された筑前以下大宰府管内五ヵ国の鰒のうち、かなりのものが年料の贄物として内膳司贄殿に運ばれて供御に供せられたことから、税目は調や中男作物の形式をとっているが、実質は贄物そのものであるとして、鬼頭清明氏の指摘[53]に同意している[54]。こうした従来の贄に関する重要な指摘は、これまで明らかにしてきた贄と調との同質性という脈絡において理解することが可能であると考える。

最後に、調塩について若干付言しておきたい。第三節で述べたように、贄と調の貢進が重なる国の場合、その調の品目は大部分が塩であった。こうした荷札のあり方からすれば、贄と調の貢納上のいわば棲み分けが決定されたのち、塩については海浜国に対して、上から政治的に調としての輸納が強制されたらしいことが想定できる。この点に関しては、狩野久氏の次の指摘がきわめて示唆に富んでいる。すなわち狩野氏は、若狭における製塩遺跡や製塩土器の考古学的な調査・検討をふまえて、若狭の調塩の輸納は当国における製塩産業の自生的展開の結果としてよりも、政治的強制が働いたものとみなければならないとしたのである[55]。大化二年（六四六）正月のいわゆる改新の詔の第四条には「凡調副物塩・贄、亦随二郷土所一レ出」とあるが、ここで塩と贄とが併記されていることは、この点を考える上において注意されよう。上記の想定の当否は、若狭以外の調塩輸納国について、同様の考古学的な成果の積み重ねによって判断されなければならないことは言を俟たない。

以上、贄について考察してきたところからすれば、一歩進めて贄は調（雑物）と同一の実体であり、調は令上の法制用語で、贄はその別称であると結論づけることも可能であるかもしれない。そうすれば、これまでしばしばいわれてきた、なにゆえ令には贄の収取に関する規定が存在しないのかという疑問についても[56]、それは調雑物に代表されて賦役令調絹絁条に規定されていたと考えれば氷解するであろう。しかしながら、そのように結論するには、例えばこれまでの贄研究が明らかにしてきた贄戸系と服食系[57]という贄の貢納方式の違い、とりわけ本章で明らかにした贄貢進国と調貢進国の違いが何に由来するのかが検討されなければならず、上記のように結論づけることは現時点では早計とせねばならない。

思うに、贄は大化前代以来の慣習に系譜するわが国固有の税制であり、他方、調は中国からの律令法の継受に伴う贄とは異質の原理にもとづく税制であるという意識・観念が、従来の贄研究を強く支配していたのであり、本章はそうしたこれまでの認識に対する一つの批判として受け止めていただければ幸いである。八世紀の贄は、決して律令制度外的な制度ではなかったのである。

註

（1）直木孝次郎「贄に関する二、三の考察—古代税制史の一側面—」（『飛鳥奈良時代の研究』塙書房、一九七五年、初出一九六九年）。

（2）直木前掲註（1）論文以降、贄を取り上げた論考としては以下のものがある。勝浦令子「律令制下贄貢納の変遷」（『日本歴史』三五二、一九七七年）、鬼頭清明「『延喜式』と贄」（『古代木簡の基礎的研究』塙書房、一九九三年、初出一九七八年）、同「贄貢進荷札の分析」（『古代木簡の基礎的研究』初出一九八三年）、東野治之「志摩国の御調と調制の成立」（『日本古代木簡の研究』塙書房、一九八三年、初出一九七八年）、同「木簡にみられる地域性」（『日本古代木簡の研究』初出一九八二年）、長山泰孝「贄と調について」（『古代国家と王権』吉川弘文館、一九九二年、初出一九八〇年）、梅村喬「律令財政と天皇祭祀—調と贄をめぐって—」（『日本古代社会経済史論考』塙書房、二〇〇六年、初出一九八二年）、吉村武彦・石上英一「律令体制と分業体系」（『日本経済史を学ぶ（上）古代・中世』有斐閣、一九八二年）、長田博子「日本古代の贄について—その歴史と宗教性」（『お茶の水史学』三〇、一九八七年）、関口力「贄について—大宝職制律における『贄亦准此』の削除をめぐって」

(『東アジアと日本』歴史編、吉川弘文館、一九八七年)、樋口知志「律令制下の贄について」(上)(下)(『東北大学付属図書館研究年報』二一・二二、一九八八年・八九年)、同「『二条大路木簡』と古代の食料品貢進制度」(『木簡研究』一三、一九九一年)、山尾幸久「『延喜式』の御贄をめぐって」(上)(下)(『古代文化』四三―二・三、一九九一年)、今津勝紀「律令調制の構造とその歴史的前提」(『日本古代の税制と社会』塙書房、二〇一二年、初出一九九二年)、渡辺晃宏「志摩国の贄と二条大路木簡」(『続日本紀研究』三〇〇、一九九六年)、舘野和己「若狭の調と贄」(『越と古代の北陸　古代王権と交流3』名著出版、一九九六年)、瀬野弥知世「御贄貢進制度の研究」(『皇学館論叢』三〇―一、一九九七年)など。なお、贄の研究史の整理については、舘野和己「平城宮・京の発掘と歴史研究―贄木簡と宅地遺構をめぐって―」(『歴史評論』四二一、一九八五年)、樋口知志「贄と公出挙稲をめぐって」(『争点日本の歴史』3奈良・平安時代古代編Ⅱ、新人物往来社、一九九一年)が詳しい。

(3)『木簡研究』一七号、一九九五年には「・尾張国知多郡贄□□」「・白髪マ馬見塩一斗」(一六二頁)と墨書された荷札がある。写真でみると、表面の「贄」字は「貝」の部分から以下白くキズが確認されるが、「贄」と読んで差し支えないと思われる。但し、『平城宮二』三二〇号に尾張国智多郡贄代郷朝倉里から調塩三斗が貢納されたことを示す荷札があるが、「贄」の下に二字分のスペースがあることも考えあわせると、この場合の「贄」は「贄代里」であって税目としての贄ではないであろう。また二条大路からは「紀□進上御贄一荷数九升用塩二升□」(『平城概報(三十一)』一三頁)という木簡が出土しているが、これも写真で検すると下部は折損しているが現状でも三二四ミリあり、ほかの贄貢進荷札に比べるとかなり長大で、内容からしても通常の諸国から貢進された贄荷札とは趣を異にしている。

(4)『平城概報(二十四)』二九頁下。

(5)第四節で詳しく触れる。

(6)Aは写真でみると、贄荷札にしばしばみえる楷好ないわゆる国衙風書風で記されていることが確認でき、Bなどの同国の調荷札とは明らかに書風が違い、「交易」とあることも含めて、検討の余地を残している。

(7)『平城概報(二十四)』三〇頁下、『同(三十一)』三一頁下。これらについては第五節でも触れる。なお写真でみると、『平城概報（二十四）』の二点はほかに「伊予国宇和郡調贄□　□」（『平城概報（三十三）』二七頁上）とあるものも含めて同筆と思われる。

(8)『平城宮二』二七八六号。

(9)ほかの二点は、「□□《（麻カ）》調楚割……」（『平城概報（四）』四頁上）と「□　□郷□□万呂調楚割六斤」（『平城宮三』三〇七〇号）である。

(10)調の荷札にみえる「備頭打」（『平城概報（二十四）』三〇頁下）が「津備頭打」のことであるとすると、津備（都比）は少辛螺（ニシ）の古名であるから（廣野卓『食の万葉集』中央公論社、一九九八年）、贄の荷札にある少辛螺頭打と同じものかもしれない。そうすれば六品目となる。この点は、吉川真司氏の御教示を得た。

(11)直木前掲註（1）論文。

(12)長山前掲註（2）論文。

(13)直木氏はこの点について、「すでに贄が存続する以上、贄の品目が調雑物以外のものだけでなく、調雑物の品目―海・水産物―と重複する場合の生ずることは、十分想像しうる」（『飛鳥奈良時代の研究』二九七頁）と述べている。

(14)藤原宮からも丹波国の贄の荷札が五点出土しているが、この数字は藤原宮の贄荷札のなかでは際だっている。但し、和銅六年（七一三）に丹波国から丹後国が分立するが（『続紀』和銅六年四月乙未条）、これらの贄付札はすべて分離後の丹後国域から貢進されたものである。

(15)『大日本古文書』一―六〇五頁。

(16)石見国の調荷札は、一点と件数が少ないこともさることながら、表面に「石見国美濃郡大野郷高葛里□□」、裏面にはこれとは別筆で「石見国邑知郡調綿壱伯屯」とあり、特殊である。

(17)『平城概報（二十二）』三五頁下。

(18)『平城概報（二十二）』三五頁下。

(19)東野前掲註(2)「志摩国の御調と調制の成立」。
(20)樋口前掲註(2)「律令制下の贄について」。
(21)渡辺前掲註(2)論文。
(22)『大日本古文書』二―一一三頁。
(23)『大日本古文書』二―二七一頁。
(24)このうち、駿河国の荷札については、樋口前掲註(2)「『二条大路木簡』と古代の食料品貢進制度」、伊豆国の荷札については同じく樋口前掲註(2)「『二条大路木簡』と古代の食料品貢進制度」、寺崎保広「最近出土した平城京の荷札木簡―伊豆国を例として―」(『古代日本の都城と木簡』吉川弘文館、二〇〇六年、初出一九九〇年)、鬼頭清明「伊豆の荷札と若狭の荷札」(『古代木簡の基礎的研究』)を、また安房国の荷札については同「安房国の荷札について」(『古代木簡の基礎的研究』初出一九九二年)、佐藤信「古代安房国と木簡」(『日本古代の宮都と木簡』吉川弘文館、一九九七年、初出一九九三年)を参照のこと。佐藤氏は安房国を奈良・平安時代の朝廷の食膳に関わる「御食国」として位置づけている。
(25)狩野久「御食国と膳氏―志摩と若狭―」(『日本古代の国家と都城』東京大学出版会、一九九〇年、初出一九七〇年)。
(26)なお、狩野論文が発表された当時、若狭からの贄の品目として確認されていたのは、鯛(多比)鮓・伊和志腊・貽貝の三例であった。またこれら魚介類を貢進した地域も遠敷郡青郷のみしか知られていなかったが、現在では遠敷郡の他郷や三方郡からも貢上されていたことが確認されている。鬼頭前掲註(24)「伊豆の荷札と若狭の荷札」、舘野前掲註(2)「若狭の調と贄」参照。
(27)最初この木簡は『平城概報(八)』四頁上に報告されたが、のちに赤外線テレビで釈文の一部は訂正された(『木簡研究』一七、一九九五年、舘野前掲註(2)「若狭の調と贄」参照)。
(28)寺崎保広「一九七七年以前出土の木簡(一七)」(『木簡研究』一七)、舘野前掲註(2)「若狭の調と贄」。
(29)『平城宮二』三九四号、『平城概報(二十二)』二〇頁下、『同(三十一)』二四頁下、四〇頁上。また『藤原宮一』には、出雲国から大贄として貢上された「煮魚須々支」がみえる(一五七号)。

(30)　飛鳥京跡からは、次のような調荷札が出土している。

三形評　三形五十戸生マ乎知
　　　　調田比煮一斗五升

153×24×5　031（『木簡研究』一八、一九九六年、四一頁）

若狭からは「鯛」「鯛（多比）鮓」「鯛腊」が贄として貢進されていることが他の荷札から知られるから、これも贄としての意味をもっていたと考えることもできようが、「五十戸」表記段階の飛鳥京から出土した荷札であり、さらに検討を要すると思われ、ここでは判断を保留しておきたい。

(31)『大日本古文書』二―一〇二頁。

(32)　今津勝紀「律令制収取と地域支配」（『日本古代の税制と社会』塙書房、二〇一二年、初出一九九五年）。

(33)　樋口前掲註（2）「律令制下の贄について」。

(34)　鬼頭前掲註（2）「贄貢進荷札の分析」。

(35)　平城宮のSD四九五一溝から出土した医疾令の条文を習書した木簡が、折れと割りのために五片に分離し、そのうちの一片が他の四片と南北に約三〇〇メートル離れた地点から出土していることが報告されており、溝の水流によって木簡がどれほど移動するかを示す一事例とされている（『平城宮三』二九二五号）。

(36)　以下のSK八二〇土壙の記述は、『平城宮一』八〜一二頁による。

(37)　このほか、「贄」の記載はないが、志摩の伊祇須、常陸・長門の稡（若）海藻が出土している。

(38)　以下のSD五一〇〇溝状土壙の記述は、『平城概報（二十二）』四頁、SD五三〇〇・五三一〇の記述は『同（二十四）』一頁、『平城京三』一〇〜一五頁による。

(39)　SD五一〇〇溝状土壙から出土した木簡群は、南の左京三条二坊八坪から投棄された可能性が指摘されている（渡辺晃宏「二条大路木簡の内容」〔『長屋王邸宅と木簡』吉川弘文館、一九九一年〕）。また二条大路木簡全体の性格について、木簡は基本的に南の左京三条二坊と北の左京二条二坊から廃棄されたもので、遠方から運び込まれたものではないこと、SD五一〇〇溝状土壙から出土した木簡群は内容から皇后宮の木簡と考えられる、という一応の結論が出された（『平城概報（三十一）』四頁）。

(40)「長屋王家木簡」を除いて、贄荷札が検出された遺構（本文で記述したSK八二〇土壙・SD五一〇〇・SD五三〇〇・五三一〇溝状土壙、さらに溝も含む）二七ヵ所のうち、調荷札が検出された遺構は二一ヵ所にのぼる。

(41)樋口知志氏も註においてではあるが、「大体の贄貢進付札出土地点からは調・中男作物の貢進付札などの食料品関係木簡も併出しており、（中略）贄物と調物・中男作物とが場を同じくして消費されることが多かったことを想定しても問題はないと思われる」（前掲註（2）「律令制下の贄について」五五頁）と述べている。

(42)直木前掲註（1）論文。

(43)直木前掲註（1）書、三〇八〜三〇九頁。

(44)樋口前掲註（2）「律令制下の贄について」一八九頁。

(45)舘野前掲註（2）「若狭の調と贄」。

(46)『平城宮一』にも裏面まで記載が及んでいるものが一例あるが（三六七号）、これは「海部供奉」と書くべきところを「海供奉」と書き誤ったため、裏返して書き改めたものと考えられる。

(47)樋口前掲註（2）「『二条大路木簡』と古代の食料品貢進制度」。また舘野和己氏もこの見解を支持している（註（2）「若狭の調と贄」）。これに対し、山尾幸久氏は「ただ、『古相』が名としても、この『六斤』によって丁調負担分が納付済みとなる当人とは限らない。『楚割』を作った『佐米』がこの人のものであったということかもしれない」とする（山尾前掲註（2）論文、一五頁）。

(48)村名を記した贄荷札としては、「木本村御贄□〔鯛ヵ〕」（『平城概報（三十四）』三一頁下）がある。この「木本村」とは、『藤原概報（六）』（一四頁下）に「紀伊国海マ郡□里木本村海マ宇手調」とみえる「木本村」のことかも知れない。

(49)このほか、国名未詳ではあるが、「□□□□〔料ヵ〕御調贄楚割六斤」（『平城宮二』二七八六号）がある（註（8））。

(50)「調贄」として伊予国から貢進された品目は、本文にあげたものも含めて知られるものは楚割であるが（三例、ほか一例は品目不明）、同じ楚割を貢進した荷札にはほかに税目記載こそないが「伊予国和気郡海部郷若日下部広嶋楚割六斤」「伊予国和気郡海郷若日下部広嶋楚割六斤」（ともに『平城概報（二十二）』三九頁下）など、貢進者名を記すものがある。

(51) 東野前掲註（2）「志摩国の御調と調制の成立」。

(52) 樋口前掲註（2）「『二条大路木簡』と古代の食料品貢進制度」。

(53) 鬼頭前掲註（24）「安房国の荷札について」。

(54) 狩野久「膳臣と阿曇連の勢力圏―古代における鰒の収取について―」（『発掘文字が語る　古代王権と列島社会』吉川弘文館、二〇一〇年、初出一九九五年）。

(55) 狩野前掲註（25）論文。また舘野和己氏も若狭の製塩遺跡についての詳細な検討によって、狩野氏と同様の見解を提示している（前掲註（2）「若狭の調と贄」）。

(56) この点に関して、鬼頭清明氏は「天皇制がなんら律令法に規定されていないように、贄も本来律令法という国家法に規定されるような性質のものではなかったのである」（前掲註（2）書、一二五頁）とするが、こうした見解が現在のところ一般的であろう。

(57) 勝浦前掲註（2）論文。なお、贄戸系は鬼頭清明氏が『延喜式』の規定によって概念化された諸国所進御贄に、服食系は諸国例貢御贄にほぼ対応している（前掲註（2）「贄貢進荷札の分析」）。

(補註1) 旧稿発表以降の主要な贄の研究としては、佐藤全敏「古代天皇の食事と贄」（『平安時代の天皇と官僚制』東京大学出版会、二〇〇八年、初出二〇〇四年）、亀谷弘明「『古代王権と贄』の展望」（『古代木簡と地域社会の研究』校倉書房、二〇一一年）などがある。

(補註2) この一文は旧稿では「またSD五三〇〇も四層からなり、木簡は埋め立て土である最上層を除く、以下の三層から出土していることもSD五一〇〇と類似している。」としていたが、『平城京三』により本文のように改めた。

（補註3）　長屋王家木簡にも「大伴直古相」という人名がみえる（『平城京一』四〇三号）。旧稿では逸していたので、ここで補足しておく。

第七章　「軍布」記載木簡について

一　荷札の地域的特色

藤原宮、平城宮・平城京、長岡京などの都城からは毎年のように木簡の出土があり、それに伴い諸国から貢進された調や庸米、贄、中男作物などに付けられていた荷札の点数も増加している。そうしたなかで、荷札の点数がかなりな数に達している国もあり、国ごとの荷札の特色、すなわち荷札の地域的特色も明らかになってきている。

一口に荷札の地域的特色といっても、その形態、長さなどの法量、材質、書式、書風、さらには切り込みの入れ方などさまざまである。例えば、後論との関係でいえば、隠伎国の荷札は、形態としては、①全体に長さが短い割に幅の広い材であること、②長方形の材の上下両端の左右に切り込みを入れた型式（〇三一型式）のものが大部分を占めること、③材質としては杉が多いことなどである。書式では、④木簡の材の一面に記載されており、記載が裏面に及ばないこと、⑤記載の一部が二行の割書になるという点があげられる(1)。割書記載ということでは、若狭国の荷札も中型であるが、やはり割書がみられる(2)。また杉材が多いことは、尾張国にも若干同じような傾向がみられる(3)。

調の貢進物も地域によって特徴があり、伊豆国の品目はすべてが堅魚であり、堅魚に付けられていたことと関連して、荷札は三〇センチをこえるものが大半を占めるという特色がある。[4] これに対して、安房国はほとんどすべてが鰒である。[5]

ここに記した事柄は、これまでの研究で判明した木簡の地域的特色のほんの一例に過ぎず、また、今後の出土例の増加によってさらに多くの特徴が明らかにされるであろう。本章では、こうしたこれまでの成果によりながら、特定の国の荷札にみられる「軍布」という貢進物の表記について考察をめぐらせたい。なお後にも触れるが、「軍布」は「メ」と訓んでワカメを指している。

二　「軍布」記載の荷札

藤原宮、及び平城宮から出土した木簡について、「軍布」という記載のある木簡を次に掲げる。[6]

(1)　知夫利郡由良里軍□〔布〕□　108×25×3　スギ
（『藤原概報』一九号）

(2)　海評海里軍布□〔莒カ〕　111×23×2　スギ
（『藤原概報』四七号）

(3)　海評三家里　日下マ日佐良□ 軍布　106×25×5　スギ
（『藤原概報』五〇号）

(4)　海評海里軍布　127×26×5　（スギ）
（『藤原宮』一一号）

(5)　□□□里人大伴マ知真利尓支軍布廿斤　277×20×5　ヒノキ（『藤原宮』三〇号）

(6)　⎡　⎦評　⎡男田□軍布莒⎦　179×12×4　スギ（『藤原宮』五八号）

(7)　周吉郡　軍⎡布莒⎦　117×19×5　スギ（『藤原宮』六〇号）

(8)　次評鴨里鴨マ
止□身軍布　103×33×3　スギ（『藤原宮』一一七号）

(9)　知夫利評　三田里石マ　真□〔佐カ〕支軍布莒　116×22×5　スギ（『藤原宮』一一八号）

(10)　海評　中□〔田カ〕里　支止軍布　97×20×3　031（スギ）（『飛鳥・藤原概報（二十）』二六頁下）

(11)　海評　海里人　小宮軍布　135×29×3　031（スギ）（『藤原宮一』一六四号）

(12)　海評三家里人　日下マ赤□　軍布　98×20×3　031（『飛鳥・藤原概報（二十）』二七頁上）

(13)　次評　新野里　軍布　86×29×3　031（スギ）

（『藤原宮一』一七二号）

(14)・□里上ア
・□軍布　(73)×31×4　039
（『飛鳥・藤原概報（二十二）』二一頁上）

(15)海評佐々里阿田矢 軍布　109×25×2　031　ヒノキ
（『藤原宮二』五四七号）

(16)□　軍布廿斤　124×(11)×7　031　スギ
（『藤原宮三』一二一四号）

(17)次評□□〔部カ〕里 軍布　112×28×3　031　スギ
（『藤原宮三』一一七八号）

(18)海評前里 軍布　031
（『飛鳥・藤原概報（六）』一四頁上）

(19)□　□〔海カ〕□ア里 □〔軍カ〕布　039
（『飛鳥・藤原概報（六）』二一頁上）

(20)依地郡奈具里 軍布　(104)×28×3　039
（『飛鳥・藤原概報（十一）』一一頁上）

(21)□須二古心太二古軍布小二古荒□　(143)×(11)×3　081　ヒノキ科
（『藤原宮三』一三九一号）

(22)　□〔軍カ〕布廿斤
(64)×(23)×2　039　ヒノキ
（『飛鳥藤原京一』九三二号）

(23)　次評　上ア五十戸巷宜ア／刀由弥軍布廿斤
168×27×5　031　スギ
（『飛鳥藤原京一』一九六号）

(24)　軍布
(45)×(13)×2　032　ヒノキ
（『飛鳥藤原京一』二二九号）

(25)　依地評　都麻五十／軍布
147×34×3　031　スギ
（『飛鳥藤原京一』一三三号）

(26)　□□〔川内カ〕五十戸若軍布
122×24×3　031
（『藤原概報（十七）』一三頁下）

(27)　水江軍布十六斤
83×26×4　031　ヒノキ
（『平城宮三』二九一八号）

(28)　隠伎国周吉郡　上マ里日下部礼師軍布六斤／霊亀三年
031
（『平城概報（六）』四頁上）

(29)　海部郡　前里／阿曇マ都称　軍布廿斤
031
（『平城概報（十）』七頁上）

(30)　隠伎国海部郡　佐伎郷大井里阿□マ□呂麻／御調軍布□□〔六斤カ〕　天平□〔九カ〕年
031
（『平城概報（十六）』七頁上）

(31) 隠伎国海マ郡佐吉郷
阿曇マ□□多□〔軍カ〕布六斤
031
（『平城概報（十六）』七頁下）

(32) 隠伎国智夫郡 大井郷各田部 小足軍布六斤
031
（『平城概報（十六）』七頁下）

(33) 隠伎国 海部郡佐々里 勝部乎坂 軍布六斤
146×27×4　031
（『平城概報（二十一）』三二頁下）

(34) 隠地郡村里三那部井奈軍布六斤
213×32×4　031
（『平城概報（二十七）』二〇頁下）

(35) 隠伎国周吉郡奄可郷吉城里
服部屎人軍布六斤養老四年
128×26×3　031
（『平城概報（三十四）』三二頁下）

このうち「軍布」記載のある荷札で、国名表記があるものは、(28)、(30)、(31)、(32)、(33)、(35)の六点で、いずれも隠伎国からの荷札であることが注意される。またこれらの六点の荷札はすべて平城宮から出土したもので、藤原宮出土の「軍布」記載の荷札には、国名を表記したものは一点もみられないが、藤原宮から出土した荷札には、一般に国名を記すものが少ないという傾向があり、隠伎国の荷札にも同様の傾向を読み取ることができる。

次に郡名（評名）についてみると、表15のようになる。藤原宮から出土したものでは、海部郡（海評）のものが最も多く九点、次いで周吉郡（次評）が六点、役道郡（依地評）が三点、知夫郡（知夫利評）二点であり、四郡とも隠伎国の所管である。また、平城宮出土の荷札についても、海部郡が四点で最も多く、以下周吉郡二点、知夫（智夫）郡と役道（隠地）郡が各一点で、ほぼ藤原宮の場合と同じような数的傾向を示している。なお、平城宮から出土した「軍布」の記載のある荷札は、全九点中六点が国名+郡名表記である。

　このようにみてくると、先の国名表記からみた場合ともあわせて、「軍布」記載の荷札は隠伎国から送られてきたものと考えてよさそうである。しかしながら、そのように考えるにはなおいくつかの問題が残っているので、次にこの点について検討したい。

表15　郡名表記のある「軍布」記載荷札

	藤原宮出土の荷札	平城宮出土の荷札	合計
知夫（知夫利）（智夫）	(1)・(9)	(32)	3
海部（海）	(2)・(3)・(4)・(10)・(11)・(12)・(15)・(18)・(19)	(29)・(30)・(31)・(33)	13
周吉（次）	(7)・(8)・(13)・(14)？・(17)・(23)	(28)・(35)	8
役道（依地）（隠地）	(20)・(25)・(26)	(34)	4
合計	20	8	28

三　国名不明の「軍布」記載の荷札

　まず、一つめの問題は海評（海部郡）からの荷札で、そのうち(3)番の木簡である。この荷札について、岸俊男氏は「尾張国海部郡か」としている。(7)この岸論文は当該木簡について、それがどの国から送られてきたものかを検討したものではないので、このように推定した理由は定かではないが、おそらく、

『倭名類聚抄』には尾張国海部郡に三宅郷がみえるのに対し、隠岐国海部郡にはそれに相当する郷が存在しないからであろう。[8] また佐藤信氏は「古代隠伎国と木簡」[9] において、一九八三年までに出土した隠伎国関係の木簡を整理しているが、そのなかにこの木簡はあげていない。おそらく佐藤氏も、岸氏と同様に尾張国海部郡からの荷札と推定したのであろう。しかしながら、筆者はこの荷札は隠伎国海評からのものとして差し支えないと考える。以下、その理由を述べよう。

まず、第一に(12)番の木簡にも「海評三家里」という記載があるが、[10]「海評三家里」に関する木簡として、他に次のようなものがある。

(36)　隠伎国　海部郡□〔神カ〕宅郷□□里
勝部□波海藻六斤　天平□〔三カ〕年　031

（『平城概報（十六）』一〇頁上）

(37)　隠伎国海部郡　御宅郷弟野里日下部小竹
調螺六斤　天平七年　188×26×2　031

（『平城概報（二十四）』二九頁下）

「神宅郷」「御宅郷」はいずれも「ミヤケノサト」で、『倭名抄』の段階では隠伎国海部郡に「ミヤケノサト」は存在していなかったが、天平年間には「ミヤケノサト」が存在していたことが知られる。[11]

次に「日下部」という氏姓であるが、前掲の(37)番木簡の「隠伎国海部郡御宅郷弟野里日下部小竹」も含めて、次の表16に示すように、日下部姓の人物が隠伎国海部郡にいたことを平城宮出土の木簡によって確認することができる。

このほか、天平元年の「隠伎国郡稲帳」[12] には海部郡主帳として「外少初位上勲十二等日下部保智万侶」の名がみえる。[13]

また海部郡ではないが、(28)番の木簡によれば周吉郡上部里に「日下マ（日下部）礼師」、同じく周吉郡新野里に「日下部真名比」という人物がいたことが知られ、さらに『平城宮三』二八九四号の「□郷円志里日下部□手」も隠伎国と考えてよいであろう。[14]藤原・平城宮以外では、奈良県大和郡山市の稗田遺跡から「隠地郡 大田マ□□ 日下マ□□〔荒次カ〕」と記した木簡[15]が出土している。このように、日下部という氏姓は、海部郡を中心に隠伎国には比較的濃密に分布していたことがわかる。これに対して、尾張国の場合は、山田郡石作郷に「日下部建安万呂」がみえる程度で[16]、海部郡には日下部は確認できない。

三番目に、(3)番の木簡は人名以下が割書されているが、先述のように隠伎国の荷札は、志摩・若狭国とともに下半部を割書するという、書式上の顕著な特徴がある。すなわち、隠伎国の荷札では、郷名（里名）、あるいは人名から割書する例が多い。また、文字が裏面にまでおよぶ例はきわめて少ない。一方、尾張国の荷札は、例えば、

(38)　尾張国海部郡魚鮨三斗六升　　172×20×5　031　ヒノキ

（『飛鳥藤原京二』三六〇七号）

のように一行で表記するか、文字数が多い場合には、

(39)　・尾治国海郡嶋里人

・海連赤麻呂米六斗　　184×22×3　051　スギ

（『平城宮七』一一三〇一号）

表16　平城宮出土木簡にみえる隠伎国海部郡の日下部

人名	郡名	郷名	里名	出典
日下マ止々利	海部郡	佐吉郷		『平城概報（十六）』七頁上
日下マ□□祢	海部郡	佐吉郷		『平城概報（十六）』七頁上
日下マ□乙万呂	海部郡	佐吉郷		『平城概報（十六）』七頁下
日下部物伊	海部郡	御宅郷	弟野里	『平城概報（二十二）』三六頁上
日下部小竹	海部郡	御宅郷	弟野里	『平城概報（二十四）』二九頁下

のように、文字が裏面におよんでおり、割書記載の例はみられない。このように、書式の面からも、(3)番木簡は隠伎国のものと考えた方がよかろう。なお、(3)番木簡の樹種は杉であるが、前述したように隠伎国の荷札は杉材が多いことが指摘されている。しかしながら、皮肉にも尾張国の荷札も杉材が多く、樹種は国名を特定する手がかりとはならない。

以上、奈良時代前期にはすでに隠伎国海部郡に「ミヤケノサト」が存在すること、また日下部姓の分布も確認できること、さらに割書記載という書式も隠伎国の荷札としてふさわしいことなどの理由により、(3)番の木簡は隠伎国のものと考えてよいであろう。同様に、割書されている(6)(10)(11)(12)(19)番の木簡も隠伎国の荷札と考えられる。[17] また(4)番木簡は(2)番と同じく割書されてはいないが、長さが一二七ミリと小ぶりであり、隠伎国の荷札の特徴を備えている。

次に（5）番の木簡であるが、この荷札を考える上で手がかりとなるのは、「大伴マ」という氏姓である。これまでに出土した木簡によれば、「大伴部」は志摩・駿河・伊豆・安房・常陸国などにみえる。また、六国史では東海・東山道や西海道のほぼ全域にわたって分布するが、問題の隠伎国については、次のような荷札がある。

(40)　・隠伎国役道郡 武良郷□□〔大カ〕里 / 大伴部国立三耳鰒四斤　182×23×3　031

　・「□駅□□」　（『平城概報（二十二）』三七頁上）

また天平五年（七三三）の「隠伎国正税帳」には、役道郡大領として「外従八位上大伴部大君」の名がみえている。[18]

これらのことから、(5)番の木簡も隠伎国のものと考えてもよさそうであるが、実はそうではないのである。

まず、書式に割書記載がみられないことである。これだけならば、隠伎国の荷札と考える上で問題にはならないが、材質が檜であること、また何よりも長さが二二七ミリと二〇センチを越えていることである。隠伎国の荷札の長さはおよそ一〇センチ前後で、天平頃には一七三ミリのようにかなり長いものもみられるが、それでも二〇センチを越えるものはない。さらに「大伴部」という氏姓であるが、これは志摩国の荷札に頻繁にあらわれる。また「ニギメ」の「ニギ」を「尓支」と記すのは、木簡により現在知られるのは、一例だけではあるが志摩国のものである。(19) したがって、(5)番木簡は志摩国の荷札と考えるのが妥当であろう。(20)

(14)番木簡は、表面に「里」とあり、藤原宮から出土したものであるから、国―評（郡）―里制下の木簡である。表裏両面に記載のある荷札であり、隠伎国のものとするには問題があるが、「里」の次の「上部」はおそらく氏姓であり、それは(28)番木簡にみえる「周吉郡上マ里」に因む氏姓と思われ、これも隠伎国の荷札であろう。

(21)番木簡は原形が不明であるが、記載内容からして、荷札ではないように思われる。(27)番の「水江」については、詳細はわからない。(21) (22)(24)番の木簡もこれだけでは、判断しがたい。(26)番の「川内五十戸」は『飛鳥・藤原概報（十七）』が「隠地郡河内郷」と注記するように、隠伎国のものである。

いくつか不明なものもあるが、こうしてみてくると、「軍布」の記載のある荷札で国名がわかるもの、あるいは郡（評）・郷（里）名などから国名が推定できるものは、志摩国のものと確認できる(5)番の木簡一点を除き、ほとんどが隠伎国のものである。前節で述べたように、「軍布」記載の荷札は大部分が隠伎国から送られてきたものという見通しは、十分成り立つのではなかろうか。

四　「海藻」記載の隠伎国の荷札

さて、隠伎国から貢進された「メ」はすべて「軍布」と表記されていたのであろうか。他の表記はないのであろうか。実は、「メ」を「海藻」と記した隠伎国の荷札も存在するのである。次に掲げる(41)～(61)番の木簡がそれである。

(41) ∟周岐里海部
∟調海藻六斤　神亀五年　(98)×29×2　039　（『平城宮二』二〇八一号）

(42) 隠伎国知夫郡　□□郷安吉里海部恵得
調海藻六斤　七年　172×27×3　033　（『平城宮二』二二四九号）

(43) ∟郷円志里日下部□手
∟海藻六斤神亀二年　(91)×24×3　039　ヒノキ　（『平城宮三』二八九四号）

(44) □伎国周吉郡　山部郷生壬部□奈冂
海藻六□〔斤カ〕　039　（『平城概報（十三）』六頁下）

(45) (隠伎)
∟伎国周吉郡　上部郷訓議里孔王部
水在調海藻六斤　天平三年　031　（『平城概報（十六）』七頁上）

(46) 隠伎国　海部郡□〔神カ〕宅郷□□里
勝部□波海藻六斤　天平□〔三カ〕年　031　（『平城概報（十六）』一〇頁上）

(47) 隠岐国　海□□佐々郷大井里
阿曇部□御調海藻六斤　養老七年　153×27×4　031　（『平城概報（十九）』二三頁上）

(48) 隠伎国周吉郡　上部郷訓議里蝮王部
乎我志調海藻六斤　天平七年

151×27×4　031　(『平城概報（二十二）』三六頁下)

(49)　隠伎国周吉郡　山部郷市厘里檜前部足麻呂
調若海藻六斤　天平七年
170×40×4　031　(『平城概報（二十二）』三六頁下)

(50)　隠伎国周吉郡　山部郷市厘里宗我部益男
調海藻六斤　天平七年
148×30×4　031　(『平城概報（二十二）』三六頁下)

(51)　・隠伎国智夫郡　由良郷阿曇部赤人
調海藻六斤　天平六年
・隠　□里□　□日
□
166×20×5　031　(『平城概報（二十四）』二九頁上)

(52)　隠伎国海部郡海部郷　志吉里壬生部池田
調海藻六斤
178×35×3　031
(『平城概報（二十四）』二九頁上)

(53)　隠伎国海部郡　佐支郷都深里凡海部
弥都麻調海藻六斤
天平七年
164×27×4　031　(『平城概報（二十四）』二九頁下)

(54)　隠伎国海部郡　作佐郷大井里海部直麻呂
調海藻六斤天平七年
148×25×3　031　(『平城概報（二十四）』二九頁下)

(55)　隠伎国智夫郡　宇良郷白浜里額田部小牛
調海藻六斤
164×29×4　031
(『平城京三』五七二四号)

(56)　隠伎国　海□□〔部郡〕□〔勢カ〕郷敷多里
阿曇部広田調海藻六斤
天平六年
173×29×5　031　(『平城概報（二十九）』三五頁下)

(57) 隠伎国海部郡　海部郷□□〔志吉カ〕里阿曇部与呂比
調海藻六斤　天平七年
166×26×3　031（『平城概報（二十九）』三五頁下）

(58) ∟□〔都カ〕深里勝部足男
∟藻六斤天平六年
(76)×26×3　039（『平城概報（二十九）』三五頁下）

(59) 隠伎国周吉郡　新野郷布勢里私部□□
調海藻六斤　天平六年
158×30×4　031（『平城概報（三十一）』七頁上）

(60) 隠伎国海部郡　作佐郷大井里海部吉万呂
調海□〔藻カ〕六斤　天⌈
163×25×3　031（『平城概報（三十一）』二九頁下）

(61) 隠伎国海部郡　□□□□□阿曇部与里比
調海藻六斤　天平六年
155×21×4　031（『平城概報（三十一）』二九頁下）

郡名の明記されているものについてみると、知夫（智夫）郡の荷札が三点、海部郡が九点、周吉郡が六点、役道郡が〇点ということになる。なお、佐藤信氏は(41)番の木簡について、木簡の形態や記載形式からみて隠伎国木簡に類似しており、周岐里が周吉郡に存在した可能性があることを指摘しているが、首肯すべき見解であろう。(22) また、(43)番木簡については、『平城宮三』（二八九四号木簡の解説）は書式や「日下部」という氏姓から、郡名こそ不明であるが、隠伎国の可能性が高いことを指摘している。(58)番の木簡は(53)番の木簡から「海部郡佐支郷」のものであることが知られる。以上のことをふまえると、表17に示したように、知夫（智夫）郡の荷札が三点、海部郡が一〇点、周吉郡が七点、役道郡が〇点ということになる。郡別の点数が、先にみた「軍布」記載の荷札とよく似た傾向にあることに留意する必要があるだろう。

それでは、これまでみてきた「軍布」記載の荷札群と、「海藻」記載の荷札群とはどのような関係にあるのだろうか。まず、注意されるのは、「軍布」記載の荷札は、藤原宮からも平城宮・平城京からも出土しており、しかも藤原宮から出土したものが平城からのものを数の上では上回ること、逆に「海藻」記載の荷札はすべて平城宮・平城京からの出土であり、藤原宮からは一点も出土していないことである。このことから考えられるのは、隠伎国では、古くは「メ」を「軍布」と表記したが、ある時点から「海藻」と表記が変化したのではないかということである。

それでは、そうした変化はなぜ起こったのであろうか。[23] それを考えるためには、その変化がいつごろ起こったのかを最初に明らかにしておかなければならない。「軍布」記載の荷札で年紀のあるものは、時代順では(28)番の「霊亀三年(七一七)」、次いで(35)番の「養老四年(七二〇)」、少し下って(30)番の「天平□〔九カ〕年(七三七)」である。また、(33)、(34)番の木簡は長屋王家木簡で和銅三年(七一〇)から霊亀三年(七一七)の間であろう。一方、「海藻」記載の荷札は、二条大路木簡の「天平六年」・「天平七年」が多いが、最古のものは(47)番の「養老七年」、次いで(43)番「神亀二年(七二五)」、(41)番の「神亀五年」、そして(45)・(46)の「天平三年」、「天平六年」・「天平七年」となる。[24] こ

表17　郡名表記のある隠伎国の「海藻」記載荷札

	藤原宮出土の荷札	平城宮出土の荷札	合計
知夫（智夫）		(42)・(51)・(55)	3
海部		(46)・(47)・(52)・(53)・(54)・(56)・(57)・(58)・(60)・(61)	10
周吉		(41)・(44)・(45)・(48)・(49)・(50)・(59)	7
役道（隠地）			0
合計	0	20	20

うした変化の常例として、ある時期に一斉に表記が変化するのではなく、古い表記がしばらく残ることも考えられ、㉚番の「天平□〔九カ〕（七三七）年」はそうした例とみることができる。以上から考えると、「軍布」から「海藻」への表記上の変化は、養老年間とみて差し支えないだろう。

「軍布」から「海藻」への表記上の変化が養老年間であるとすれば、その背景にあるものは何であろうか。養老年間といえば、調をはじめとする租税収取体系の整備が想起されよう。霊亀三（七一七）年五月には大計帳や青苗簿、輸租帳などの式が七道諸国に頒下されている。[25] 大計帳はいうまでもなく調を収取するのに必要な公文であり、輸租帳は田租収納に関わる台帳である。また同年には郷里制が施行されているのであるが、[26] 郷里制への改変の目的は、律令国家の地方行政を徹底し、貢租徴税の実をあげんとしたところにあった。[27] 同じく養老元年（七一七）十一月には、調副物が中男正調とともに廃止され、新たに中男作物制が成立する。[28] このように、霊亀三年＝養老元年には、地方行政や租税収取に関する一連の政策が相次いで実施されているのである。

筆者はこうした政策を背景として、調物収取や帳簿記載の便宜上、「軍布」についても他国と同様、賦役令調絹絁条に記載されている「海藻」という用字に表記を統一することが律令国家により指示されたのではないかと考えるのである。かりに隠伎国内の一部で表記上の変化がみられるのであれば、郡衙以下の段階による指示も考えられる。しかし、知利（智夫）・海部・周吉三郡の荷札に、ほぼ同じ時期に同様の変化が起こっているのであるから、隠伎国あるいはその上級機関、つまり中央からの指示によるものと考えられるが、上記の養老年間の情況から推して律令国家を想定すべきであろう。かかる想定に誤りがなければ、「海藻」と記した役道郡（隠地郡）の荷札も、将来出土するのではなかろうか。

五　都城出土木簡以外の「軍布」史料

これまで、藤原宮・平城宮（京）出土の「軍布」記載木簡についてみてきたのであるが、それ以外にも「軍布」の史料は存在する。次にこうした史料について検討を加えることとしたい。

まず、大宰府から出土した木簡に「軍布」と記したものが一点ある。

⑹・十月廿日竺志前贄駅□□〔寸尓カ〕留　多比二生鮑六十具　鯖四列都備五十具
・須志毛十古　割軍布一古

311×29×3　広葉樹

（『大宰府概報（一）』七号）

鯛・生鰒・鯖・都備（螺）といった魚貝類や須志毛などとともに、「割軍布」の記載がある。「割軍布」は「サキメ」と訓むのであろうか。「古」は他の木簡にも散見するが、海産物の単位を表している。

この木簡には年紀は記されていないが、作成された時期はある程度知ることができる。すなわち、日付が木簡の冒頭に記されていることから、大宝令施行前後に作成されたことが推定できる。[29] このことと符合して「竺志前」という国名表記がある。のちの筑前国のことであるが、筑前国の古い呼称として藤原宮出土の木簡に「筑志前」[30] とあるように、やはりこれも大宝令施行前後の表記と考えられる。この木簡は大宝令施行前後に作成されたものであろう。

「軍布」の語は、この他に『万葉集』に一例みえる。

(63)　石川少郎歌一首

然之海人者　軍布苅塩焼　無暇　髪梳乃小櫛　取毛不見久尓　（巻三―二七八）

志賀の海人は　め刈り塩焼き　暇なみ　くしけの小櫛　取りも見なくに

歌意は「志賀の海女は、海藻刈り、塩を焼き、暇が無いので、髪を梳く櫛を手に取ってもみないことよ」である。「軍布」は「メ」と訓んで、それ以外の訓はない。現在、一般的に「軍布」を「メ」と訓むのは、この『万葉集』の歌の訓みによっている。さらに⑸番の木簡にみえる「尓支軍布」が「尓支米」[31]ともあることから、木簡からもこの訓みが証明された[32]。

ところで、古代の製塩法には、海水の塩分濃度をあげる濃縮の過程（採鹹）、それを煮沸して塩の結晶をとりだす煎熬と呼ばれる過程とがあり、「海藻刈り、塩焼き」は、かつて海藻が製塩と深い関係にあったことを示しているといわれる[33]。現在でも、製塩、とくに採鹹の過程で海藻が使われていたことは確実であるとされており[34]、この歌は志賀島を中心とした一連の製塩作業を詠んだものと考えられる[35]。

この歌の作者である石川少郎については、その左注に「右今案　石川朝臣君子号曰少郎子也」とあり、「少郎」とは石川朝臣君子の号である「少郎子」のことである。この石川朝臣君子は同じく『万葉集』巻三―二四七の歌の左注には「神亀年中任小弐〈大宰少弐[36]〉」とあり、二七八番の歌は大宰少弐在任中に詠んだものであろう。そうすれば、先述の大宰府出土の木簡とあわせて、筑紫地方においても七世紀末から八世紀前半の神亀年間にかけて「海藻」を「軍布」と表記していたことになる。そして、ひいてはその表記がこれまで検討してきた隠伎国の場合とも時代的に重なることになるのである。

また、大宝二年の豊前国仲津郡丁里戸籍には、次のような人名がみえる。

(64)　戸主進少初位上河辺勝法師、年肆拾弐歳　正丁　課戸
　　妻河辺勝弥売　年肆拾伍歳　　丁妻

妾狭度勝軍布売、年参拾弐歳、　　丁妾
（下略）(37)

戸主川辺勝法師の妾として、狭度勝軍布売という名の女性がみえるが、大宝二年段階で年齢は三二歳であるから、生年は六七一年である。この大宝二年豊前国仲津郡丁里戸籍について、岸俊男氏は継目裏書に大宝二年籍と記されているが、実際は大宝三年もかなり経過してから完成し、それを大宝二年籍と称し、大宝三年当時の年齢を記入したのではないかとしているが(38)、そうすれば軍布売（「メメ」と呼ばれたのであろうか）が生まれたのは六七二年ということになる。いずれにしても、六七〇年代ごろの豊前地方では、人名に「軍布」を付けるほど、「メ」を「軍布」と表記することが流布していたことを示しているように思われる。

木簡からは、いつごろから「軍布」という表記が定まったのかは判然としないが、既述の大宰府出土の木簡も含めて、七世紀後半頃には北九州において「メ」を「軍布」と表記することが広く行われていたと考えてよいのではないだろうか。

六　結　語――「軍布」の語の由来――

以上の検討にして大過ないものとすれば、それでは「軍布」の語は一体何に由来するのであろうか。最後にこの点について卑見を述べて、本章を終えたい。

古く契沖は『万葉代匠記』において、「軍布ヲメトヨムヤウ、未詳。今按、混渾通用スルヲ思フニ、昆卜軍卜音相近ケレハ昆布ニヤ。昆布ハ和名比呂米、一名衣比須女ナリ。又軍中兵糧ノ嚢ノ料ニ、メヲモ蔵メオクト申セハ、其心ニヤ」と述べている。[39]すなわち「メ」は昆布のことで、「昆」字は「混」の三水偏が省略されたものであり、「混」と「渾」が通用し、また「軍」はその「渾」の三水偏が省略されたものとするが、かなり迂遠な説明であり、これは臆説にすぎない。また小谷博泰氏は、古代朝鮮語で「軍」と「昆」が通用した可能性もあるとするが、それ以上の説明はしていない。[40]

「軍布」なる語は、『大漢和辞典』には載せられていない。おそらく漢語ではないのであろう。小谷氏のいうように古代朝鮮語かも知れないが、これを「メ」という和語を表意の漢字で表したものと考えることはできないであろうか。木簡には「渾布」表記がなく、すべて「軍布」と記されていることが明らかな現時点においては、契沖のように三水偏の省略とするのではなく、まず「軍布」という文字そのものから検討すべきではないかと思う。

「軍布」を「イクサノヌノ」の意と解すると、まず考えられるのは、古代の戦闘において使用され、軍防令にも規定がみえる「軍幡」である。軍防令私家鼓鉦条では、鼓鉦をはじめ軍幡など、軍隊の統率・指揮に必要な軍事品を私家が所有することを禁じている。「軍布」を「メ」と訓むことに異論はないであろうが、「メ」という一音節からなる語を二文字で表記するような、音節数より文字数の方が多い例は、古代においてままみられることである。その代表的な例は「五十戸」を「サト」と訓む例であり、また『万葉集』には「八十一」を「クク」と訓んでいる場合がある。[41]いうまでもなく「五十戸」の場合、一つの「サト」が五〇の戸によって構成されていることにより、こうした表記がされているのであるが、それは「サト」という実体を「五十戸」という属性によって表現したものである。「八十一」も同様であろう。それでは「メ」の場合はどうであろうか。私は、採集された「メ」が乾燥に際して風にゆらぐ様を、「軍幡」がはためく様子になぞらえて、このように表記したのではないかと推測する。

前節において、七世紀後半頃には北九州において「メ」を「軍布」と表記することが広く行われていたと考えた。

豊前国戸籍にその名がみえる狭度勝軍布売が命名されたのは、六七二年の壬申の乱を前後する時期であろう。壬申の乱においては、大海人皇子みずから、漢の高祖のひそみにならって赤い幡（「絳旗」『古事記』序文）を使用したことは、つとに著名である。軍防令に規定されている軍幡はこのころにすでに確認できるのである。さらにさかのぼって六六三年の白村江の戦いで、倭軍が唐・新羅連合軍に敗れて以降、西日本を中心に防衛体制が強化された。『書紀』には記録はみえないが、地理的に朝鮮半島に近い隠岐島も唐・新羅の連合軍の来襲に備えて、軍事的な緊張感が高まっていたことは間違いないであろう。和田萃氏は、六世紀後半、畿内政権が名代・子代をもうけて隠岐のクニを置き国造を任命したのは、隠岐を新羅防衛の軍事拠点として認識していたからであるとする(42)。そうした軍事的緊張の高まりが北九州においても同様であったことは、『書紀』が伝えるごとくである。

七世紀後半に、隠岐や北九州で「メ」を「軍布」と表記することが定まり、やがてそれが志摩をはじめ各地に伝わり、「メ」の貢進に当たって、荷札に「軍布」と記されるようになったと考えたい。なお平城宮からは「讃岐国鵜足郡和軍六斤(43)」と記した荷札が出土しているが(補註1)、「和軍」は「和軍布」＝「ニギメ」の「布」字の脱落、または省略であるならば、讃岐国でもそうした表記が行われていたことになる。

臆測以上のなにものでもないが、一案として提示したい。ただ何分国語学には不案内であり、基本的な誤りがあるのではと怖れるが、読者諸賢からご批判をたまわることを念じて、この拙い章を終えたい。

註

（1）　佐藤信「古代隠伎国と木簡」（『日本古代の宮都と木簡』吉川弘文館、一九九七年、初出一九八三年、一九八六年）。和田萃「古代の出雲・隠岐」（『海と列島文化』二　日本海と出雲世界、小学館、一九九一年）。

(2) 東野治之「木簡にみられる地域性」(『日本古代木簡の研究』塙書房、一九八三年、初出一九八二年)。
(3) 東野前掲註(2)論文。
(4) 寺崎保広「最近出土した平城京の荷札木簡—伊豆国を例として—」(『古代日本の都城と木簡』吉川弘文館、二〇〇六年、初出一九九〇年)。
(5) 東野前掲註(2)論文。佐藤信「古代安房国と木簡」(『日本古代の宮都と木簡』初出一九九三年)。
(6) 報告書に材質が表示されているものについては、行論の必要上材質を示した。
(7) 岸俊男「藤原宮跡出土の木簡」(『宮都と木簡—よみがえる古代史—』〈吉川弘文館、一九七七年、一一三頁、初出一九六八年〉)。
(8) 『藤原概報』には、掲載順からすると隠伎国の木簡として配列されているようであるが、その解説部分には「和名抄では尾張国海部郡に三宅郷がみえる」(三八頁)とある。
(9) 佐藤前掲註(1)論文。
(10) 佐藤氏は、前掲註(1)論文ではこの木簡を隠伎国のものとしてあげている。なお、『古代地名大辞典—索引・資料編—』(角川書店、一九九九年)は、(3)番木簡を隠岐国海部郡・尾張国海部郡双方の項に、(12)番木簡を尾張国海部郡の項に掲載している。
(11) 佐藤氏は、前掲註(1)論文において、神宅郷について「評里制時代(〜七〇一年)の藤原宮木簡に『海評三家里』がある。(中略)この神宅郷の所在は未詳であるが、屯倉との関連から、海部郡家ともそう離れない、海士の地域の一部であったのであろう」(三八五頁)とする。
(12) 『大日本古文書』には「隠伎国正税帳」とあるが、これが「隠伎国郡稲帳」であることは、薗田香融「隠岐正税帳をめぐる諸問題—特に天平六年の官稲混合について—」(『日本古代財政史の研究』塙書房、一九八一年、初出一九五七年)、井上辰雄「古代の隠岐—天平元年隠岐国郡稲帳の復元をめぐって—」(『正税帳の研究』塙書房、一九六七年、初出一九六六年)を参照のこと。

(13)『大日本古文書』一―三八九頁。
(14)『平城概報（二十七）』二〇頁上。
(15)『木簡研究』三、一九八一年。
(16)『大日本古文書』二五―一三八頁。
(17)(6)番木簡には「軍布莒」とあり、軍布が器物に入れられて貢進されたことを示している。なお、これらのうち佐藤氏が、前掲註（1）論文で隠伎国のものとしてあげているのは、(10)(11)(12)番木簡である。
(18)『大日本古文書』一―四六〇頁。
(19)『飛鳥・藤原概報（十三）』二〇頁下。
(20)この木簡は、『藤原概報』にも報告されており（五六号）、その前後の木簡の配列からすると、『藤原概報』は当該木簡を志摩国のものと推定して掲載しているようである。また玉置悦子氏も、この木簡を志摩国のものと推定して、分類している（玉置悦子「調制に関する一考察―その成立期をめぐって―」（『寧楽史苑』一八、一九八二年）。
(21)鈴木一男「国語史料としての藤原・平城両宮跡出土の木簡雑考」（『初期点本論攷』〔桜楓社、一九七九年、二五〇頁、初出一九六九年〕）は「水江産のメという意であろう」とする。
(22)佐藤前掲註（1）論文。
(23)「軍布」から「海藻」への変化については、すでに早く、『平城宮三』が「（軍布は―筆者）木簡では藤原宮跡出土のものや、平城宮跡でも郡里表記の和銅年間のものや霊亀三年のものにみえ（『平城概報（六）』四頁、『同（十）』七頁）、古い表記法である」（二九一八号の解説、八四頁）とし、また加藤優氏は「軍布は養老年間から『海藻』と表記される」（『日本古代木簡選』岩波書店、一九九一年、二七番の解説、九九頁）と指摘している。しかし、そうした変化がどのようなことを契機にしているのかは説明されていない。
(24)(42)番は単に「七年」としか記載されていないが、郷里制下であるから「養老」か「天平」である。
(25)『続紀』養老元年五月辛酉条。

(26) 鎌田元一「郷里制の施行と霊亀元年式」(『律令公民制の研究』塙書房、二〇〇一年、初出一九九一年)。
(27) 拙稿「青苗簿制度について」(本書第五章)。
(28) 『続紀』養老元年十一月戊午条。
(29) 岸俊男「木簡と大宝令」(『日本古代文物の研究』塙書房、一九八七年、初出一九八〇年)。
(30) 『藤原宮』一四号。
(31) 『藤原概報』五七号。
(32) 関根真隆『奈良朝食生活の研究』(吉川弘文館、一九六九年)。
(33) 近藤義郎「製塩」(『日本の考古学』V 古墳時代(下)、河出書房新社、一九六六年)。
(34) 大山真充「製塩」(『古墳時代の研究』4 生産と流通I、雄山閣出版、一九九一年)、同「瀬戸内海の製塩—古墳時代後期の生産拡大の意味—」(『古代王権と交流6 瀬戸内海地域における交流の展開』名著出版、一九九五年)。
(35) 志賀島と九州本土とを繋ぐ海の中道に、製塩土器を検出した海の中道遺跡が存在する(横山浩一・山崎純男編『海の中道遺跡』(福岡市教育委員会、一九八二年)、板楠和子「主厨司考」(『大宰府古文化論叢』上巻、吉川弘文館、一九八三年))。
(36) 巻三—二四七の左注には「石川朝臣吉美侯」とある。
(37) 『寧楽遺文』上、一三二~一三三頁。
(38) 岸俊男「十二支と古代人名—籍帳記載年齢考—」(『日本古代籍帳の研究』塙書房、一九七三年、初出一九六〇年)。
(39) 『契沖全集』二 萬葉代匠記二(岩波書店、一九七三年、五七頁)。
(40) 小谷博泰「記紀歌謡の解釈と木簡」(『木簡と宣命の国語学的研究』和泉書院、一九八六年、初出一九八三年)。
(41) 『万葉集』巻四—七八九、巻八—一四九五、巻一一—二五四二、巻一三—三二四二、同—三三三〇。
(42) 和田前掲註(1)論文。
(43) 『平城概報』(三十六)一三頁下。

（補註1）　旧稿投稿後、徳島県の観音寺遺跡から「交軍布」と記された木簡が出土していることを知った（『観音寺遺跡I（観音寺遺跡木簡篇）』二〇〇二年、五八号）。『同』五八号解説は、「交軍布」の「交」は「コモコモ」と訓み、束状の海藻を「交軍布」と表現したのではないかとする。出土した層位は、七世紀後半のV層からで、本章で検討した「軍布」の語の使用時期と矛盾しない。この「讃岐国鵜足郡和軍六斤」の荷札ともあわせて、七世紀後半から八世紀前半にかけて、南海道でも「メ」を「軍布」と表記していたことを示していよう。

第八章　調庸制と専当国郡司

一　調庸専当制研究の現状

律令租税制の根幹をなす調庸制は、律令財政上のみならず、律令国家の支配を考える上においても重要な主題であるため、これまで厖大な研究が蓄積されてきた。調庸制の成立や構造、さらにはその推移・変遷の問題はもちろんのこと、調と関わりの深い贄や中男作物の制度についても研究が進展している。

しかし従来の調庸制研究を概観して気づくことは、調庸制の種々の側面のなかでも、調庸専当制についてこれを正面から取り扱ったいわば専論とも呼ぶべき研究が意外に少ないことである。管見の限りではあるが、寺崎保広氏の論考(1)をあげうる程度にすぎない。もちろん、調庸制の他の側面と関わらせて調庸専当国郡司が取り上げられることはあったが、それらも十分な検討を経たものとはいえないように思われる。調庸専当制の問題は、史料に乏しい古代史研究のなかにあって比較的史料に恵まれているにもかかわらず、また何より調庸の収取にとって重要な問題であるにもかかわらず、これまであまり研究の俎上に載せられてこなかったのである。

本章では、こうした調庸制の研究動向をふまえて、調庸専当国郡司制の歴史的意義を中心に考察を加えることとする。近年の調庸制研究の特徴として、その収取の仕組みに関連して、荷札木簡や調庸墨書銘を素材にしてのさまざまな面からの検討が行われてきていることをあげることができる。こうした素材は調庸専当制の研究においても重要な知見を提供しており、この面からの検討も必要である。それらについては後の行論で触れることになるであろう。

調庸専当制については如上のような研究状況であって、その成立の時期をはじめ、具体的にいかなる職務を専当していたのかといったいわば基本的事項についてさえも、これまで明らかになっているとはいい難いのである。そこでまずこうした基礎的な問題について検討することにしたい。

二 「主当」と「専当」

調庸専当国郡司制がいつごろ成立したのか、また具体的に調庸に関してどのような事項を専当するのかについて考えたいが、その前に行論上、「専当」とともに史料上にあらわれる「主当」の意味内容について検討しておかなければならない。なぜなら、これまで「主当」と「専当」とは同一内容であることは当然であるとして、それを前提に調庸制を考察する論考もある一方で、「主当」と「専当」とは異なるものであるとする見解もみられるのである。結論からいえば、両者は同一内容であることに相違ないのだが、調庸専当国郡司制の成立とも関わるので、この点を先に明らかにしておきたい。

「主当」と「専当」との関係を考える上で、次の『類聚三代格』巻一八、駅伝事、承和五年（八三八）十一月十八日官符が重要である。少し長くなるが、当官符を引用しよう。

太政官符

応レ禁下断上下諸使等剋外多乗中用夫馬上事

右太政官去延暦元年十一月三日下二諸道一符偁。去天平宝字二年七月十九日下二諸国一符偁。上下諸使、准レ剋給レ馬。如有二違犯一者、罪著二法律一。而諸使違レ式乗用、国司知而不レ禁。自レ今以後、必録二増乗之人一、申レ官科レ罪。若不レ申者与同罪者。大納言正三位藤原朝臣是公宣。奉レ勅、如レ聞。前件事条、禁制以來、徒積二年歳一、曾不二遵行一。或使者憑レ勢剋外増乗、或国司和牒遞相融通。因レ茲、路次伝駅疲弊殊甚。於レ事商量深非二道理一。自レ今以後、（a）宜下毎レ国委二次官已上一人一厳加中禁断上。（b）如有三専当国司阿容不レ糺被二比国申一者、即宜レ解二所由官見任一者。諸国承知、牓二示郡家并駅門一、普令二告知一者。（中略）今被二右大臣宣一偁。奉レ勅、如レ聞。上下諸使等猶不レ畏二憲法一、剋外多乗用。或乗二甲駅馬一、過二丙丁駅一。或夫馬之荷乖レ法負レ重、国司許容曽无二糺勘一。宜下重下知不上レ得レ令二更然一。若違レ法乗用之徒、留レ身言上。但事縁レ急者録レ名言上。並科二違勅罪一不レ用二蔭贖一。若有三国郡顔面不レ糺被二比国告一者、依二延暦元年格一解二却所由官見任一者。須下毎レ駅充二郡司一、（c）令中彼主当国司次官已上一人、依レ格専当上、不レ得三積習以致二疎略一。

承和五年十一月十八日

吉沢幹夫氏はこの官符を論拠の一つにあげて、「主当」と「専当」とは意味内容が異なるものとして、主当から専当制への移行を主張する。[2] 氏は「介は上下諸使の公馬濫用の監察を主当するが実際の任務にたずさわる人物は他にいて、彼らが専当人と呼ばれていた。[3]」とした。すなわち、主当国司（介）は国司の特定の職務（この場合は、公馬濫用の監察）の責任者であり、実際の任務にたずさわっていたのは、専当国司であるという理解であろう。しかしながら、こうしたことはこの官符中のどこにも書かれていないばかりでなく、なぜこのことが主当から専当制への移行を示すのかもまったく理解しがたい。

また吉岡眞之氏は、同じ承和五年官符により、「主当国司のうちの一人を格によって専当とする、ということに見られる関係は、両者を区別する必要をもの語るものというべきであろう。[4]」として、「主当」と「専当」は実態的に区別すべきであるとする。吉岡氏の見解は何人かの「主当」のうちの一人が「専当」であるという理解である。しかしながら、こうした理解は、この承和五年官符の解釈の誤りにもとづいていると思われる。

両氏の見解にもかかわらず、この承和五年官符は逆に「主当」と「専当」は記載上の相違にすぎず、実態としては同じものであることを示しているのである。吉岡氏は、（c）の「令中彼主当国司次官已上一人、依レ格専当上」の解釈によって、主当国司のうちの一人を格によって専当とすると理解し、「主当」と「専当」は別の実態であると考えるのであるが、この「彼主当国司次官已上一人」とは、延暦元年官符中の（a）にある尅外増乗を禁断すべき「次官已上一人」のことである。したがって、それに続く（b）のもし専当国司が（尅外増乗を）阿容して糺さなければ、とある「専当国司」とは（a）の「次官已上一人」のことであり、「専当」とは尅外増乗禁断の職務を専当するという意である。何よりも（c）に「令中彼主当国司次官已上一人」として彼の主当国司とあるのは、延暦元年官符中の「次官已上一人」とあるのを承けてこのように表記されているのであり、それは他ならぬ（b）にある専当国司なのである。また、（c）にある「依レ格専当」の「格」とは、当然延暦元年官符を指している。すなわちこの承和五年官符は、度々の禁止にもかかわらず駅馬の尅外増乗が絶えないなかで、延暦元年官符を追認し、その遵守をあらためて督励したものである。承和五年官符中に「主当」「専当」という同じ内容の語句が両様あらわれるのは、同一語句の重複を避けるための修辞上の問題からであろう。

この「主当」と「専当」については、すでに寺崎保広氏が正しい理解を示している。[5] 氏は正倉院の専当官記載調庸墨書銘について、すべて国ごとに同一の記載型式で、かつそれぞれが年代をこえて一貫していること、とくに同じ国が「主当」「専当」の両様を表記している例はなく、年代が異なってもいずれかの一方に統一されていることを指摘した。その上で、寺崎氏は主当と専当には本質的な違いはなく、同一概念であると理解した。すなわち国によって専当官を「主当」と表記する国と、「専当」と表記する国があったことが知られる。筆者は基本的に寺崎氏の指摘を妥当と考えるが、先述の承和五年官符の解釈とあわせて、「主当」と「専当」が実態としては同じものであることを示す史料をさらに提示したい。

承和九年（八四二）正月二十七日官符[6]が引用する天応元年（七八一）八月二十八日格には「調庸専当国司、付計帳使申上」とある。『続後紀』の同日条では、「国司」の下に「名簿」の語句があり、各国の調庸専当国司の名は歴名帳の形で、計帳使が中央に報告することになっていたらしい。このことについては、天平六年（七三四）の「出雲国計会帳」に、天平五年八月の大帳使依網連意美麻呂がもたらす枝文のなかに、「主当調庸国司并郡司帳一紙」[7]なる公文がみえる。計帳使と大帳使はまったく同一の使をさす別称であると考えられている[8]。後者には「郡司帳」もみえるが、同一の使者が申上したこの両者の文書が同一内容の文書を指すことは疑いない。とすれば「調庸専当国司」は「主当調庸国司」のことであり、同一の官がある時は「主当」と呼ばれ、ある時は「専当」と両様に呼ばれていたことが知られるのである。

以上、「主当」と「専当」とは同一概念、同一の実態であることを確認したのであるが、それではこうした調庸専当国郡司制は制度的にいつごろ成立したのであろうか。節をあらためてこの点について考えてみたいと思う。

三　調庸専当国郡司制の成立

調庸専当国郡司制の成立について、長山泰孝氏は『類聚三代格』巻一二、諸使并公文事、承和九年（八四二）正月二十七日官符が引く宝亀六年（七七五）六月二十七日格に、「貢調庸使者必進二専当国司目已上一。縦不レ入レ京。追坐二専当一」とあることなどから「宝亀・延暦期において注目されるのは、この時期に調庸専当国司が設置されたことである」(9)とする。八世紀後半の宝亀・延暦期は、一般に粗悪・違期・未進などの調庸違反が重大な政治問題となりはじめた時期であると考えられているが、まさにそうした時期に調庸専当国司が設置されたと考えるのである。また野田嶺志氏は、『続紀』宝亀六年三月乙未条に伊勢国ほか一三ヵ国に「目」が「始置」されたとあることや、先ほどの宝亀六年六月格などから、宝亀六年に調庸専当国司が設置されたとする(10)。つまりこの時一三ヵ国に「始置」された目は、調庸を専当するために置かれたとするのである。しかしこれらの説は、正倉院の調庸墨書銘にすでに天平期から専当国郡司がみられることや、吉岡氏(11)や寺崎氏(12)の批判があるように成立しない。

それでは、調庸専当国司はいつごろ設置されたのであろうか。残念ながら、このことを明確に示す史料は存在しない。ただ、先に掲げた天平六年の「出雲国計会帳」の「主当調庸国司并郡司帳一紙」から、天平年間には成立していたことがわかるが、これ以上のことは不明とせざるをえない。なお、この「出雲国計会帳」の記載から、専当国司のみならず専当郡司もこの段階で設置されていたこと、さらにはその歴名が京進されていたことが知られることは注意を要しよう(13)。

調庸専当国郡司制の成立の明確な時期は不詳であるが、調庸制についてのさまざまな政策が実施される和銅から養老年間である可能性は高いと思われる。あるいはさらにさかのぼって、大宝令で成立した可能性もあながち否定はできないであろう。

四　調庸専当国郡司の職務

それでは、調庸専当国郡司はどのような職務に従事したのであろうか。このことを直接示す史料は存在しないが、関連する断片的な史料からその職務内容を推測したい。

調庸専当官が格などの形で史料上にあらわれるのは宝亀・延暦期で、先に掲げた宝亀六年（七七五）六月二十七日格がその初見である。すなわち宝亀六年格は、貢調庸使と調庸専当国司には、以後必ず国司目以上の同一人物を任命することにしたもので(14)、ここからは具体的な調庸専当国司の任務はわからない。但し、貢調庸使に調庸専当国司を兼任させるということの処置は、調庸専当国司制にとって大きな意味をもっていることは注意せねばならない。

次いで、『続紀』延暦四年（七八五）五月戊午条には次のような勅がみえる。

勅曰、貢二進調庸一、具着二法式一。而遠江国所レ進調庸、濫穢不レ堪二官用一。凡頃年之間、諸国貢物、麁悪多不レ中レ用。准二量其状一、依レ法可レ坐。自レ今以後、有二如レ此類一、専当国司、解二却見任一、永不二任用一。自余官司、節級科レ罪。其郡司者、加二決罰一、以解二見任一、兼断二譜第一。

この条は、調庸などの貢進物の粗悪対策がはじめて取り上げられたことを示す史料である。貢進された調庸物の多くが使用にたえないほど粗悪である状況のなかで、今後こうした粗悪品の進上を許した専当国司はただちに現任を解き、以後長く任用せず、それ以外(15)の官にも罪を科し、さらに専当郡司も現任を解却して譜第（譜代）を断つという厳しい処分の方針が示されたのである。ここでは、調庸専当国郡司が粗悪品の中央への進上を許したことが、罪として問われていることに注意したい。このことは裏を返していえば、調庸専当官は本来調庸物の品質に意を注ぐべきこと、さらにいえば品質検査を任務としていたことを示していると考えられるのである。

続いて調庸専当国司が格にあらわれるのは、同じく調庸の粗悪に関する延暦二十一年（八〇二）八月の次のような官符である。

太政官符

応レ禁三調庸麁悪并便付二在京司等一事

右被二右大臣宣一偁。奉レ勅、諸国調庸専当歴名、付二大帳使一依レ例申送。而使人預知二物麁悪一規二求遁去一、遂称二病故一、便付二在京司等一。調物濫悪従レ此而生。即法令雖レ有二科條一、所司罕二能遵奉一。今須下如レ是之類、及在京司并他使等輙相代奉レ使者、同奪二公廨一、務令中懲革上。

延暦廿一年八月廿七日[16]

この官符にはまず「奉レ勅、諸国調庸専当歴名、付二大帳使一依レ例申送」とあるが、これは先掲の天応元年八月格にも同一内容の文言がみえていた。大帳使が国から京へ発遣されるのは八月中であるが[17]、その大帳使に「調庸専当歴名」が付されたのは、近国からでも十月中には中央に送られてくる調庸物の京進に備えてのことであろう。すなわち調庸物が京進されてくるまでに、政府は調庸専当官の名を把握しておく必要があったのである。そして後文からすると、それは調庸物の品質に関わることであったと思われる。後文については、諸国の調庸専当国司、あるいは貢調使（この段階では、宝亀六年格により貢調使は調庸専当国司目以上が任ぜられている）は調庸物の粗悪を知っており、先に掲げた延暦四年勅によって解却されることを恐れるあまり病と称し、入京せず在京の国司に任務を便付するので[18]、これからはこうしたことがあれば、貢調使ばかりでなく、貢調使に代わった在京司や他の使者をも処罰の対象とし、公廨を奪うという方針をとるに至ったと一般に理解されている(19)。貢調使が調庸物の粗悪を知っているということは、やはり貢調使＝調庸専当国司が調庸物の品質検査を行っていたことを物語っているのであろう。

さらに大同二年（八〇七）には、「応下調庸麁悪及違期未進依レ律科レ罪各令中填納上事」という事書をもつ官符(20)が出された。そのなかで調庸物の違期と粗悪は国郡の怠慢によるものであること、それに対してこれまで専当官に国司主典以上を充てたり、違反した専当国司を解任したり、粗悪を知った貢調使に代わった使者から公廨を奪うなどの厳制を施してきたが、国郡官司は改悛の情がないことが述べられており、この官符はそうした状況を打開するため、今後は律条にもとづいて処罰を行うことを定めた。ここで調庸専当国司について述べられている事柄は、これまでの政府の対応についてであり、そこから専当国司の職務を考える手がかりはあまりない。当然調庸物の違期・未進についても関係するが、これまでみてきたように粗悪への対処＝品質検査が中心であることには変わりはないであろう。

以上、調庸専当国司の職務内容についてみてきたのであるが、直接そのことを示す史料はないものの、調庸物の粗悪などの違反が顕著になるなかで、たびたび調庸専当国郡司への処分が出されていることを思えば、調庸物の品質検査がその主な内容であったと考えられる。

五　御贄専当国司について

ところで、調庸物と同じく諸国から京へ貢進されてくる贄についても専当国司が設置されていた。次にこのいわゆる御贄専当国司について検討することによって、調庸専当国司の職務内容を考える一助としたい。

やはり、『類聚三代格』から御贄専当国司に関わる官符を引用する。

太政官符

応四差三定言二上御贄専当国司名簿一事

右得二志摩国解一偁。検二案内一、太政官去承和六年二月廿一日下二伊勢近江等国一符偁。件御贄□已上専二当其事一、検校進上。又令二路次郡司一人主当一、若有二稽怠一、国司科欠乏供御□凝専□当人等有二解替者一。随即撰名レ申専当名簿一者。右大臣宣。供御之贄、最貴二鮮好一。若有二疎略一、罪責豈軽。宜二重下知、早令レ進二名簿一者。事須下□而□無レ進二専当名簿一。因レ茲駅長等、無レ心二馳貢一、常致二損爛一。国司之責、日月難レ避。望請。依レ旧令依二准前格一、差定言上。勤加二検校一、莫上レ致二疎略一。若専当之人有二事故一者、令二傍官検校一、不レ得二欠怠一。其専当国司致二稽怠一者、科責一如二前格一。不二曽寛宥一。

斉衡二年正月廿八日(21)

この官符には欠失部分があって、引用関係や文意の不明瞭なところがあるが、おおよそ以下のような内容と思われる。まず、志摩国解の引く承和六年(八三九)二月官符は、志摩国の御贄が通過する伊勢・近江両国に対して出されたもので、路次の両国には御贄専当国司と主当郡司が置かれ、御贄を検校進上しているが、もし懈怠があれば供御物を欠くといった内容の罪を科すことを述べていると考えられる。それを承けた志摩国解では、近頃専当国司の名簿が京進されないため、路次の駅長らは急いで御贄を貢上する気がなく御贄が腐爛しているので、以前のように専当国司の名簿を中央に送らせるように政府に申請し、太政官はこの斉衡二年(八五五)正月官符によって、その申請どおり専当国司の名簿を提出するように両国に命じたのである。

以上の理解で誤りがなければ、御贄専当国司について次のようなことが知られるであろう。まず、承和六年頃には御贄が通過する国々にも専当国司が設置され、その名簿が中央に送られていたことである。御贄貢進国（この場合は志摩国）の専当国司の歴名も中央に申送されていたことはいうまでもないであろう。調庸専当国司と同様、御贄専当国司についても御贄の通過国の専当国司の名簿も含め、歴名の京進が義務づけられていたのである。次に承和六年官符によれば、この頃には御贄専当国司が御贄を「検校」し、中央へ進上していたことがわかる。「□已上」の空欄部分は国司の四等官の官職を示しているのであろう。また贄の場合は国司と同じく、国から京までの路次の郡司一人がこのことを主当することになっていた。ところがすでに述べたように、近年は「専当名簿」が進められなくなり責任の所在が明らかでなくなったため、ややもすれば駅長等にも馳貢の心がなくなり、常に贄が損爛してしまう事態が生じていた。贄は官符中にもあるように、新鮮良質の食料品であることが重要であり、その貢進には駅馬が利用されていた[22]。駅長は駅家の責任者で、駅戸のなかから選ばれており、兵部省—国司—駅長という指揮系統のもとにおかれていた[23]。したがって、駅長の怠慢は国司の責任であり、いい換えれば「専当名簿」が中央に送られなくなったことが、こうした駅長の贄貢進に際しての怠慢な行為を惹起させていたのである。

この斉衡二年（八五五）正月官符の眼目は、いうまでもなく贄の損爛の防止であり、そのために従来どおり御贄専当国司の名簿を京進することが改めて督励されているのである。「勤加二検校一莫レ致二疎略一。若専当之人有二事故一者。令二傍官検校一。不レ得二欠怠一。」とあるのは、このことをよく示している。そうであるならば、この御贄専当国司の職務は贄の品質維持であり、そのために贄の品質をチェックすることが求められていたであろう。このことは、調庸専当官の職務が調庸物の品質検査を中心としていたことを傍証しよう。またこうした品質検査はこの官符にあるように、当時は「検校」と呼ばれていたことについても留意したい。

六　検校調庸

これまで、調庸専当国郡司の任務の中心が京へ貢進される調庸物の品質検査にあったこと、その業務が当時は「検校」と呼ばれていたことを指摘してきた。問題は検校であるが、この点についてもう少し具体的にみていこう。

今津勝紀氏は、天平十年度の「駿河国正税帳」にみえる国司の部内巡行項目から、次のような事柄を明らかにした(24)。まず、国司の部内巡行項目には「検校調庸布」と「向京調庸布」の二項目があがっており、「検校調庸布」の場合、部内巡行が目・従の構成によること、この巡行は駿河国の全七郡を対象としていること。次に、検校の段階では国印は捺されず、京に向かう段階で国印が捺されたこと、正倉院に残る調庸墨書銘中の国郡司名が、貢進物の勘検を前提として入れられたとするならば、これらの主当・専当国司が勘検を行ったことを示し、国印押捺とは別に貢進物の勘検がなされたこと、以上である。氏が指摘したように、「検校調庸布」のための部内巡行が目・従によって行われ、目が勘検を行う専当国司であることが慣例となっていたため、先に述べたように宝亀六年に「専当国司目已上」が貢調使となることが制度化されたのであろう。

今津氏の論考は調庸の国郡段階での収取を考える上で重要な指摘であるが、氏は「勘検＝貢納形態の調整」、また別のところでは「『検校』段階の内容、すなわち貢納形態の調整」「貢納形態の調整＝貢納主体の確認」としていることからすれば、勘検＝検校と考えている。問題はその具体的内容としての「貢納形態の調整」である。今津氏は「貢納形態の調整」を、すなわち勘検＝検校を調庸布が規定どおりに正しく合成されているかどうかを、戸内の課丁構成を記す計帳と照合して確認することと考えているようである。勘検＝検校にはそうした作業も含まれていたことは間違いないが、その主たる内容は氏も引用した狩野久氏が指摘したように、「品目、輸貢量、品質が規定通りのものであるか否かの調査」(25)であろう。

この「駿河国正税帳」の国司の部内巡行項目「検校調庸布」から知られることは、駿河国の全七郡を対象として目・従の構成によって調庸布の検校が行われ、それぞれの郡について年二度、一度につき二日実施されているということである。但し、年間二度行われることの理由については不明とせざるをえないが、これから京進される調庸物の検査に厳正を期したものであろうか。またこの目は調庸専当国司のことに相違なく、品目・輸貢量・品質についての検校に合格すれば、その国郡司名が記入されたと考えられるのである。

寺崎保広氏は、農桑の勧課や舂米運京など、調庸以外の専当官の職掌から類推して、調庸専当国司は運京・勘会をも含めて調庸の賦課から収取に至るまで、一国の調庸制全般にわたる責任者と呼ぶべきものであり、同じく調庸専当郡司も、一郡内における収取から京進まで一貫して責任をもつものであったと考えた(26)。もし調庸専当国司が一国の調庸全般にわたる責任を負う存在であるならば、例えば調庸の未進の場合にもその責任が問われるはずである。しかしながら、第四節で言及した大同二年(八〇七)官符にあるように、専当国司だけが罪に問われるのではなく、「国郡皆以二長官一為レ首、佐職節級連坐」、すなわち長官を補佐する職にある者はその官職にもとづき律条により連帯責任を問われるのであり、また官職に従って公廨料を割いて、未進を弁進させられているのである。これまでみてきたように、調庸専当国司が現任解却などの処分を受ける場合は、調庸物の粗悪の罪が問われる場合であったのである。そもそも、専当国司制はある限られた重要な職務・職掌を、特定の国司に専任させることによって職務の確実な遂行を期することを目的として制度化されたものであったのであり、調庸制全般のような広範囲、かつ多岐にわたる職掌を課したならば、専当制を実施すること自体意味のないものとなるのではなかろうか。専当国郡司が調庸制全般を職掌とするようになるのは、貢調庸使と調庸専当国司に同一人物（目以上）が任命される宝亀六年格からであり、この点にこそ宝亀六年格の意義があるのである。これまで縷説したように、調庸専当国郡司の本来の職務は京進される調庸物の品質検査（検校）にあったと考えるものである。

七　専当国郡司と調庸墨書銘・荷札木簡

周知のように東大寺正倉院に残る調庸絁布には、多くの専当国郡司名が記されている。(27) 松嶋順正編『正倉院宝物銘文集成』（吉川弘文館、一九七八年。以下、『正倉院集成』と略す）をもとに、これらを年紀が知られるものについて年次順にまとめたものが表18である。一方で、専当国司の記載のない墨書銘もかなりの数にのぼる。同様にこれらを年次順にならべたものが表19である。ここでは、専当国郡司の名がいつ頃から記されるようになったのかをみてみたい。(28)

専当国郡司名が記されている調庸絁布の最も古いものは、112天平十四年（七四二）の国郡名不詳の白絁幞残欠で、次いで古いものは104天平二十年の緑地臈纈絁断片である。以下、天平感宝元年（七四九）＝天平勝宝元年、天平勝宝二年、同四年と続き、最も新しいものは平安時代に入った37天長五年（八二八）の上総国市原郡海部郷から送られた白布である。

これに対して、表19によって専当国郡司名が記載されていない墨書銘をみてみると、最も古いものは和銅七年（七一四）の年紀をもつ甲斐国山梨郡可美里から納められた73白絁金青袋である。これ以降、天平・天平勝宝年間の年紀のあるものが表19には多数みられるのである。ただし、表19で注意しなければならないのは、備考欄からわかるように、天平十年代後半以降の調庸絁布には断片や残欠のものが多数あり、中央に納入されてから使途にあわせて切断されたらしいものがあることである。

こうした点を考慮して、確実に天平十年代後半以降の調庸絁布に専当国郡司名がないといえるのは、16常陸国那賀郡荒墓郷の白布、88遠江国敷智郡竹田郷の黄絁、102伊予国越智郡石井郷の白絁、14常陸国那賀郡吉田郷の白布、36上総国長狭郡酒井郷の胡粉絵浅縹布幕の五例である。最も古いものは16の天平十五年（七四三）で、最も新しいものは14の天平勝宝四年（七五二）である。すなわち天平十四年以降、専当国郡司名が記された墨書銘がある一方で、これらの五例のように記載のないものも存在するのである。この点についてはどのように考えればいいのであろうか。

表18からわかるように専当国郡司名が記されている墨書銘の国は、特定の限られた国ではなく、かなり全国的な広がりをもっている。つまりある国の個別の理由から、その国だけが専当国郡司名を記入するようになったのではなく、ほぼ全国的に記されるようになったと考えるべきであろう。それは太政官符か、あるいは民部省符によって中央政府から各国へ指令が伝達された結果であるとみてよい。専当国郡司名が確認できる最も古い112が天平十四年で、次に古い104とは六年の間隔があることからすれば、112は例外で、104の天平末年から天平勝宝年間にそうした中央からの指令が出され、記載が定着していったと考えられないこともない。しかし、そうするとその例外が生じた理由が説明できない。それよりも天平十四年以前に調庸絁布に専当国郡司名を記載する旨の指令が中央政府から出され、しばらくは国によってはそうした指令が遵守、徹底されない場合があり、時とともに天平末年から天平勝宝年間にかけてしだいに専当国郡司名の記載が定着していったと考える方がより自然ではないだろうか。専当国郡司名が記されるようになったのは、天平十四年をさかのぼるのであるが、いつからそうしたことがはじまるのかは正倉院に残された調庸布絁墨書銘からはわからない。一応、天平十四年がその下限であることを私見としておきたい。

表18　専当国郡司名のある調庸墨書銘

集成番号	品名	国	郡	郷	主当・専当	国司	郡司	年月日	備考
112	白絁幞	?	?	□田郷	主当	国司	郡司少領	天平十四年（七四二）九月二十日	残欠
104	緑地臈纈絁		?		専当	国司史生	?	天平二十年（七四八）十月	断片、国印印文不明
26	揩布屏風袋	上野国	佐位郡	佐位郷	主当	国司介	郡司大領	天平感宝元年（七四九）八月	
60	白布	相模国	鎌倉郡	方瀬郷	主当	国司史生	郡司少領	天平勝宝□〔元〕年（七四九）十月	
41	紅赤布帳	〔上総国	周准郡ヵ〕		専当	国司少掾	□	天平勝宝二年（七五〇）十月	残欠
42	紅赤布帳	上総国	〔周准郡ヵ〕		専当	国司少掾	郡司主帳	天平勝宝二年（七五〇）十月	残欠
62	揩布屏風袋	相模国	□	□郷	主当	国司□	郡司□	天平勝宝□〔四〕年（七五二）七月	
5	鍾乳床裹	常陸国	信太郡	大野郷	専当	国司	郡司擬主政	天平勝宝四年（七五二）十月一日	
7	馬鞍腹帯　三条	常陸国	茨城郡	大幡郷	専当	国司史生	郡司擬主帳	天平勝宝四年（七五二）十月	二ヵ所切断あり
13	人参袋	常陸国	鹿嶋郡	高家郷	専当	国司史生	郡司擬少領	天平勝宝四年（七五二）十月	
27	黄絁	上野国	新田郡	淡甘郷	主当	国司介	郡司擬少領	天平勝宝四年（七五二）十月	
76	白布	信濃国	筑摩郡	山家郷	主当	国医師	郡司大領	天平勝宝四年（七五二）十月	
100	酔胡従面袋白絁裹	讃岐国	鵜足郡	二村郷	専当	国司	?	天平勝宝四年（七五二）十月	
19	太孤児面袋	常陸国	多珂郡	棚藻嶋郷	専当	国司史生	郡司擬少領	天平勝宝四年（七五二）	
8	臈蜜袋	常陸国	行方郡	逢鹿郷	専当	国司史生	郡司大領	天平勝宝五年（七五三）十月	
9	布袋	常陸国	行方郡	逢鹿郷	専当	国司史生	郡司大領	天平勝宝五年（七五三）十月	
12	白布	〔常陸国	行方郡〕		?	?	□領	天平勝宝五年（七五三）十月	
72	林邑楽用物心絁	越中国	鳳至郡	大屋郷	主当	国司	郡司大領	天平勝宝五年（七五三）十月	
55	揩布屏風袋	武蔵国	加美郡	武川郷	主当	国司史生	郡司少領	天平勝宝五年（七五三）十一月	
84	緋絁帳緋絁紐	伊豆国	田方郡	依馬郷	主当	国司史生	郡司主帳	天平勝宝七歳（七五五）十月	
103	緑絁	土左国	吾川郡	桑原郷	主当	国司史生	郡司擬少領	天平勝宝七歳（七五五）十月	
123	白布浄衣		?		?	?	?	天平勝宝八歳（七五六）七月	

92	橡絁	〔紀伊国 名草郡〕 □	主当	国司掾	郡司擬少領	天平勝宝八歳（七五六）十月	残欠
109	茶絁	?	?	?	郡司擬主帳	天平勝宝〔八カ〕□歳（七五六）十月	断片
35	浅縹布	〔上総〕□□国 朝夷郡 満禄郷	専当	国司大掾	?	天平勝宝八歳（七五六）十一月	
49	白布	武蔵国 橘樹郡 橘郷	主当	国司史生	郡司領〔ママ〕	天平勝宝八歳（七五六）十一月	
116	揩布屛風袋	?	主当	国司□	?	天平勝宝□ 年十月	残欠
126	白布袴	?	主当	国司史生	郡司□	天平勝宝□□年十月	
61	白布	相〔模〕□国 鎌倉郡 方瀬郷	主当	国司史生	郡司少領	天平勝□	
142	白布	?	?	?	?	天平勝□	断片
15	白布	常陸国 那賀郡 大井郷	専当	国司大掾	郡司擬少領	天平宝字元年（七五七）十月	
1	黄絁袷幡鎮袋	常陸国 筑波郡 □	□当	国司□	郡司副〔擬〕□□領	天平宝字二年（七五八）十月	
3	白布	常陸国 筑波郡 栗原郷	専当	国司介	郡司擬主帳	天平宝字七年（七六三）十月	
77	布袴	信濃国 安曇郡 前科郷	主当	国司史生	郡司主帳	天平宝字八年（七六四）十月	
59	白布	相模国 鎌倉郡 〔方瀬カ〕□□郷	?	?	〔郡司少〕□領	天平□	
38	白布	上総国 周准郡 額部郷	専当	国司大目	郡司大領	宝亀八年（七七七）十月	金光明寺封
65	布袴	佐渡国 賀茂郡 〔殖栗カ〕□□郷	専当	国司守	郡司擬大領	天応〔元〕□年（七八一）六月十五日	
45	白布	上総国 天羽郡 三宅郷	専当	国司少目	郡司擬少領	天長五年（八二八）十月	
46	白布	上総国 天羽郡 宇部郷	専当	国司少目	郡司擬少領	天長五年（八二八）十月	
37	白布	上総国 市原郡 海部郷	専当	国司少目	郡司大領	天長五年（八二八）十一月	
39	黄布	上総国 周准郡 〔藤〕□部郷	専当	国司大掾	郡司少領	天□	

＊1　集成番号は『正倉院集成』の整理番号である。
2　年月日のないものは、この表には載せなかった。
3　年月日が不明のものは、年月日の知られるものの下に続けて『正倉院集成』の整理番号順に配列した。
4　107は専当（主当）国郡司の位階・人名のみが記載されている。

表19 専当国郡司名のない調庸墨書銘

集成番号	品名	国	郡	郷	里	年月日	備考
73	白絁金青袋	甲斐国	山梨郡	可美里		和銅七年（七一四）十月	
141	白布		?			天平三年（七三一）十月	
96	黄絁白絁袷覆	阿波国	麻殖郡	川嶋少楮里		天平四年（七三二）十月	
54	白布	武蔵国	男衾郡	獵倉郷	笠原里	天平六年（七三四）十一月	
48	白布	〔安房国〕	平群郡	〔白浜〕□□郷	〔岑〕清□里	天平九年（七三七）⊓	
57	白布	〔相模国〕	〔余綾〕郡	大□郷	大磯里	天平十年（七三八）九月	「郡」字より上は切断されている
83	白布褥心	〔信濃国〕				天平十一年（七三九）十月	信濃国印あり
93	赤絁	丹後国	竹野郡	鳥取郷	〔深〕□田里	天平十一年（七三九）十月	
64	白布	佐渡国	雑太郡	石田郷	曽祢里	天平十一年（七三九）十一月十五日	
20	白布	下野国	那須郡	熊田郷		天平十三年（七四一）十月	
21	白布	下野国	那須郡	熊田郷		天平十三年（七四一）十月	
23	白布	上野国	〔胡〕多古郡	〔田〕八□郷		天平十三年（七四一）十月	
30	白布	下総国	迊瑳郡	磐室郷		天平十三年（七四一）十月	
79	布袋	信濃国	少県郡			天平十三年（七四一）十月	中男作物ヵ
125	太孤児布衫		?			天平十四年（七四二）十月	
16	白布	常陸国	那賀郡	荒墓郷		天平十五年（七四三）十月	
88	黄絁	遠江国	敷智郡	竹田郷		天平十五年（七四三）十月	
139	白布		?			天平十五年（七四三）十月	
131	紫綾几褥心布		?			天平十六年（七四四）十月	
33（1）	両口布袋	下総国	相馬郡	大井郷		〔平〕天□十七年（七四五）十月	
110	緋絁		?			天平十七年（七四五）十月	断片

102	白絁	伊予国　越智郡　石井郷	天平十八年（七四六）九月	断片
99	白絁	讃岐国　鵜足郡　門津郷	天平十八年（七四六）十月	
25	白布	上野国　群馬郡　嶋名郷	天平十八年（七四六）十月	
124	金剛梓取布衫	?	天平十九年（七四七）十一月	
28	布袋	上野国　［	天平□年［	
137	白布	?	天平〔勝〕□宝元年（七四九）十月	
78	布袋	信濃国　水内郡	天平勝宝二年（七五〇）十月	中男作物
105	羊木臈纈屏風	?	天平勝宝三年（七五一）十月	
68	紙箋	越中国　射水郡　寒江郷	天平勝宝四年（七五二）十月十八日	
14	白布	常陸国　那賀郡　吉田郷	天平勝宝四年（七五二）十月	
127	布襪	?	天平勝宝四年（七五二）十月	
128	早袖	?	天平勝宝四年（七五二）十月	
118	揩布屏風袋	?	天平勝宝五年（七五三）［	残欠
121	揩布屏風袋	?	］宝五年（七五三）十一月	残欠
66	紙箋	越中国　射水郡　川口郷	天平勝宝六年（七五四）十月二十一日	
67	紙箋	越中国　射水郡　布西郷	天平勝宝六年（七五四）［	
138	白布	?	天平勝宝六年（七五四）十月	
144	布断片　二片	?	天平勝宝七歳（七五五）十月	断片
111	緋絁	?	天平勝宝八歳（七五六）十月	断片
114	道場幡頭縁心生絹	?	天平勝宝八歳（七五六）十月	
36	胡粉絵浅縹布幕	上総国　長狭郡　酒井郷	天平勝宝□歳十月	
63	揩布屏風袋	越後国　久疋郡　夷守郷	〔天平勝〕［	断片
120	揩布屏風袋	?	天平勝宝□□　十月	残欠
29	屏風心布	?	天平勝宝□年　十月	
136	白布	?	天平勝宝□年　十月	

81	布袴	〔信濃国〕	天平宝字八年（七六四）十月	
82	布袴	〔信濃国〕	天平宝字八年（七六四）十月	
143	布断片	?	□亀元年（七七〇）十月	断片
71	紙箋	〔越中国ヵ〕□	□十月十八日	断片
106	橡地臈纈絁袍	□加美里	□十月	

＊1 集成番号は『正倉院集成』の整理番号である。
2 年月日のないものは、この表には載せなかった。
3 年月日が不明のものは、年月日の知られるものの下に続けて『正倉院集成』の整理番号順に配列した。
4 交易布は除外した。（6、47、56、75）
5 87は「調布壱端」の下に、釈読はできないが割書記載がある。おそらくこの調布の長さと幅を記したものであり、専当国郡司名ではないと思われるので、この表に収載した。
6 140は長さ・幅の割書記載の下に墨痕があるようだが、おそらく年月（日）の記載と思われる。

調庸墨書銘は正倉院のほかにも、法隆寺に関係するものが存在する。(29) 次の三点である。

① 常陸国　信太郡中家郷戸主大伴部羊調壱端　天平宝勝《ママ》八年十月(30)

② 常陸国信太郡中家郷大伴部中万呂調一端　専当国司史生正八位上志貴上連秋島 郡司擬主物部大川天平勝宝四年十月(31)

③ 讃岐国三木郡山□《アカ》里己西□《アカ》豊日調。(32)

①の年紀は「天平宝勝」となっているが、天平勝宝年間のものであるだろうから、私見によれば専当国郡司名が記されてしかるべきであるがみえない。これも先の正倉院の五例と同じ性格のものと考えてよいかもしれない。(33) ②は法隆寺に現蔵されている調布である。天平勝宝四年（七五二）十月の記載があり、専当国郡司名が記されていることに矛盾はない。

①②は東野治之氏の論考[34]によって紹介されたものであるが、③は東京国立博物館に所蔵されている法隆寺献納宝物の修理や整理が進むなかで、新たに明らかになった調絁の墨書銘である[35]。調絁が幡に縫製されたもので、切断されている可能性もあり、年月日記載がみえないのは、そのためであるかも知れない。したがって、調庸専当官ももとは記されていたものが、切断により現存していないことも考えられる。しかしその可能性は低いであろう。なぜならこの墨書銘にみえる地名表記は、国郡里制下のそれであって、この調絁が貢進されたのは、大宝令施行（七〇一年）から郷里制が施行される霊亀三年（七一七）までと考えられる[36]。正倉院の調庸墨書銘を勘案すると、八世紀初頭にはいまだ調庸布絁に調庸専当国郡司名が記されることはなかったと考えるべきであろう。

以上、現存する調庸墨書銘によれば、数点の例外はあるが、おおむね天平十四年以前に調庸絁布に専当国郡司名を記載する旨の指令が中央政府から出され、次第に定着していった様子をうかがうことができるであろう。

荷札木簡にも調庸専当国郡司名の記載されたものがいくつかあるので、次はこれらについてみておきたい。現在までに発見されている専当国郡司名を記した荷札木簡は、次の七例である[37]。

④　安房国長狭郡置津郷戸主丈部黒秦戸口丈部第輸凡鰒陸斤　専当　国司目正八位下箭口朝臣大足／郡司少領外正八位上丈部□〔臣ヵ〕□敷　天平□□

496×18×5　051

『平城概報（十九）』二一頁

⑤　駿河国駿河郡子松郷津守部宮麻呂役荒堅魚拾壱斤拾両　天平宝字二年□□当　国司目従六位下息長丹真人大国／郡司少領正六位下金刺舎人足人

338×26×4　032

『平城概報（四十二）』一五頁

⑥・駿河国駿河郡古家郷戸主春日部与麻呂調煮堅魚捌斤伍両
・天平宝字四年十月専当　国司掾従六位下大伴宿祢益人
郡司大領外正六位□〔上ヵ〕生部直□□〔信陀〕理

205×33×3　031

『平城宮五』七九〇一号

⑦・上総国夷灊郡廬道郷戸主若□□……□人部味酒凡鮑調陸斤　條卅一　国司員外大目□□□正六位上□□□
□当郡司擬少領外大初位上□□□
・　宝亀五年

051

『平城概報（十二）』一三頁

⑧伊豆国那賀郡那珂郷　戸主矢田部人成□
宇遅部得足　調麁堅魚拾壱斤拾両　延暦元年十月十日
専当郡司擬領外正七位上膳臣山守

308×32×4　031

『平城概報（三十二）』一二頁

⑨伊豆国那賀郡井田郷戸主□□□広□〔マヵ〕麻呂□〔調〕荒□〔堅ヵ〕魚拾斤伍両　延暦十年十月十六日郡司領外従
八位上□□□□□〔足ヵ〕

440×25×4　031

『木簡研究』二〇、五九頁（9）、長岡宮跡出土木簡

⑩□　国司掾正七位上阿倍朝臣橋麻呂
郡司少領外正八位上丈部直稲敷

(165)×22×4　039

『平城概報（四十二）』一〇頁上

調庸専当国郡司名記載の荷札木簡についてまず気づくことは、何よりもその点数の少なさである。これまでに発見されている荷札木簡の正確な点数はわからないが、専当国郡司名が記載された荷札はおそらく荷札木簡全体の一%にも満たないであろう。もちろん今後も出土は予想されるが、それでもこうした割合にあまり変化はないのではなかろうか。先にみた調庸墨書銘の割合と比較した場合、その少なさは一目瞭然であろう。それではなぜ荷札木簡の場合、専当国郡司名を記載したものが少ないのであろうか。

④〜⑩は年代順に並べたものであるが、まずそれぞれの荷札木簡の年代についてみてみたい。④は「天平□□」と記載されている。天平年間であるのか、あるいは「天平」を冠する四字年号であるのかはこれだけではわからない。この荷札は、第一七二次調査で発掘された平城宮東半部の基幹排水路SD二七〇〇から出土した。この木簡が出土した同じ地点からは「天平宝字□」[38]の年紀をもつ木簡も出土しているので、この荷札も天平宝字年間を中心としたものと考えてよいであろう。

⑤は「天平宝字二年(七五八)」、⑥は「天平宝字四年(七六〇)十月」でいずれも天平宝字年間のものである。⑦は「宝亀五年(七七四)」、⑧は「延暦元年(七八二)十月十日」の年紀を有する。⑨は長岡京の東一坊大路西側溝SD三二九〇一から出土したもので、近くにあった春宮坊からまとめて廃棄されたものと推定されており[39]、「延暦十年(七九一)十月十六日」の日付が記されている。

以上の六例は年代がわかるが、⑩は年月日の記載がない。そもそもこの木簡は断片であるにもかかわらず、調庸専当国郡司名を記載した荷札木簡であると判断したのは以下の理由による。まず国司・郡司が併記されていること、二番目に国司が「掾」であること、郡司が「少領」であることである。表18によれば、専当国司には史生とともに四等官の掾(大掾・少掾)が任ぜられていることが多い。また専当郡司にも擬少領を含め、少領が多く任命されている。

さらにこの木簡の形状は『平城概報（四十二）』の図版をみると、上端は折損しているようであるが、釈文には「(右辺ノ切リ込ミハ表面ノミ)」という注記がある。形式分類番号は〇三九であり、荷札木簡に相違ないであろう。荷札木簡に国郡司名が記載されているのであるから、それは調庸専当国郡司名以外には考えられないのである。

ところでこの専当郡司である丈部直稲敷なる人物は、官職は少領で、位階は外正八位上である。④の荷札木簡にみえる専当郡司は、「郡司少領外正八位上丈部□（臣ヵ）□敷」である。官職・位階ともに⑩と共通し、人名「丈部□（臣ヵ）□敷」は「臣」が確定できないのであるが[40]、あるいは「丈部直稲敷」ではないであろうか。もしそうであるならば、逆に⑩の木簡は安房国の天平宝字年間を中心とした時期の荷札と考えることが可能である。⑩は平城宮跡東方官衙の大土坑一九一八九から出土したが、同じ土坑の隣接した地区からは「神護景雲四年（七七〇）九月」[41]という年月を記載した木簡が出土しており、この土坑は八世紀後半のものと考えて間違いないであろう。④と⑩の専当郡司が同一人物である可能性はきわめて高いと思う。

以上からすれば、これら調庸専当国郡司名が記載された荷札木簡は、天平宝字年間から延暦年間にかけてのものであることがわかる[42]。このことは、先に明らかにした調庸墨書銘に専当国郡司の名が記載されるようになるのが、遅くとも天平十四年であるという結論とは矛盾しない。それではなぜ荷札木簡には専当国郡司名を記載したものが少ないのであろうか。

平城宮・京跡から発見される木簡は、「長屋王家木簡」や「二条大路木簡」など、一般的に八世紀前半のものが多い。しかしながら、量的には八世紀前半の木簡には劣るが、八世紀後半の木簡も絶対数の上ではそれほど少なくはないであろうから、それだけが荷札木簡に専当国郡司名を記載したものが少ない理由ではない。

先にあげた④～⑩の荷札をみると、注目すべきはその国に偏りがみられることである。④は安房国で、⑩も先ほどの推定が正しければ安房国である。⑤・⑥は駿河国のものであり、⑦は上総国であるが、⑧・⑨は伊豆国である。これらの国の荷札にはある共通点がある。それはいずれも荷札の長さが他の国のそれに比べて長大なものが多いことである。鬼頭清明氏によれば、安房国の荷札は三〇センチ前後で、全国的にみると長い方に属する。この安房国の荷札に似ているのは伊豆国で、平均的には安房国の例よりもやや長い。また、駿河国の堅魚の貢進荷札も長さ三〇センチで、長い傾向をもっている点では伊豆国、安房国と似ている。(43) ⑥の駿河国の荷札の長さは二〇五ミリであるが、表裏両面に記載することによってその短さを補っている。安房国は上総国から分立した国であるが、(44) その上総国の荷札には安房国の荷札と品目や法量などおいてに共通点がある。(45) もとは同じ国であることからすれば当然といえよう。

このように荷札木簡に専当国郡司名が記載されているものは、特定の国に限られており、いずれも貢進物の大きさなどに規制されて、本来長大な荷札を使用している国である。こうした国は元来、書記スペースの大きい荷札を使用しており、新たに専当国郡司名の記載を求められても、他の国に比べて対応が容易であったのではなかろうか。専当国郡司名が記載された荷札木簡の出土例が少ないことは、特定の国だけが専当国郡司名を記していたからであると考えられる。荷札木簡の場合も、調庸布絁に専当国郡司名が記載されるようになった同じ時期に、特定の国に限ってではあるが、専当国郡司名が記されるようになったことが明らかになったと思う。荷札木簡に専当国郡司名が記載されている国は限られているが、その時期は調庸墨書銘に専当国郡司名が記されている時期と矛盾しない。

これまで調庸布絁ならびに荷札木簡に専当国郡司名が記載されるようになるのが、おそらく天平十四年頃であることを述べてきたが、それではなぜ専当国郡司名の記載や荷札木簡に専当国郡司名が記されるようになったのであろうか。そのためには、正しくそれがいつ頃からであるのかを知る必要があるが、これまでの考察から、一応天平十年代前半に中央から専当国郡司名を記載する旨の指令が出されたと考えておきたい。

長山泰孝氏は、農民による粗悪品の納入という「より隠微な抵抗」による調庸違反は、すでに奈良時代のはじめからさかんに行われていたとした上で、奈良時代末の宝亀年間ごろから国司による調庸違反が大きな政治問題となってきたことを指摘した(46)。八世紀前半から調庸の粗悪品納入がみられるようになるのはおそらくそのとおりであり(47)、養老廐庫律課税廻避不輸条に「凡応㆑輸課税(48)、及入㆑官之物、而廻避詐匿不㆑輸、或巧偽濫悪者、計㆑所㆑欠、准㆑盗論(49)」とあり、唐律を継受した時点ですでにそうしたことは想定されていたのである。

一般に調庸の粗悪、違期、未進が深刻化してくるのは、先にも述べたように宝亀・延暦頃からで、この頃からその処罰規定も強化されてくるのは事実であるが、こと粗悪についてはすでに八世紀前半から問題視されていたのではなかろうか。これまでみてきたように、調庸専当国郡司の職務が調庸物の品質検査（検校）にあるのであるから、天平十年代前半に中央から布絁墨書銘ならびに荷札木簡に専当国郡司名を記載すべく指令が出されたのは、この頃の調庸の粗悪に対する対応であったと考えるべきであろう。調庸物が貢進される前に、専当国郡司歴名はすでに中央に送られており、調庸物が中央に納入された時点で、この歴名に粗悪品を進めた国郡司名を記入することができ、律条による処分も容易になったと思われる。

八　調庸専当国郡司制のその後の展開

調庸専当国郡司制は調庸制の確立とともに八世紀の早い段階で成立し、当初からその名簿（歴名）は計帳使（大帳使）により中央に送進されていた。またその職務の中心は京へ貢進される調庸物の品質検査（検校）にあった。天平十年代前半からは中央政府の指示により、調庸布絁や一部の国の荷札木簡に専当国郡司の名が記載されるようになが、それはこの頃から顕著になる調庸違反、とくに粗悪に対する政府の対応であったと考えられる。そして粗悪も含めて調庸違反が深刻になる宝亀六年には、貢調庸使には調庸専当国司が任ぜられ、専当国郡司の職掌は調庸の収取から京進に至る調庸制全般に拡大されていくことになる。本章の結論は以上に尽きるが、最後にその後の調庸専当国郡司制の展開について、簡単に見通しを述べたい。

すでに第四節で触れたように大同二年（八〇七）に、調庸の粗悪・違期・未進については律条にもとづいて専当国司を処罰することが定められた。さらに註（19）に記したように承和七年（八四〇）五月には専当国司、すなわち貢調庸使がその任務を在京国司らに便付することが禁じられている。ところがそれ以降については、史料にあらわれなくなる。(50)それはどういう理由からであろうか。

泉谷康夫氏は、郷里制から郷制への移行後も、房戸的家族が律令制における収取の基本的単位であったが、零細な房戸的家族は次第に律令制的収取機構から脱落し、税目別専当制の実施が困難になり、ついには九世紀末に税目別専当制は完全に崩壊したと述べた。(51)「房戸的家族」が律令制的収取機構から脱落したかはともかく、また専当制が「完全に崩壊」したといえるかは別としても、九世紀後半には調庸専当制が意味をもたなくなったことは事実であろう。

この問題を考える上において、吉川真司氏の九世紀における課丁数の変化についての研究(52)は大変示唆的である。氏によれば、九世紀には調庸を負担する課丁が減少していった。その原因は地域により種々であり、例えば近江・丹波など畿内周辺諸国では、主に富豪層が院宮王臣家・諸司諸衛と結びついて、蠲符《けんぷ》による課役免除の特権を得ることによって課丁数の減少（符損）が起こっていった。また、瀬戸内海諸国では大帳に登載された課丁数は多いが、国司の差発に従う課丁が少なく、この差異が膨大な「調庸未進」を生み出したという。京進される調庸の額には直接影響しないが、九世紀の西海道諸国では疫病などによる社会変動の急速な進行により、課丁数の減少が激しかったようである。こうした課丁数の減少は、とりもなおさず調庸輸納額の減少をもたらした。九世紀後半には、輸納調庸物を財源としていた位禄・季禄などが、諸国の正税より米穀をもって支給されるようになったのは、こうした調庸輸納額の減少によるところが大きいであろう。[53]

京進される調庸物が減少すると、政府の調庸違反への対応はおのずと調庸物の確保、すなわち違期や未進、とりわけ未進対策に移っていったことであろう。調庸物が十全に確保できない状況で、これまでの調庸専当国郡司の中心的な職務である品質検査に重点を置いておくことはあまり現実的ではない。特定の職務を専当する国司は人員が限られている。おそらく九世紀の後半には、これまで京進される調庸物の品質検査を行っていた専当官は、未進対策に向かったと思われる。すなわち検校を主務とした専当制はその役割を終えたと考えられる。

註

(1) 寺崎保広「調庸違反と専当官についての管見」(『国史談話会雑誌』二二、一九八〇年)。
(2) 吉沢幹夫「専当国司制についての再検討」(関晃教授還暦記念会編『日本古代史研究』〔吉川弘文館、一九八〇年〕)。
(3) 吉沢前掲註(2)論文、二四九頁。
(4) 吉岡眞之「『延暦交替式』二題」(『古代文献の基礎的研究』吉川弘文館、一九九四年、二六四頁、初出一九七八年)。
(5) 寺崎前掲註(1)論文。
(6) 『類聚三代格』巻一二、諸使并公文事。
(7) 『寧楽遺文』上―三二八頁。
(8) 鎌田元一「計帳制度試論」(『律令公民制の研究』塙書房、二〇〇一年、初出一九七二年)。
(9) 長山泰孝「調庸違反と対国司策」(『律令負担体系の研究』塙書房、一九七六年、二三五頁、初出一九六九年)。

(10) 野田嶺志「国の等級について―『続日本紀』宝亀六年三月乙未条をめぐって―」（小葉田淳教授退官記念事業会編『小葉田淳教授退官記念国史論集』一九七〇年）。
(11) 吉岡前掲註（4）論文。
(12) 寺崎前掲註（1）論文。
(13) 寺崎氏も令制のかなり早い時期、専当官が各国で定められるようになった頃から、その名簿を中央に報告していたと考えている。ただ名簿の中央への報告については別のところで、「八世紀後期の調庸違反の増大にともなって、歴名を提出させたり、専当官を特に処罰したりするようになっていった」とするが（前掲註（1）論文、九頁）、この点整合性に欠ける憾みがある。
(14) 寺崎前掲註（1）論文。
(15) 専当国司以外の国司と、さらにはこうした調庸物を中央で収納した官人をも含むのであろうか。
(16) 『類聚三代格』巻八、調庸事。
(17) 鎌田前掲註（8）論文。
(18) 便付とは専使以外の便使に直接付託することをいう（早川庄八「天平六年出雲国計会帳の研究」〔『日本古代の文書と典籍』吉川弘文館、一九九七年、初出一九六二年〕）。
(19) 喜田新六「国の四度使と公文の勘申（上）」（『歴史教育』八巻九号、一九六〇年）、長山前掲註（9）論文、寺崎前掲註（1）論文。なお、この延暦二十一年官符を引く承和七年（八四〇）五月二日官符（『類聚三代格』巻一二　諸使并公文事）には、引用に続けて、「内官之吏、無禄之人。夙夜服レ事、身乏二衣食一。因レ茲或兼二牧宰一、猶直二本任一。或拝二外吏一、身留二京華一。皆将下潤以二俸料一令上レ得二代耕一。而諸国皆忘二旧貫一、便付二使政一。公文惑二於失錯一、貢物煩二於麁悪一。諸使擁塞職此之由」と述べられている。表現上の誇張はあろうが、中央の官吏は早朝から夜遅くまで勤務しても衣食に乏しいため、国司などの外官を兼任するが都にとどまり、外官を拝任した者も京に居留して代耕の禄を得て、身を潤そうとしている。こうしたいわゆる遙授国司らに本来の使者が果たすべき政務が便付されており、そのことが公文帳簿の誤りと、貢進物の粗悪をもたらしていると承和七年官符は指摘している。延暦二十一年官符が出されたにもかかわらず、調庸輸納の事務が在京国司らに便付されるという慣例は、容易に改まらなかったのである。

(20)『類聚三代格』巻八、調庸事、大同二年（八〇七）十二月二十九日官符。『貞観交替式』大同二年十二月二十九日。

(21)『類聚三代格』巻一〇、供御事。

(22)公式令在京諸司条の「有㆑事須㆑乗㆓駅馬㆒」の条文に関して、義解は「宮内省依㆓御贄㆒乗㆑駅之類是也」という注釈を施している。

(23)市大樹「律令交通制度と文字」（『文字と古代日本3』流通と文字、吉川弘文館、二〇〇五年）。

(24)今津勝紀「調庸墨書銘と荷札木簡」（『日本古代の税制と社会』塙書房、二〇一二年、初出一九八九年）。

(25)狩野久『日本の美術　木簡』一六〇（至文堂、一九七九年、五八頁）。なお、林陸朗・鈴木靖民編『復元　天平諸国正税帳』（現代思潮社、一九八五年）は、天平十年度の「駿河国正税帳」の「検校調庸布国司」の語句に関して、頭注で「調庸物の収納状況など検校の国司巡行」（九四頁）という注釈を施しているが、収納状況ということであれば、「駿河国正税帳」には例えば正税の収納について「収納正税国司」の項目があがっているのであるから、「収納調庸布国司」と記載すればよいのではないか。

(26)寺崎前掲註（1）論文。このように指摘した箇所に付された註（10）には、「天平十年駿河国正税帳（『大日本古文書』二―一一五頁）には国司の部内巡行の条に『検校調庸布国司』なるものがみえているが、おそらくこういった任にも専当国司が主としてあたったのであろう。」とあるが、まさにこの職務こそが本来の専当国司の帯びる職掌であったのである。

(27)調庸絁布への専当国郡司の記載について、賦役令集解調皆随近条の穴記には、「国郡司不㆑注㆓姓名㆒、但今行事別也」、同朱云には「今行事、注㆓国郡司姓名㆒者、非㆓令心㆒耳」とあり、専当国郡司制成立時点から記されているわけではなかった。

(28)原田重氏は早く、専当国郡司の名を記すことは、天平から天平勝宝の間に決められたのかもしれないとした（「国司連坐制の変質についての一考察」（『九州史学』一〇、一九五八年））。また、今泉隆雄氏は「貢進物付札の諸問題」（『古代木簡の研究』吉川弘文館、一九九八年、初出一九七八年）のなかで、天平十八年（七四六）以前のものには専当国郡司名の記載はないとする。亀谷弘明氏は、専当国司・郡司名は天平勝宝元年頃から記載されるようになるとし（「調庸布絁墨書銘と徴税機能―国印の押印箇所を手がかりに」（『古代木簡と地域社会の研究』校倉書房、二〇一一年、初出一九九九年）、吉川真司氏は、調庸墨書銘の特色の一つとして、天平末年から専当国郡司名が記されることを指摘した（「税の貢進」前掲註（23）書）。

（29）東野治之「調墨書銘二題」（『正倉院文書と木簡の研究』塙書房、一九七七年、初出一九七六年）、吉川前掲註（28）論文。

（30）『法隆寺献納宝物集成』二九号（吉川弘文館、一九九九年。以下、『法隆寺集成』と略す）。なお、①は現在、東京国立博物館に所蔵されているいわゆる法隆寺献納宝物の葡萄唐草文錦褥に記されているものである。この褥が東京国立博物館に所蔵されるようになった経緯については、東野治之「法隆寺献納宝物の銘文」（『日本古代金石文の研究』岩波書店、二〇〇四年、初出一九九九年）を参照のこと。

（31）東野前掲註（29）論文。

（32）『法隆寺集成』一五三号。

（33）①については『法隆寺集成』図版二三頁に写真が三枚掲載されている。錦褥全体を撮影したものが一枚、もう二枚は銘の部分を拡大したもので、「調壹端」とそれ以下の部分が二枚に分けて収載されている。釈文では「調壹端」とそれより下の年月との間隔は五字程度であるが、錦褥全体を写した写真をみると、「調壹端」と「天平寳勝……」の間のスペースはかなり空いている。写真の墨書が小さいので、はっきりしたことはわからないが、「常陸国……調壹端」の墨書と同じ程度の間隔の空きがある。なお「常陸国」と「信太郡」との間には、二字程度の空白がある。①の「調壹端」と「天平寳勝……」との間には、写真でみる限りシミはみえるが、墨痕は確認できず、また切断や破損等の痕跡も確認できない。正倉院の常陸国の墨書銘には、専当国郡司名のある場合は例外なく布絁の寸法記載と年月記載との間に専当国郡司名が記されている。あるいは、この空白の部分は本来専当国郡司名が記載されるはずであったが、何らかの理由で記されないままに貢進されたということも考えられるが、推測の域を出るものではない。

（34）東野前掲註（29）論文。

（35）沢田むつ代・東野治之「法隆寺献納宝物　平絹幡二流と幡足六条―重要資料緊急修理（平成二年度）を終えて―」（東京国

立博物館美術誌『MUSEUM』四八三、一九九一年)。

(36)『法隆寺集成』一五三号【備考】、沢田・東野前掲註(35)論文。

(37)なお、二条大路の東西溝SD五三〇〇から出土した木簡に次のようなものがある。

専国司

計郡司

(17)×(24)×2　081

『平城概報(二十九)』三八頁上

専当国郡司に関わるものかも知れないが、完形でなく性格が不明瞭なため、一応ここでは考察の対象から除外しておきたい。

(38)『平城概報(十九)』一六頁下。

(39)中島信親・山口均・清水みき「京都・長岡宮跡」(『木簡研究』二〇、一九九八年)。

(40)奈良文化財研究所の木簡データベースの添付画像で確認したが、「臣」か「直」のいずれかに確定することはできない。

(41)『平城概報(四十二)』九頁上。

(42)仁藤敦史「駿河・伊豆の堅魚貢進」(静岡県地域史研究会編『東海道交通史の研究』〔清文堂出版、一九九六年〕)は、専当国司制が行われるようになるのは天平宝字年間であるとするが、これまで述べてきたように正しくない。ただ、その実施が調庸の違期・未進・粗悪などに対処するためであるとする点は、正しいであろう。

(43)鬼頭清明「安房国の荷札について」(『古代木簡の基礎的研究』塙書房、一九九三年、初出一九九二年)。

(44)安房国は、養老二年(七一八)五月二日に上総国の四郡を割いて建国され、天平十三年(七四一)十二月十日に一旦廃されて上総国に併合されたが、天平宝字元年(七五七)五月八日に再置されている(いずれも『続紀』同日条)。

(45)上総国の荷札には長さが二〇〇ミリに満たないものもあるが(『平城宮一』三四〇号〔「矢作部林」という貢進者名だけを記したもの〕、『平城京二』二一七〇号〔「荏油」の荷札〕、『平城概報(十九)』二一頁下〔「養銭」の付札〕、『同(二十二)』

三三頁上〔「若海藻」の荷札〕、『同（三十）』七頁上〔精蘇の荷札〕）、鰒の完形荷札はいずれも三〇〇ミリを超えている（『平城宮一』三三七号、『同』三三八号、『同』三三九号）。

（46）長山前掲註（9）論文。

（47）長山氏は粗悪品納入を農民による違反とされている。もちろんそうした場合もあったであろうが、利に敏い国司が農民から徴収した良質の調庸に替えて、粗悪品を京進して私利を貪る場合もあったことは当然考えられよう（瀧川政次郎『律令時代の農民生活』〔刀江書院、一九六九年〕）。なお、布絁など繊維製品が粗悪であるかどうかの判定基準は、幅や長さといった規格と、糸の精粗や織成の優劣という品質の二点あったらしい（山本幸男「調庸違反をめぐる一考察（下）―国司と収納官司の関係を中心に―」〔『続日本紀研究』二二九、一九八三年〕）。

（48）「輸すべき課税」について律疏は「調庸雑税之類」という注釈を施している。

（49）『類聚三代格』巻八、調庸事、大同二年（八〇七）十二月二十九日官符、『政事要略』巻五一、交替雑事、天暦元年（九四七）閏七月十六日左弁官下文などに引用がある。

（50）『延喜式』民部上には「凡諸国調庸専当者、差下目以上并郡司少領已上強二幹于事一者、毎年相換。但小郡者二年差レ領、一年差二主帳一。其歴名付二大帳使一申二送官一」「凡畿内調物者、専当国部領、納二京庫一。其郡司者不レ可二入京一」とある。

（51）泉谷康夫「税目別専当制について」（『日本中世社会成立史の研究』高科書店、一九九二年、初出一九八八年）。

（52）吉川真司「九世紀の調庸制―課丁数の変化と偏差―」（『仁明朝史の研究』思文閣出版、二〇一一年）。

（53）薗田香融「出挙―天平から延喜まで―」（『日本古代財政史の研究』塙書房、一九八一年、初出一九六〇年）。早川庄八「律令財政の構造とその変質」（『日本古代の財政制度』名著刊行会、二〇〇〇年、初出一九六五年）。

第九章　荷札木簡の機能についての覚書

一　荷札木簡の研究課題

一九六一年一月、平城宮跡ではじめて木簡が出土して以降、今日に至るまで膨大な点数の木簡が文字どおり全国各地の遺跡から出土している。早くから木簡が書写材料として使用されていたことは、それまでにも正倉院南倉に伝世する雑札と称されている木簡六点などによって知られていたが、(1)一方で紙が使用されていた時代に、これほど大量の木簡が使われていたことは、木簡が出土する以前には予想もされていないことであった。木簡の出土例が増加するとともに、当然こうした木簡がどのような用途・目的で使用されていたのかということが検討課題になり、これと関わってその用途や記載内容による分類が行われてきた。(2)本章ではそうした木簡のうち、荷札木簡（貢進物付札）について検討したい。

荷札木簡は諸国から都城に送られてきた調庸をはじめとする物品に付けられていた木製の札であるから、国ごとの特徴がみられる。とりわけ一九八〇年代後半に出土した長屋王家木簡や、さらには二条大路木簡により、一気に荷札木簡の点数が増加し、次第にその地域性も明らかになってきている。(3)その書式・形態・樹種・法量などから荷札木簡の国ごとの特徴が知られるようになり、国名などが記載されていない場合や、不明な荷札木簡についても、逆にそうした特徴により、ある程度どこの国から貢進された物品に付けられた荷札であるのかが推測できるようになってきたのである。

こうした荷札木簡の地域的特色の解明とともに、荷札木簡がどの段階で書かれたのかを明らかにすることが課題となっていた。荷札木簡が地方で書かれ作成されたことは確かであるが、国衙段階か、あるいは郡衙の段階か、はたまたそれよりも下部の段階で書かれたのかという問題である。もう一つはこの点をふまえてその機能・役割をどのように考えるのかという問題である。すなわち荷札木簡がどのような場面でいかなる役割を果たしたのかということが、荷札木簡の重要な課題としてこれまで検討・考察されてきたのである。ここでは主に後者の問題について考えることにし、前者についてはそれとの関連で触れることにしたい。荷札木簡の機能についてはこれまでに先学によってさまざまな説が提示されているから、まずはそれらの先行学説を整理し、問題点を明らかにしておきたい(4)。

二　荷札木簡の機能に関する先行学説

1　今泉隆雄説

調庸墨書銘や荷札木簡の機能について最初に検討を加えたのは、今泉隆雄氏であった(5)。今泉氏は贄や交易貢献物、あるいは一部の墨書銘にみられる唐風の楷好な書蹟、いわゆる「国衙様書風」で記されたものは国衙段階で書かれたとするが、基本的に墨書や荷札木簡の作成は郡衙で行われたと理解し、その機能を勘検の面から考えたのである。まず貢進物の勘検とは、貢進物に関する文書と貢進物とを照合して、貢進物の徴収や貢進が文書どおりに行われているかどうかを明らかにする作業と定義した上で、調庸物については国衙と中央政府の二段階の勘検が行われたとする。国衙の勘検は、郡衙機構による調庸物の収納が確実に行われているかどうかをチェックするもので、国印が捺されることは郡衙の収納した調庸物が国衙勘検をパスしたことを中央政府に示したものであり、この勘検において調庸物と照らし合わされる文書は、「計帳手実」あるいは「計帳歴名」であったとする。ただ今泉氏は、原則としては調庸物そのものについて勘検を行わなければならないが、貢進物すべてについてそのような実物勘検が行われたとは考えがたく、荷札や墨書銘との照合がこれに代わったのであろうと考える。

一方、中央政府の勘検は調庸物とともに京進される調帳・庸帳と、荷札木簡や墨書銘とが照らし合わされたとする。すなわち現存する神亀六年（七二九）の「志摩国輸庸帳」や、保安元年（一一二〇）頃と推定される「摂津国調帳案」などから、調帳・庸帳は一国および郡ごとの課丁数と京進した調庸物の品目・数量を記した統計的な帳簿であり、これらと荷札や墨書銘とが照合されたと考えるのである。その場合、荷札や墨書銘の個々の貢進者名や輸貢量の記載は意味を失い、国や郡単位の総量として意味をもったにすぎないとする。

のちに今泉氏は当該研究を『古代木簡の研究』に再掲するに際しての〔補記〕のなかで、後述の東野治之・寺崎保広・山中章の各氏の見解に従って、郡より下位の郷段階で作成された荷札木簡があることを認めている。すなわち今泉氏は、荷札木簡の作成段階として、国衙段階、郡衙段階、郷の段階のいずれの段階も認めているのである。この今泉氏の論考の特徴は、国衙と中央政府の二段階での勘検を考えることにあるが、作成段階をこのように考えても、国衙・中央政府の二段階勘検という機能に矛盾するものではない。

この今泉氏の研究は、今から四〇年近く前に発表された墨書銘や荷札木簡の機能についての先駆的な研究であり、その後、長屋王家木簡や二条大路木簡などの発掘によって多くの荷札木簡が検出されたにもかかわらず、今日でも荷札木簡の機能についての通説的な地位を占めており、墨書銘や荷札木簡について研究を行う場合には必ず参看されなければならない基本的な文献の一つである。

2　東野治之説

今泉氏の論考が発表された二年後、東野治之氏は史料論の立場から荷札木簡の性格や機能、さらには荷札の記載と租税収取の制度・実態との関係を論じた(6)。

東野氏の論は多岐にわたるが、まず荷札が単なる輸送用の会符ではなく、税物の検収に関わるものであるとした上で、貢進物に複数の荷札が付けられていたことに注目する。このことを税物の勘検に関わる措置とする弥永貞三氏の着想(7)を参考にして、消費の段階で残されたのは、原則として一枚だけであったと考える。氏はさらに進めて、貢進物の検収の際に取り除かれる荷札と、最後まで残される荷札のあったことを想定した。すなわち、長岡京左京三条二坊八町(8)の太政官厨家跡から出土した官人署名のある次のような荷札、

・紀伊国進地子塩「三斗安万呂」

・　　延暦九年三月九日(9)

（異筆）

は検収のためにはずされたもの、藤原・平城宮跡などの荷札は貢進物の消費段階まで残されたもの、複数出土している荷札はたまたま例外的に当初の形のまま消費先までもたらされたものと理解するのである。検収の時に荷札が取り除かれることの意味は、貢進物の検収に際して、量目をいちいち計り直すことは容易ではないために、輸納前に付けていた荷札を検収時にはずすことによって、勘検に換えていたとするのである。

また東野氏は荷札の書かれた段階は国衙、郡衙、それ以下の三種類が想定できると考える。このことは貢進物の検収に荷札が機能するのがどの段階であるのかという問題と関連するが、氏は荷札が中央における貢進物勘検に用いられ、収税文書を作成する資料とされたとするのである。ただし、郡より下の段階で書かれた調の荷札は郡における勘検に用いられたのであり、中央や国衙での勘検でも利用される場合もあったが、それはあくまでも二次的であるとする。

東野氏は第1項の今泉説について、同じ税目の荷札・墨書銘は同じ段階で書かれたとすること、「国衙様書風」など書風によって貢進物の調達段階を推定していること、書式などに整一性が認められる調庸墨書銘の記載と、バラエティがあり雑然とした印象を受ける荷札の記載を、同じ段階で書かれた同性格の記載とする点などに検討の余地があるとする。こうした指摘を受けて、今泉氏が荷札木簡の作成段階についての自説を改めたことは先に記したとおりである。ただ墨書銘と荷札の記載が同じ性格を有するとする今泉氏の考えについては、筆者はこれを妥当と考えるが、このことは後に述べてみたい。

この荷札木簡の作成・記載段階についての東野氏の見解は、樋口知志氏によって補強された(10)。樋口氏は伊豆国・志摩国・若狭国の荷札木簡を詳細に観察・検討するなかで、地理的・歴史的諸条件や一国内における政治的諸関係、さらには指定された品目の調達に関わる諸事情といったさまざまな要因によって、荷札木簡が作成、記載される段階は地域により大きく異なっていたとする。おそらく荷札木簡の作成段階は一律のものではなく、東野氏や樋口氏が主張するように国や地域によって区々であったと考えるのが妥当であろう。

他方で貢進物の検収の際に取り除かれる荷札と、最後まで残される荷札があったとする東野氏の主張については、のちに馬場基氏によって二つの疑問が呈された(11)。一つは、複数の荷札が付けられた貢進物には偏りがみられ、必ずしもすべての荷札に複数の荷札が付されたかどうかが判然としない点である。馬場氏の論文が発表された時点で発見されていたいわゆる同文荷札は二一組ほどであり、荷札の全出土例数は不明ではあるが、そのうちに同文荷札の占める割合は馬場氏のいうようにかなり低いであろう。本来、貢進物に複数の荷札が付けられていたならば、もっとその検出例は多いはずである。

次に、もう一つの疑問は、もし検収用に一枚が取り除かれるのであるならば、なぜ同文荷札が同一遺構から出土する例が存在するのか、という点である。馬場氏によれば、これまで確認されている同文荷札は、いずれも同一遺構からの出土であり、異なる遺構から出土した例はないとのことである。[12] 確かにこの二一組の同文荷札が、すべてたまたま当初の形のまま消費先までもたらされたと理解することには無理があるだろう。

東野氏の見解でもう一つ問題に思われるのは、調庸墨書銘は国衙段階で書かれたとする点である。東野氏はその根拠の一つに、織成された絁や布に加えられる練・染という工程が、国衙機構で行われたことをあげている。しかし正倉院に遺る墨書銘のある絁布は、すべてが染められたものではない。白絁や白布も多数存在している。また『延喜式』主計上に「国以㆓徭夫㆒練染」とあることは、次に触れる今津勝紀氏も指摘するように[13]、必ずしも国衙段階で練・染が行われたことを意味しない。今津氏はその上で、天平十年度の「駿河国正税帳」にみえる国司の部内巡行項目の「検校調庸布」は、駿河国の全七郡を対象としていることなどから、国司の目・従が各郡を巡行して調庸布の「検校」[14]を行ったと考えており、この点筆者も今津氏の説を妥当と考える。

以上、東野氏の論考について述べてきたが、現時点ではいくつか問題はあるものの、先の今泉氏の研究と並んで、荷札木簡や墨書銘の機能について詳細な考察を加えた基本的な文献である。

3　今津勝紀説

今泉氏や東野氏が荷札木簡や墨書銘の役割を勘検や検収に求めたのに対し、これらとはまったく異なった観点からその機能を考えたのが今津勝紀氏であった。[15] 今津氏は、民部・大蔵省など中央での貢納物納入に際しての検収では、個々の貢納者名の確認はなされず、全体的な色数総量の確認のみが行われたとする。一方、正倉院に残る近江国の黄綾断片[16]は国衙工房で作成されたものであって、その機能が地方官衙での検収に求められない以上、墨書銘は中央に対して意味をもつと考える。すなわち調庸墨書銘は郡衙や国衙など在地での物実納入に際しての検収を前提として記されたとは考えられず、中央段階での何らかの機能を果たしていたと今津氏は考えたのである。

それでは、この中央段階での機能とは何か。今津氏は『延喜式』太政官の規定に調庸帳の天皇への奏上がみえること、つまり太政官が調庸帳の目録を作成し、この目録を介して天皇は貢納物の到着を確認することになっていたこと、さらに調庸帳の一部が中務省に下されるが、このことは中務省において天皇の御覧に擬することを目的としていたことをあげ、これらは天皇による貢納内容の視覚的確認を象徴化したものと考えた。その上で調・中男作物・贄などの税目についての墨書銘や、東野氏がいう最後まで残される荷札は、天皇への貢納を視覚的に表示するために付せられた「題記物」であると考えたのである。貢進物の検収の際に取り除かれる荷札と、最後まで残される荷札があったことについては、すでに述べたように問題がある。それはともかく、今津氏が「題記物」という概念を提示した根拠は、『書紀』にみえる「東国之調」[17]と「任那調」に関する記事[18]である。前者は「東国之調」が進上されるに際して、「天皇」「群臣」が出席する儀礼が行われ、天皇が貢進物を直接みて確認したことが推測されるとし、事実この時、崇峻天皇は東漢直駒によって弑殺《しいさつ》されるのである。後者の記事には、「任那調」には以後「具さに国と調を出す所を題」するようにせよとあり、この一文を重視して調を「題」した何らかのモノの存在を主張する。

これに対して寺崎保広氏は、①天皇に奏上されたり、御覧に擬されるのは調庸帳に限らず、正税帳など地方行政の基本的公文はみな同様の扱いを受けたから、この点だけから調庸帳を特別視することはできない、②令制下で天皇が荷札木簡等をみるという儀式を具体的に想定することができない、③題記物の例が「任那之調」の一例では荷札木簡の個人名表記との関連づけが難しいと今津説を批判する。[19] また今泉氏も寺崎氏の批判①②に加えて、今津氏が勘検の機能を否定する論拠が不十分で、形式論理的であるとする。[20]

筆者も今津氏のいわゆる貢納表示説に対しては、いくつかの疑問がある。果たして、中央での勘検・検収では全体的な色数総量の確認のみが行われたのであろうか、近江国の黄綾断片に墨書が記されたのは、中央段階における機能のみを想定したからであろうか、等々であるが、とくに問題に思われるのは貢納表示説の主要な根拠である「任那調」に関する『書紀』大化元年（六四五）七月丙子条の解釈である。以下にこの記事を掲げる。

高麗・百済・新羅、並遣レ使進レ調。百済調使、兼二領任那使一、進二任那調一。唯百済大使佐平縁福、遇病留二津館一、而不レ入二於京一。巨勢徳太臣、詔二於高麗使一曰、明神御宇日本天皇詔旨、天皇所レ遣之使、与二高麗神子奉遣之使一、既往短而将来長。是故、可下以二温和之心一、相継往來上而已。又詔二於百済使一曰、明神御宇日本天皇詔旨。始我遠皇祖之世、以二百済国一、為二内官家一、譬如二三絞之綱一。中間以二任那国一、属二賜百済一。後遣二三輪栗隈君東人一、観二察任那国堺一。是故、百済王随レ勅、悉示二其堺一。而調有レ欠。由レ是、却二還其調一。任那所レ出物者、天皇之所二明覧一。夫自レ今以後、可四具題三国与二所レ出調一。汝佐平等、不易面来。早須明報。今重遣二三輪君東人・馬飼造一。欠レ名。又勅、可レ送二遣鬼部達率意斯妻子等一。

この時、高麗（高句麗）・百済・新羅がともに使者を遣わして調を進めた。この朝鮮三国の調進が同時に行われたとする点は、当時の朝鮮半島情勢からして推しておそらく事実に反するであろう。また高麗使や百済使に対する詔に「明神御宇日本天皇」とあるのも、のちの令文による潤色が加わっている。[21] 倭国が「任那国」を百済に属け賜ったとあるのも、おそらく六四二年七月に百済の義慈王が新羅を襲撃し、旧加耶地域を占領することになった現状をこのように表現したものであり、信を置きがたい。このようにこの記事は慎重な史料批判を要する記事であるが、この頃高句麗・百済・新羅が使者を倭国に遣わして調を進めていたこと、そのうち「任那調」については百済調使が任那使を兼領して進めたことは認めてよいであろう。そこで問題になるのはこの「任那調」の歴史的性格である。そもそもこの「任那調」は、六世紀後半以降新羅が倭国に進めていたものであった。当時高句麗・百済と対立状態にあった新羅には、国際的孤立を回避する必要があり、倭国に対し南加羅産の財物を進めたと考えられる。ただこの点は新羅側の事情であって、倭国の立場からすれば、旧加耶地域の鉄資源を確保するために、「任那調」を要求することによって、古くからの加耶地域との名目上の関係を主張することにあったとみられる。[22] 先に記したように、六四二年に百済が旧加耶地域を占領してからは、百済がこの「任那調」を倭国に進めていた。それは七世紀に入り新羅との対立抗争が激しくなった百済にとって、六世紀後半の新羅と同様の事情から、倭国との関係を強化する必要があったからであろう。

倭国は旧加耶地域を実効支配していた百済と、地理的にも旧加耶を中間に挟んで、三者の関係を強めようとしていた。そうした関係の表現が「三絞之綱」であり、その紐帯が「任那調」であったのである。「任那調」の由来がこのようであったからこそ、それを出す国と調とを題することが義務づけられ、天皇の「明覧」に供せられたのである。『書紀』当該条によれば、「任那調」にのみこうした題記が施され、他の高句麗・百済・新羅の調にはそうしたものは認められないが、それは「任那調」のこうした特殊性によるのであろう。したがって、「任那調」の例を一般化・普遍化することはできない。ましてやこの事例をもって、国内の貢進物荷札の機能を考えることは、歴史的にも方法的にも誤っているといわざるをえないのである。

4　その後の諸説

今津説はきわめて斬新な着想ではあったが、荷札木簡の機能・役割としては認めがたいことを述べてきた。次にその後の諸説についてみていきたい。

まず、山中章氏は岸俊男氏の提唱(23)や今泉隆雄氏の論考(24)をふまえて、これまであまり進められてこなかった木簡の木製品としての製作方法に着目して、荷札木簡の機能を考察した(25)。山中氏は、都城で出土する中央官司が発行する木簡の製作技法を検討して、木簡そのものが文面の記載者によって製作されたとし、そのことによって、諸国から送られ消費地で一括投棄された貢進物荷札についても、大半の木簡が記載者によって製作されていたとする。さらに諸国からの貢進物荷札は郷（島）ごとに製作・記載される場合が多いことを指摘した。また諸国からの貢進物荷札は、基本的に「短冊形二枚、荷札形一枚」のセットで送られ、短冊形のものは勘検の際に抜き取られたとし、その機能は従来の説と同様、貢進物の勘検であると考えた。

山中説は木簡の製作技法の詳細な観察をもとにして成り立っており、それによって得られた結論はきわめて説得力の高いものといえよう。しかしながら問題がないわけではない。荷札木簡は諸国から三枚をセットとして発送され、そのうちの短冊形のものは勘検の際に抜き取られたとするが、こうした考えは第2項でみた東野説を踏襲したものであり、現時点では従いがたいことはすでに述べたとおりである。すなわち、同文や同じ内容を記した荷札が同一遺構から出土する例が存在し、逆に異なる遺構から出土した例はないのである。また山中氏自身も「木簡の保管元や消費地で抜き取られなかった理由が問題にはなるが(26)」や、「本来、消費地に到達するまでに、勘検のため抜き取られていたはずの木簡が、何らかの理由で残されていた(27)」と述べているごとく、抜き取られてはいない荷札の例も多いのである。勘検に際して抜き取られる札があったという想定を根拠に、荷札木簡の機能が勘検であったと考えることはできないと思う。

山中章氏の論考が発表された翌年、寺崎保広氏も荷札木簡の機能についての考えを明らかにし、それはあくまでも中央における勘検のためのものとした(28)。その理由の一つは、例えば次のような中央での勘検に用いられたことが明らかな木簡があることである。

・近江国米綱丁大友醜麻呂

・　五月十三日　秦「安麻呂」(29)

これは長岡京の太政官厨家跡から出土した地子の荷札である。カギ括弧内が秦安麻呂の自筆で、この人物は近江以外の国の荷札にも名前がみえることから、太政官厨家の役人で、地子の検収に当たっていたと推定される。こうした太政官厨家の官人の自署がみえる木簡が太政官厨家跡からは数多く出土しているが、寺崎氏はこうした例から中央における収納の際に荷札木簡が具体的に機能していたと考えるのである。また、荷札木簡に貢進者の名前を記すことについては、機能面だけでは解釈できず、あくまで個人名を書かせるのが個別人身支配をめざした律令制の一つの「理念」であり、個人名が記されていることが、荷札木簡が中央での勘検に用いられたと考えることの支障にはならないとする。こうした理由からあくまでも中央での勘検のために荷札木簡は機能したと寺崎氏は主張する。

寺崎氏が理由の一番目にあげた長岡京太政官厨家跡出土の近江国地子米の荷札は、これまでは美濃国の地子米の荷札とともに貢進物荷札とされてきたが、先に述べた山中氏による検討の結果、それぞれの国から送られてきたものではなく、太政官厨家の官人の手によって作成された荷札であることが明らかとなった(30)。したがって、これら一群の地子米荷札によって、地方から送られてきた荷札木簡について云々することはできなくなったのである。また、荷札木簡に貢進者の名前を記すことが律令制の「理念」であることは認めるとしても、それのみから荷札木簡の機能を勘検に求めることは根拠薄弱といわねばならない。

近年、七世紀の荷札木簡が数多く出土するようになったが、市大樹氏は、主に飛鳥や藤原宮・京などから出土した七世紀の荷札を検討し、評制下の荷札木簡は、貢進の主体と内容の表示それ自体を目的に作成され、また副次的機能として保管・利用時に役立てられたと結論づけ、こうした荷札の機能は八世紀以後も継承されていくと考えた[31]。

5 品質保証説の提唱

荷札木簡の機能に関してこれまでに発表された学説についてふりかえってきたのであるが、近年、同じシリーズの書物において渡辺晃宏氏[32]と吉川真司氏[33]によってほぼ同様の考えが発表された。いわば品質保証説とでも呼ぶべき見解である。

まず渡辺氏は、計帳歴名が京・畿内以外の畿外諸国から京進されることはなかったにもかかわらず、歴名にもとづいて記載された荷札木簡が荷札に付けられていることの意味を考察した。すなわち、歴名は京進されないのに、荷札が物実に添付され中央に送られても対照のしようがなかったはずであると。この問題に対して、氏は次のように考えた。調庸などの税物に荷札を付ける作業は、個人と物品を対照させて確認した上で郡において行われ、国は郡レベルで調達したものをとりまとめ、計帳（大帳）によって数量だけそろえて京進した。中央での勘検は国ないし郡ごとの数量が問題となるのであって、個人名が必要であったとは考えられない。それにもかかわらず個人名が記されているのは、保管の際の品目の識別（ラベル）の必要から荷札の付け替えの手間を省いたのと、郡・国レベルでの勘検を経た物品であることを保証する役割を果たすためであったという。荷札木簡に個人名が記されている理由を、寺崎氏のような「理念」からではなく、実際上の問題から説明している点で説得力を有する。

一方、吉川氏は日本と唐の題記類の比較、調庸物の生産・徴収過程の復原から、荷札木簡の郡段階作成を再評価し、それとともにその勘検機能説に疑問を呈した。但し、吉川氏は勘検作業そのものを否定したのではなく、荷札木簡が勘検に使用されたことに疑問を呈したのである。中央での勘検の実施については「数量・品質に問題なしと認定されると、民部省移が大蔵省に送られ、いよいよ倉に納める運びとなる」(34)と述べている。その上で、題記類は「貢進者」(35)の責任を問う目的で書かれたのではなく、品質や分量を点検・調整した結果、問題がない場合に題記類は記入され、荷札木簡が荷物に取り付けられたとした。また調庸墨書銘に捺印された国印は、国司が品質に責任をもつことの表明であったとし、荷札木簡が荷物に取り付けられたことと同じ意味、機能をもっていると考えたのである。

その上で、題記類が書かれたのは「貢進の主体と内容の表示」それ自体が目的であったと考えた。吉川氏は題記類にそれ以上の意味を認められないとして、今津氏の貢納表示説を是認するという。また副次的な機能として、保管・利用の際に役立ったとした。

筆者は吉川氏の品質保証説と内容表示説については妥当と考えるが、内容表示説がなぜ今津氏の貢納表示説と同一であるのかが理解できない。確かに今津氏の貢納表示説は「貢進の主体と内容の表示」ではあるが、それは単に主体と内容を表示することではなく、天皇に対する貢納表示であることにその本質がある。すなわち天皇が貢納物とそれに付けられた題記類を視ることによって、天皇が支配する国土から貢納された品であることを実感し、その支配を確認するという象徴的な意味が貢納表示説にはこめられている。この点を等閑に付して貢納表示説を語ることはできない。

さて、これまでにも述べてきた同一の貢進物に複数枚の同文、同内容の荷札が付けられていたことの理由が、勘検によって抜き取られることから説明できないとすれば、これら複数の荷札木簡をどのように考えればよいのであろうか。馬場基氏は荷札と荷物との関係から、こうしたいわゆる同文荷札の役割を考察した(36)。馬場氏は第2項で述べたように、貢進物の検収の際に取り除かれる荷札と、最後まで残される荷札があったとする東野説を批判した上で、近世の米納入に伴う規定を参考にして、江戸時代の年貢米の俵には米の品質を維持し、責任の所在を明確にするための「中札」が封入されており、一方で俵の外に内容物を示すための「外札」が装着されていたことから、古代の複数枚の同文、同内容の荷札木簡もこれと同様の機能を果たしていたと考えた。渡辺氏や吉川氏が主張する品質保証・内容表示機能説に新たな手がかりが与えられたといえよう。

さらに馬場氏は、伊豆国の調（荒堅魚）に付けられていた荷札を素材に、これら荷札が荷物に取り付けられたのは、「〇連〇丸」という数量の追記や荷物の梱包の直後であること、荷札に記載された国郡郷名以下品目などの記載は計帳歴名から抜き出されたもので、これを荷物に装着することはこうした帳簿と現物との対応の完了と確認を意味する作業であったとする。氏はこれを、調庸布に墨書が施され、国印が捺されるのと同様の性格を有するものとして「検封的機能」と呼ぶ。さらに馬場氏は、調荷札は内容物を表示する「付札」としての機能を軸として、その作成から廃棄に至る過程で利用方法を変化させながら機能したとする。国衙や中央での「勘検」機能や、「貢納表示」機能も見出せるとする。いわば荷札木簡の多機能論である。しかしながら、複数の機能が考えられるにしても、それは時代と共に荷札木簡が使用されるなかで派生してきた機能もあると思われる。我々が問題にしなければならないのは、荷札木簡の本質的な機能である。荷札木簡が使用される当初はそれほど多くの機能を担わされていなかったのではないだろうか。

三 「勘検」「検収」と「検校」

以上、これまでの荷札木簡の機能についての主だった論考についてみてきたが、そこから明らかになった点をまとめてみると、次のようになるだろう。

①　中央における勘検機能（今泉説）については、近年これを批判的に考える傾向にある。また、長岡京の太政官厨家跡から出土した地子の荷札によっても、中央における勘検を考えること（寺崎説）はできない。

②　貢進物が中央に送られた段階で、複数の同文荷札から一枚を取り除くことによって、勘検が行われたと想定すること（東野説・山中説）は困難である。

③　貢納表示説（今津説）では、荷札木簡の機能は説明できない。

④　近年の学説では、品質保証説（渡辺説・吉川説・馬場説）、内容表示機能説（渡辺説・吉川説・馬場説・市説）が有力である。

⑤　副次的な機能として保管・利用時に役立てられたと考えられる（渡辺説・吉川説・馬場説・市説）。

こうしてみると、荷札木簡の機能については、これまで有力であった①の勘検機能説が否定されつつあり、一方で④の品質保証説、内容表示機能説が定説化してきているといえよう。しかしながら、荷札木簡と勘検とは決して無関係ではない。それでは荷札木簡と勘検作業とはどのような関係にあるのだろうか。この点を検討する前に、勘検という行為、さらに勘検とともに用語の上でしばしば用いられる検収という行為の意味内容について考えてみたい。

「勘検」や「検収」という語句は、租税の収取に際してしばしば用いられるが、まず史料上に現れる「検収」の例としては、次のようなものがある。

太政官符

応レ奏下聞検二収諸国調庸并進レ官雑物一状上事

右被二右大臣宣一偁。奉　レ勅。夫輸二納調庸一、節制分明、勘二責違闕一、科条厳峻。而所司怠慢、鮮レ有二遵行一。不レ加二督察一、何以懲粛。宜下仰二大蔵省一、諸国所レ貢調庸等物全好濫悪之品。并見進未進合期過期等事。国別細勘具録上奏上。各期二限月後卅日内一奏尽。即当下随レ事黜陟、以励二将来一。兼下二刑部一、依レ法科処上。

大同三年正月七日(37)

この官符によれば、大蔵省は諸国が輸納する調庸物等について、その品質・納期・貢進状況等を国ごとに検査して奏上することが定められており、それが事書きにみえる「検収」行為をさしている。また「勘検」については調庸などの収取についてのものではないが、『続紀』に次のような記事がある。(38)

武蔵国隠没田九百町、備中国二百町、便仰二本道巡察使一勘検。自余諸道巡察使検田者、亦由レ此也。其使未レ至二国界一、而予自首者免レ罪。

巡察使による武蔵国と備中国の隠没田の摘発に関する記事であるが、この史料と関係すると思われるのが、同じく『続紀』天平宝字四年（七六〇）十一月壬辰条にみえる勅に「其七道巡察使所二勘出一田者、宜下仰二所司一、随二地多少一、量加中全輸上。正丁若有二不レ足国一者、以為二乗田一」とあるものである。隠没田が巡察使の検田によって摘発された田地が勘出田であるが、そうした田地の勘出は実際の田地と何らかの帳簿（田図・田籍など）とを対照させることにより可能となるはずである。すなわち実際に存在するものと、それを記録した帳簿とを対照させる行為が「勘検」である。

それでは、これまでの荷札木簡の機能・役割に関する論考において、検収や勘検はどのような行為として捉えられてきたのであろうか。まず、勘検についてみてみよう。今泉隆雄氏は第二節で触れたように、「貢進物の勘検とはその文書（貢進物の徴収・貢進に関する文書―筆者）と貢進物とを照合して、貢進物の徴収・貢進が文書による報告通り行われているかどうかを明らかにする作業である(39)」とする。さらに「この貢進物の文書との照合において、墨書銘・付札は貢進物に密着して、貢進物の貢進の責任の所在（貢進主体）や貢進物の内容を明示する役割を果し、文書と貢進物の照合のために必要であった」[40]と考えた。今泉氏は、貢進物と文書とを照合することを勘検と規定し、貢進物の代わりにその内容を示す墨書銘・付札が勘検に使用されたと考える。先ほどの『続紀』の史料で確認した勘検と同じ意味内容として理解している。また墨書銘に国印が捺されているのは、郡衙の収納した調庸物が国衙勘検をパスしたことを中央政府に対して示したものであるとする。狩野久氏は早く、「貢進物付札は（中略）、地方・中央それぞれの段階において、徴税台帳と品物をつきあわせるさいの勘検資料になった」[41]、「勘検の内容は品目、輸貢量、品質が規定通りのものであるか否かの調査である」[42]と述べている。この点は今泉氏と同様の考えである。おそらく以上のような内容が勘検についての一般的な理解であろう。

それでは、こうした勘検作業は租税の徴収・納入のいかなる過程で行われていたと考えられるのであろうか。まず、地方においては郡衙・国衙の段階で行われていたと考えられよう。このことは荷札木簡がどの段階で作成されたのかという問題とも関わっているのであるが、荷札木簡が作成され、荷物に付けられるということは、その荷物の品目、数量・重量や貢進者が把握された上でなされることである。荷札木簡の作成には計帳歴名が参照されたという説が有力であるが[43]、実際に貢納品と計帳歴名が対照されているのであり、まさに勘検が行われて荷札木簡が作成されたのであるから、荷札木簡は勘検作業が行われ、それに合格したことの証しである。また調庸墨書銘には国印が捺されるが、それは郡衙や国衙段階での勘検が行われたことを前提としており、また最終的に貢納品が合格したことを示している。

一方、中央ではどうであったのか。地方からの貢進物には荷札木簡が付けられており、それが地方での勘検に合格した証明であるから、当初は中央では勘検はそれほど厳密には行われなかったと思われる。しかし、次第に貢進物の粗悪[44]が顕著になるなかで、中央に納入される際にも勘検が行われたと考えられる。その場合の勘検とは、実際の貢納品と荷札木簡との照合であると考えられる。この点は後に述べたいが、このことからすれば荷札木簡の機能としては、近年の研究動向にもかかわらず、中央での勘検を考える今泉説を妥当とすべきである。[45]

次に、検収という行為についてはこれまでどのように考えられてきたのであろうか。今津勝紀氏は、「従来の研究に従い、（中略）「検収」の語を官司における物実納入に際しての数量等の検査の意に用いることをまず断っておく[46]」とする。今津氏は郡衙や国衙段階での検収は考えないから、これは中央での検収を指しているのであろう。とすれば、今津氏のいう検収とは勘検とさして違わない。今泉隆雄氏も「荷札・墨書銘の機能・役割は勘検（検収）と考える[47]」としており、勘検＝検収と考えている。但し検収の場合にはその語句からして、単に数量・品質の検査だけではなく、物資の収納行為をも含んでいるとすべきであろう。[48]

これに対して馬場基氏は、「勘検とは、荷物を代表・表示する荷札を、帳簿と照らし合わせて、未進等の確認を行う行為であり、勘検説は荷物と荷札の関係自体には何ら変化を及ぼさないと考えられる行為を想定するのに対して、検収説では検収時に荷物に複数付けられた荷札の一点を抜き取るという、荷物と荷札の関係に大きな変化をもたらす行為を想定する説である。両者は分けて理解する必要がある[49]」とする。馬場氏は勘検と検収とは相違するものとしてこのように説明するのであるが、氏のいう検収とは、東野治之氏が貢進物の検収の際に取り除かれる荷札と、最後まで残される荷札のあったとすることを指している。[50] しかし、馬場氏もいうようにこうした行為は現実には想定できないから、ことさら両者を区別する必要はなく、それどころかかえって議論に無用の混乱をきたすことになりかねない。

以上、本節では勘検とは今泉氏がいうように、貢進物の徴収・貢進に関する文書と貢進物とを照合して、貢進物の徴収・貢進が文書による報告どおり行われているかどうかを明らかにする作業であること、また検収とは勘検行為に加えて貢進物の収納を意味する作業であること、荷札木簡は郡衙・国衙で行われた勘検作業に合格したことの証しであり、さらに中央においては貢進物の粗悪が顕著になると、貢納品と荷札木簡との照合という形での勘検が行われるようになったことを述べてきた。近年の研究動向にもかかわらず、荷札木簡は勘検に利用されたものと考えたい。

荷札木簡は郡衙・国衙で行われた勘検作業に合格したこと、いわゆる品質保証の機能も有すると考えたが、この品質保証説はすでに述べたように渡辺・吉川・馬場氏によって主張されている。最後に筆者もこの品質保証説を他の論拠から補強したい。

前章の「調庸制と専当国郡司」では次のような点を明らかにした。調庸専当国郡司制は調庸制の確立とともに八世紀の早い段階で成立し、その職務の中心は京へ貢進される調庸物の品質検査にあったと考えられること、天平十年代前半からは中央政府の指示により、調庸布絁や一部の国の荷札木簡に専当国郡司の名が記載されるようになること、そしてそれはこの頃から顕著になる調庸違反、とくに粗悪に対する政府の対応であったと考えられることなどである。すなわち、調庸布絁や一部の国の荷札木簡に専当国郡司の名が記載されるのは、調庸物の粗悪について、国郡司の責任の所在を明らかにするためである。

まずここで確認しておきたいことは、調庸布絁墨書銘と荷札木簡は同じ機能を有することである。京進される調庸布絁墨書銘と、一部の国の荷札木簡にではあるが、ともに早くとも天平十年代前半から調庸専当国郡司名が記載されるようになることは、両者が同一の機能をもっていることを示している。この調庸布絁に墨書を施し、荷札木簡を貢進物に付すことの法的な根拠は、これまでいわれてきたように賦役令皆随近条「凡調皆随レ近合成、絹絁布両頭、及糸綿嚢、具注二国郡里戸主姓名年月日一、各以二国印一印之」であることはいうを俟たない。近年、公式令辞式のような文書の書式を淵源とするものがあるという説[51]もあるが、それはあたらないであろう。なぜなら、賦役令集解調皆随近条の「具注二国郡里戸主姓名一」の語句について、穴記は、「国郡司不レ注二姓名一、但今行事別也」、同朱云は「今行事、注二国郡司姓名一者、非二令心一耳」と記す。これらは国郡司姓名、すなわち専当国郡司の名がある時期から記載されるようになったことを示しているが、少なくとも平安初期の明法家は専当国郡司名を調庸布絁や荷札木簡に記載することが、賦役令調皆随近条に関わるものと理解していたことがわかる。調皆随近条にもとづいて調庸布絁墨書銘が記され、荷札木簡が貢進物に付けられたのであるが、それらに調庸専当国郡司名が記載されるようになったことは、調庸専当国司の職務が調庸物の品質検査にあったことから考えると、その品質検査に合格したことを示すものであり、そうした検査における国郡司の責任の所在を明らかにするものであったと考えられるのである。

四　貢進物の収取過程と荷札木簡

ここまで、荷札木簡の機能について先行研究に導かれながら愚考を巡らしてきたが、最後に実際の貢進物の収取過程に即して、これまで述べてきたことをまとめてみたい。

調庸物など京進される貢進物は、貢進者がみずから生産・採集する場合でも、あるいは繊維製品のように大部分が郡衙工房で織成される場合でも、一旦は郡衙に集積された。ここで繊維製品は品質が点検された後に、計帳歴名を参考にして賦役令調皆随近条に則って墨書が施された。米や海産物などは俵や土器や籠などの容器に入れられるが、その容量や品質についての検査の後、これらの容器に荷札が付けられて品質保証と内容表示の役割を果たし、場合によっては容器のなかにも同じ内容の札が入れられ、なかの札は品質を保証する証しとなった。この品質検査には部内を巡行している調庸専当国郡司が立ち会い、調庸物の粗悪が顕著になる天平十年代からは、調庸布絁にも特定の国の荷札にも調庸専当国郡司名が記載されるようになった。さらに貢進物は原則として国衙に運搬されて再び勘検が行われ、調庸布絁には国印が捺され、品質検査に合格したことの証しとなった。

こうした貢進物はいよいよ京進の運びとなるが、京進された貢進物は当初、繊維製品の国印や荷札の装着の確認が行われただけであったが、やがて天平十年代になってその粗悪が顕著になると貢納品と墨書銘、荷札木簡との照らし合わせが行われ、品質が粗悪なものについては、そこに記されている専当国郡司の責任が問われることになった。荷札木簡が装着されたり、容器のなかに入れられたりしているものは大部分が米や塩、海産物などの消耗品であるが、こうした貢進物は最終的に消費されてようやく廃棄されることになる。勘検の過程で取り外されるということはなかったと考えられる。

荷札木簡は、第一義的には租税の徴収や貢進の過程でその機能を果たしたのであり、筆者はその機能について現時点では以上のように考えている。しかしながら、荷札木簡の史料的価値はこれに留まるものではなく、例えばそこに記された地名表記からは当時の地方行政制度の推移の問題を、また貢進物の表記からは国語学における音訓表記の問題を考える手がかりが得られるのであり、こうした問題については今後の課題として、本章を終えたい。

註

（1）この他、一九二八年には三重県桑名市の柚井遺跡から、一九三〇年には秋田県大仙市の払田柵跡から木簡が出土していたことが知られていた。瀧川政次郎氏の「短冊考―払田柵址出土の木札について―」（『律令諸制及び令外官の研究』角川書店、一九六七年、初出一九五八年）は、払田柵跡出土木簡について言及した早い時期の論考である。柚井遺跡出土の木簡については、その後栄原永遠男氏が「柚井遺跡出土の木簡」（『木簡研究』二、一九八〇年）、と「柚井遺跡出土木簡の再検討」（『木簡研究』八、一九八六年）で詳細な検討を行っている。

（2）以前は①文書様木簡（さらに文書と帳簿・伝票に区分）、②種々の物品に付けられた付け札（さらに荷札と付札に区分）、③その他（習書・楽書を含む）に大別されていた（奈良国立文化財研究所『平城宮一』一九六九年）。その後、出土件数の増加に伴って新たな用途の木簡が発見されたことにより、③には告知札・呪符・物忌札・封緘木簡などが含まれるようになった。

（3）このような研究としては、狩野久「御食国と膳氏―志摩と若狭―」（『日本古代の国家と都城』東京大学出版会、一九九〇年、初出一九七〇年）、東野治之「志摩国の御調と調制の成立」（『日本古代木簡の研究』塙書房、一九八三年、初出一九七八年）、同「木簡にみられる地域性」（『日本古代木簡の研究』初出一九八二年）、佐藤信「古代隠伎国と木簡」（『日本古代の宮都と木簡』吉川弘文館、一九九七年、初出一九八三年、一九八六年）、同「古代安房国と木簡」（『日本古代の宮都と木簡』初出一九九三年）、寺崎保広「最近出土した平城京の荷札木簡―伊豆国を例として―」（『古代日本の都城と木簡』吉川弘文館、二〇〇六年、初出一九九〇年）、高島英之「荷札木簡の形態・書式・地域色」（『古代出土文字資料の研究』東京堂出版、二〇〇〇年、初出一九八七年）、鬼頭清明「西海道荷札について」（『古代木簡の基礎的研究』塙書房、一九九三年、初出一九八三年）、同「安房国の荷札について」（『古代木簡の基礎的研究』初出一九九二年）、同「伊豆の荷札と若狭の荷札」（『古代木簡の基礎的研究』）などがあげられる。

（4）今泉隆雄「貢進物付札の諸問題」（『古代木簡の研究』吉川弘文館、一九九八年、初出一九七八年）、寺崎保広「木簡論の展望―文書木簡と荷札木簡―」（前掲註（3）書、初出一九九三年）は、それぞれの論考の発表時点における荷札木簡の機能についての先行学説を整理し、その問題点を指摘している。但し、今泉氏は『古代木簡の研究』に掲載するに際して〔補記〕に記している。

（5）今泉前掲註（4）論文。

（6）東野治之「古代税制と荷札木簡」（前掲註（3）書）。

（7）弥永貞三「古代史料論―木簡―」（『日本古代の政治と史料』高科書店、一九八八年、初出一九七六年）。

（8）かつてこの条坊は左京二条二坊六町と呼称されていたが、近年はこれまでの呼称から二町分北へ上げた「長岡京型」条坊制による新呼称が使用されている（山中章「条坊制の変遷」〈『日本古代都城の研究』柏書房、一九九七年、初出一九九二年〉）。

（9）『長岡京一』五三号。

(10) 樋口知志「荷札木簡から見た末端文書行政の実態」(奈良文化財研究所編『古代の陶硯をめぐる諸問題―地方における文書行政をめぐって―』二〇〇三年)。
(11) 馬場基「荷札と荷物のかたるもの」(『木簡研究』三〇、二〇〇八年)。
(12) 若狭国の調塩荷札には同じ記載内容をもつ〇三一型式と剣先形である〇五一型式の荷札があり、剣先形は途中で抜き取るために、くくり付けず荷にかけられた縄に挟み込んだという解釈ができるが、出土状況をみる限り、〇三一型式と〇五一型式はそれぞれが別に廃棄されたものではなく、やはり同じ廃棄元から一緒に廃棄されたと推測されている(友田那々美「古代荷札木簡の平面形態に関する考察―平城宮・平城京跡出土資料を中心に―」〔『木簡研究』二五、二〇〇三年〕)。
(13) 今津勝紀「調庸墨書銘と荷札木簡」(『日本古代の税制と社会』塙書房、二〇一二年、初出一九八九年)。
(14) 但し、「検校」について今津氏は「貢納形態の調整」、すなわち勘検＝検校を調庸布が規定どおりに正しく合成されているかどうかを、戸内の課丁構成を記す計帳と照合して確認することとするが、筆者はそうした作業も含め、品目・輸貢量・品質についての検査と考え、それに合格すれば、検査に当たった専当国郡司名が記入されたと考える(本書第八章)。
(15) 今津前掲註(13)論文。
(16) 松嶋順正編『正倉院宝物銘文集成』九一号(吉川弘文館、一九七八年)。
(17) 『書紀』崇峻天皇五年(五九二)十一月乙巳条。
(18) 『書紀』大化元年(六四五)七月丙子条。
(19) 寺崎前掲註(4)論文。
(20) 今泉前掲註(4)論文〔補記〕。
(21) 日本古典文学大系『日本書紀　下』補注25―五(岩波書店、一九六五年)。
(22) 山尾幸久『古代の日朝関係』(塙書房、一九八九年)。
(23) 岸俊男「木簡研究の課題」(『宮都と木簡―よみがえる古代史―』吉川弘文館、一九七七年、初出一九七六年)。
(24) 今泉前掲註(4)論文。

(25) 山中章「行政運営と木簡」(前掲註(8)書、初出一九九二年)。
(26) 山中前掲(8)書、三〇二頁。
(27) 山中前掲(8)書、三〇三頁。
(28) 寺崎前掲註(4)論文。
(29) 『長岡京二』六一号。
(30) 山中章氏はこれらの木簡を検収整理札と理解する(山中前掲註(25)論文)。一方、渡辺晃宏氏は検収場所から消費地に運ぶ際の荷札、乃至送り状としての機能を果したとする(「長岡京太政官厨家木簡考」(『古代文化』四九—一一、一九九七年)。
(31) 市大樹「飛鳥藤原出土の評制下荷札木簡」(『飛鳥藤原木簡の研究』塙書房、二〇一〇年、初出二〇〇六年・二〇〇九年)。
(32) 渡辺晃宏「籍帳制」(『文字と古代日本1』支配と文字、吉川弘文館、二〇〇四年)。
(33) 吉川真司「税の貢進」(『文字と古代日本3』流通と文字、吉川弘文館、二〇〇五年)。
(34) 吉川前掲註(33)書、四三頁。
(35) 吉川氏は題記類に記入された「貢進者」は多くの場合、法的擬制であったとする。
(36) 馬場前掲註(11)論文。
(37) 『類聚三代格』巻八、調庸事、大同三年(八〇八)正月七日官符。
(38) 『続紀』天平宝字三年(七五九)十二月丙申条。
(39) 今泉前掲註(4)書、一〇五頁。
(40) 今泉前掲註(4)書、一〇五頁。
(41) 狩野久『日本の美術 木簡』一六〇(至文堂、一九七九年)。
(42) 狩野前掲註(41)書、五八頁。
(43) 渡辺前掲註(32)論文、馬場前掲註(11)論文。
(44) 貢納品の粗悪とは、単に品質が劣っているということだけではなく、規定された輸貢量を満たしていない場合も含まれたであろう。

(45) 吉川真司氏は、勘検機能説への疑点として、A　勘検署名をもつ木簡はきわめて稀であること。B　同内容荷札が出土していることから、「勘検時の取り外し」を考えることは史料的に根拠のない想定にすぎないこと。C　大宰府題記類からの類推は認めがたいことをあげる（吉川前掲註（33）論文）。Aについては勘検署名がないからといって必ずしも勘検に利用されなかったことにはならず、稀ではあっても勘検署名をもつ木簡が存在することは、それが勘検に使用されたことの証拠である。B同内容荷札については、これまでにも述べてきたように吉川氏と同意見であるが、勘検が荷札を取り外すことによって行われたと考える必要はまったくない。Cについての吉川氏の主張は意味がわかりづらいが、大宰府の貢綿題記類が一〇〇屯単位での調綿に付けられており、個人単位でないという意味ならば、勘検とは個人の貢納をチェックすることではなく、貢納品そのものについての検査であるという批判が可能である。

(46) 今津前掲註（13）論文、一二一頁。

(47) 今泉前掲註（4）書、一二三頁。

(48) 斉衡三年（八五六）五月二十七日官符所引大宰府解（『類聚三代格』巻一二、諸使并公文事）には、大宰府の例ではあるが、「準㆑例、管内諸国調庸、検㆓収府庫㆒、随㆑用出充」とあり、「検収」の語が大宰府の倉庫に調庸物を収納することを意味している。また、この「検収」と同内容の語句として「検納」がある（『類聚三代格』巻八、調庸事、延暦十六年（七九七）四月十六日官符、『延喜式』大蔵省麁悪買換条など）。

(49) 馬場前掲註（11）論文、二三三・二三四頁。

(50) 東野前掲註（6）論文。

(51) 舘野和己「律令制の成立と木簡―七世紀の木簡をめぐって」（『木簡研究』二〇、一九九八年）。中村太一「古代日本における墨書押印貢進物」（『栃木史学』一四、二〇〇〇年）。

初出一覧

第一章　「律令中央財政機構の特質について——保管官司と出納官司を中心に——」（史学研究会編『史林』第六三巻第六号、一九八〇年一一月に若干加筆・修正）
第二章　「律令中央財政の歴史的特質——経費論を中心に——」（日本史研究会編『日本史研究』第二二三号、一九八一年三月に若干加筆・修正）
第三章　「大宰府財政機構論」（『日本国家の史的特質　古代・中世』思文閣出版、一九九七年六月に若干加筆・修正）
第四章　「律令制下公田についての一考察」（『日本政治社会史研究』上巻　塙書房、一九八四年五月に若干加筆・修正）
第五章　「青苗簿制度について」（続日本紀研究会編『続日本紀研究』第二五一号、一九八七年七月に若干加筆・修正）
第六章　「木簡にみる八世紀の贄と調」（京都民科歴史部会編『新しい歴史学のために』第二三三号、一九九九年五月に若干加筆・修正）
第七章　「『軍布』記載木簡について」（『続日本紀研究』第三五〇号、二〇〇四年六月に若干加筆・修正）
第八章　「調庸制と専当国郡司」（新稿）
第九章　「荷札木簡の機能についての覚書」（新稿）

あとがき

昨年の夏に、同成社より「古代史選書」として、律令財政史関連で一書にまとめるようにとのお話をいただいた。定年退職して二年以上が過ぎており、今更という思いもあったが、これまでに発表したものを中心に一冊にまとめ、後学の研究者の方々の閲読の便宜に資することは、曲がりなりにも研究を行ってきた者の義務と思い、ありがたくお引き受けすることにした。

日本古代史の勉強をはじめてから、四〇数年が過ぎた。時間の経過の早さに、改めて茫然とするが、この間に発表した律令財政や荷札木簡についての論考を中心に本書を編んだ。しかしながら、経過した時間に比べて、研究成果は質、量ともにあまりにも貧しいと言わざるを得ない。ひとえに生来の怠惰と愚鈍さによるものとはいえ、気恥ずかしい限りである。

思えば、実に多くの方々からさまざまな学恩を蒙った。大学・大学院においてご指導いただいた岸俊男先生、研究室の先輩である和田萃氏・栄原永遠男氏・鎌田元一氏はいうにおよばず、同期の友人である舘野和己氏・西山良平氏・櫛木謙周氏、また一々お名前は記さないが、優れた多くの後輩の方々からも教えられ、きわめて恵まれた環境のなかで研究に携わることができた。さらには、日本史研究会古代史部会や、草創期の古代史サマーセミナーで知り合った多くの人々など数え上げればきりがない。しかしながら、こうした方々の恩恵にどの程度報いてこられたか、はなはだ自信がない。残された時間はさして多くはないが、これまで無為に過ごした時間を少しでも取り戻し、多くの方々から賜った学恩にいささかなりとも報いるべく研究を続けたいと思う。

最後になったが、本書の刊行を同成社に推薦していただいた畏友舘野和己氏に厚くお礼申し上げたい。また、最後まで編集や校正、その他の雑務に協力していただいた同成社社長の佐藤涼子氏や山田隆氏にも心より深謝の意を表したい。

二〇一六年八月二十三日

俣野　好治

律令財政《りつりょうざいせい》と荷札木簡《にふだもっかん》

■著者略歴■

保野好治（またの　よしはる）

1950年　京都府に生まれる

1982年　京都大学大学院文学研究科国史学専攻博士後期課程単位取得退学

現　在　津山工業高等専門学校名誉教授

主要論文

「内蔵寮と内膳司」（『長岡京古文化論叢Ⅱ』三星出版、1992年）。「長岡京時代の政治と経済」（『長岡京市史　本文編一』長岡京市教育委員会、1996年）。「藤原永手―その政治姿勢と政治的立場」（『古代の人物③　平城京の落日』清風堂出版、2005年）。「倭王権と大伴部」（『律令国家史論集』塙書房、2010年）など。

2017年1月25日発行

著　者　保野好治

発行者　山脇由紀子

印　刷　三報社印刷㈱

製　本　協栄製本㈱

発行所　東京都千代田区飯田橋4-4-8（〒102-0072）東京中央ビル　㈱同成社

TEL 03-3239-1467　振替 00140-0-20618

ISBN978-4-88621-752-3 C3321

同成社古代史選書

①古代瀬戸内の地域社会
松原弘宣 著
三五四頁・八〇〇〇円

②天智天皇と大化改新
森田 悌 著
二九四頁・六〇〇〇円

③古代都城のかたち
舘野和己 編
二三八頁・四八〇〇円

④平安貴族社会
阿部 猛 著
三三〇頁・七五〇〇円

⑤地方木簡と郡家の機構
森 公章 著
三四六頁・八〇〇〇円

⑥隼人と古代日本
永山修一 著
二五八頁・五〇〇〇円

⑦天武・持統天皇と律令国家
森田 悌 著
二四二頁・五〇〇〇円

⑧日本古代の外交儀礼と渤海
浜田久美子 著
二七四頁・六〇〇〇円

⑨古代官道の歴史地理
木本雅康 著
三〇六頁・七〇〇〇円

⑩日本古代の賤民
磯村幸男 著
二三六頁・五〇〇〇円

⑪飛鳥・藤原と古代王権
西本昌弘 著
二三六頁・五〇〇〇円

⑫古代王権と出雲
森田喜久男 著
二二六頁・五〇〇〇円

⑬古代武蔵国府の成立と展開
江口 桂 著
三二二頁・八〇〇〇円

⑭律令国司制の成立
渡部育子 著
二五〇頁・五五〇〇円

⑮正倉院文書と下級官人の実像
市川理恵 著
二七四頁・六〇〇〇円

⑯古代官僚制と遣唐使の時代
井上 亘 著
三七〇頁・七八〇〇円

⑰日本古代の大土地経営と社会
北村安裕 著
二六二頁・六〇〇〇円

⑱古代天皇制と辺境
伊藤 循 著
三五四頁・八〇〇〇円

⑲平安宮廷の儀式と天皇
神谷正昌 著
二八二頁・六〇〇〇円

⑳律令国家の軍事構造
吉永匡史 著
二六四頁・六〇〇〇円

㉑古代王権の宗教的世界観と出雲
菊地照夫 著
三四四頁・八〇〇〇円

㉒古代貴族社会の結集原理
野口 剛 著
二六四頁・六〇〇〇円

（全て本体価格）